Intencionalidade

John R. Searle, nascido em 1932, no Colorado, Estados Unidos, é filósofo e foi professor emérito na Universidade de Berkeley, na Califórnia. Recebeu diversos prêmios e distinções, como a National Humanities Medal de 2004 (Estados Unidos), o Jovellanos de 2000 (Espanha) e o Jean-Nicod de 2000 (França). Participou de conferências e atuou como professor visitante em universidades de diversos países da América do Sul, Europa e Ásia. Entre outros livros, escreveu *A redescoberta da mente* e *Consciência e linguagem*, publicados por esta editora.

John R. Searle
Intencionalidade

Tradução
JULIO FISCHER
TOMÁS ROSA BUENO

Revisão técnica
ANA CECÍLIA G. A. DE CAMARGO
VIVIANE VERAS COSTA PINTO

Esta obra foi publicada originalmente em inglês com o título
INTENTIONALITY – AN ESSAY IN THE PHILOSOPHY OF MIND
por The Press Syndicate of the University of Cambridge, Cambridge, em 1983.
Copyright © Cambridge University Press, 1983.
Copyright © 1995, Livraria Martins Fontes Editora Ltda.,
São Paulo, para a presente edição.

1ª edição *1995*
3ª edição *2023*

Editores	*Pedro Taam e Alexandre Carrasco*
Tradução	*Julio Fischer e Tomás Rosa Bueno*
Revisão técnica	*Ana Cecília G. A. de Camargo e Viviane Veras Costa Pinto*
Preparação do original	*Vadim Valentinovitch Nikitin*
Revisões	*Beatriz de Freitas Moreira e Diogo Medeiros*
Produção gráfica	*Geraldo Alves*
Paginação	*Renato C. Carbone*
Capa	*Katia Harumi Terasaka Aniya*

Dados Internacionais de Catalogação na Publicação (CIP)
(Câmara Brasileira do Livro, SP, Brasil)

Searle, John R.
Intencionalidade / John R. Searle ; tradução Julio Fischer , Tomás Rosa Bueno ; revisão técnica Ana Cecília G. A. de Camargo, Viviane Veras Costa Pinto. – 3. ed. – São Paulo : Editora WMF Martins Fontes, 2023. – (Métodos)

Título original: Intentionality: an essay in the philosophy of mind.
ISBN 978-85-469-0444-0

1. Filosofia 2. Intencionalidade (Filosofia) I. Camargo, Ana Cecilia G. A. de. II. Pinto, Viviane Veras Costa. III. Título. IV. Série.

23-145733 CDD-100

Índice para catálogo sistemático:
1. Filosofia 100

Aline Graziele Benitez – Bibliotecária – CRB-1/3129

Todos os direitos desta edição reservados à
Editora WMF Martins Fontes Ltda.
Rua Prof. Laerte Ramos de Carvalho, 133 01325-030 São Paulo SP Brasil
Tel. (11) 3293-8150 e-mail: info@wmfmartinsfontes.com.br
http://www.wmfmartinsfontes.com.br

ÍNDICE

Agradecimentos VII
Introdução IX

1. A natureza dos estados Intencionais 1
2. A Intencionalidade da percepção 53
3. Intenção e ação 111
4. Causação Intencional 155
5. O Background 195
6. Significado 223
7. Relatos intensionais de estados Intencionais e atos de fala 251
8. Estarão os significados na cabeça? 275
9. Nomes próprios e Intencionalidade 321
10. Epílogo: A Intencionalidade e o cérebro 363

Notas 379

AGRADECIMENTOS

Estou em dívida para com um grande número de pessoas e instituições pela ajuda que me prestaram neste livro. Quero em primeiro lugar agradecer à John Simon Guggenheim Memorial Foundation, à University of California Humanities Institute, à Est Foundation, ao Commitee on Research of the University of California Academic Senate e à A. P. Sloan Foundation pelo apoio financeiro em diversas ocasiões ao longo da preparação deste e de outros trabalhos relacionados. Todo este material foi apresentado em conferências e cursos universitários em Berkeley e outras universidades e sou grato a meus alunos em Berkeley, Boulder e Campinas por suas manifestações. Devo agradecer especialmente a Ami Kronfeld, David Reier, Jim Stone, Vanessa Whang, Steven White e Steve Yablo. Vários colegas e amigos leram partes do original e fizeram comentários proveitosos: quero agradecer especialmente a Ned Block, Sylvain Bromberger, Tyler Burge, Alan Code, Donald Davidson, Dagfinn Føllesdal, David Kaplan, Benjamin Libet, George Myro, Thomas Nagel,

William Reinhardt e Hans Sluga. Pelos comentários que influíram no conteúdo do texto, minha dívida maior é para com Hubert Dreyfus e especialmente para com Christine Skarda. Acima de tudo, quero agradecer à minha mulher, Dagmar Searle, por sua ajuda e seus conselhos constantes.

INTRODUÇÃO

O objetivo fundamental deste livro é desenvolver uma teoria da Intencionalidade. Hesito em chamá-la de teoria geral, pois um grande número de tópicos – por exemplo, as emoções – não são discutidos, mas acredito que a abordagem aqui apresentada será de utilidade para a explicação dos fenômenos intencionais em geral.

Este livro é o terceiro de uma série de estudos correlatos sobre a mente e a linguagem. Um de seus objetivos é fornecer um fundamento para os meus dois livros anteriores, *Speech Acts* (Cambridge University Press, 1969) e *Expression and Meaning* (Cambridge University Press, 1979), bem como para as investigações futuras sobre este tema. Um pressuposto básico subjacente à minha abordagem dos problemas da linguagem é que a filosofia da linguagem é um ramo da filosofia da mente. A capacidade dos atos de fala para representar objetos e estados de coisas no mundo é uma extensão das capacidades mais biologicamente fundamentais da mente (ou do cérebro) para relacionar o organismo ao mundo por meio de estados mentais como a crença e o desejo, e em especial através da ação e da percepção. Uma vez que os atos de fala são um tipo de ação humana e uma vez que a capacidade da fala para representar objetos e estados de coisas faz parte de uma capacidade mais geral da mente para relacionar o organismo ao mundo, qualquer explicação completa da fala e da linguagem exige uma explicação de como a mente/cérebro relaciona o organismo à realidade.

Uma vez que as sentenças – os sons emitidos pela boca ou os sinais gráficos que se fixam no papel – são, considerados de um certo modo, apenas objetos no mundo como quaisquer outros objetos, sua capacidade de representar não é intrínseca e sim derivada da Intencionalidade da mente. Por outro lado, a Intencionalidade dos estados mentais não provém de formas anteriores de Intencionalidade, mas é intrínseca aos próprios estados. Um agente usa uma sentença para fazer um enunciado ou fazer uma pergunta, mas não *usa* desse modo suas crenças e seus desejos – ele simplesmente os tem. Uma sentença é um objeto sintático ao qual são impostas capacidades representacionais: crenças, desejos e outros estados Intencionais não são, como tais, objetos sintáticos (embora possam ser, e normalmente sejam, expressos em sentenças) e suas capacidades representacionais não são impostas, mas intrínsecas. Tudo isso é compatível com o fato de ser a linguagem essencialmente um fenômeno social e serem as formas de Intencionalidade a ela subjacentes formas sociais.

O presente estudo começou como uma investigação daquela parte do problema do significado que se ocupa com o modo como as pessoas impõem a Intencionalidade a entidades não intrinsecamente Intencionais, o modo como conseguem que meros objetos passem a ser representacionais. Minha intenção original era a de incluir um

INTRODUÇÃO

capítulo acerca dessa questão em *Expression and Meaning*, mas, como sói acontecer nesses casos, o capítulo se avolumou até tornar-se um livro autônomo. Ao tentar analisar a Intencionalidade dos estados mentais (capítulo 1) descobri que tinha de investigar a Intencionalidade da percepção (capítulo 2) e da ação (capítulo 3). Mas é impossível compreender-se a percepção e a ação sem um entendimento da causação Intencional (capítulo 4), e diversas investigações levaram à conclusão de que a Intencionalidade, em todas as suas formas, funciona apenas sobre um Background de capacidades mentais não representacionais (capítulo 5). Apenas alcancei meu objetivo original de explicar as relações entre a Intencionalidade dos estados mentais e a Intencionalidade da linguística no capítulo 6, mas isso deixava-me ainda uma carrada de problemas: o capítulo 7 ocupa-se das relações entre Intencionalidade-com-c e Intensionalidade-com-s; os capítulos 8 e 9 usam a teoria desenvolvida nos capítulos anteriores para criticar várias concepções atualmente muito difundidas acerca da referência e do significado e para apresentar uma explicação Intencionalista das expressões indexicais, dos termos naturais de espécie, a distinção *de re/de dicto* e os nomes próprios. Finalmente, o capítulo 10 apresenta uma solução (ou, mais precisamente, uma dissolução) do chamado problema "mente-corpo" ou "mente-cérebro".

Ao asseverar que as pessoas têm estados mentais intrinsecamente Intencionais, afasto-me de muitas, se não da maioria, das concepções atualmente difundidas no campo da filosofia da mente. Acredito que as pessoas tenham de fato estados mentais, alguns conscientes e outros inconscientes, e que, pelo menos no que diz respeito aos estados mentais conscientes, tenham em larga medida as propriedades mentais que parecem ter. Rejeito toda forma de behaviorismo ou de funcionalismo, inclusive o funcionalismo baseado nos princípios da máquina de Turing, que acaba por negar as propriedades especificamente mentais dos fenômenos mentais. Não criticarei essas outras ideias no presente livro tal como as critiquei extensivamente em outras partes[1]. Acredito que as várias formas de behaviorismo e de funcionalismo nunca foram motivadas por uma investigação independente dos fatos, mas por um temor de que, a menos que fosse encontrada uma maneira de eliminar os fenômenos mentais ingenuamente concebidos, ficaríamos com o dualismo e com um problema mente-corpo aparentemente insolúvel. Segundo meu ponto de vista, os fenômenos mentais possuem uma base biológica: são ao mesmo tempo causados pelas operações do cérebro e realizados na estrutura do cérebro. Segundo este ponto de vista, a consciência e a Intencionalidade são tão parte da biologia humana quanto a digestão ou a circulação sanguínea. Trata-se de um fato *objetivo* sobre o mundo ele conter certos sistemas, a saber, cérebros, com estados mentais *subjetivos* e é um fato *físico* desses sistemas que eles possuam características *mentais*. A solução correta para o "problema mente-corpo" não está em negar a realidade dos fenômenos mentais, mas em estimar adequadamente sua natureza biológica. No capítulo 10 falaremos de novo sobre este tema.

Parte do prazer em se escrever sobre os atos de fala está em não haver nenhuma tradição filosófica de envergadura a sujeitar a investigação. Com exceção de uns mais privilegiados, tais como as promessas e as declarações, a maioria dos tipos de atos de fala foi ignorada pelos grandes filósofos do passado; e é possível investigar, por exemplo, o agradecimento, o pedido de desculpas e a solicitação sem estar olhando por sobre o ombro para ver o que Aristóteles, Kant ou Mill têm a dizer acerca dos mesmos. No tocante à Intencionalidade, porém, a situação é bem diferente. Movimentos filosóficos inteiros foram construídos em torno de teorias de Intencionalidade. O que se pode fazer perante todo esse eminente passado? Minha atitude pessoal tem sido a de simplesmente ignorá-lo, em parte por ignorar a maioria dos escritos tradicionais sobre Intencionalidade e, em parte, pela convicção de que minha única esperança de dar uma solução para as preocupações que me conduziram originalmente a este estudo estaria no prosseguimento inexorável de minhas próprias investigações. Merece ser ressaltado o fato, uma vez que diversas pessoas que leram os originais alegaram ter encontrado interessantes concordâncias e discordâncias com seus autores favoritos. Talvez seja justificado seu entendimento da relação entre este livro e a tradição Intencionalista, mas, com exceção de minhas réplicas explícitas e minha dívida evidente para com Frege e Wittgenstein, não foi meu objetivo neste livro ir ao encontro dessa tradição.

No que diz respeito às questões de estilo e de exposição, busco seguir uma máxima simples: o que não conseguimos expressar com clareza não está claro para nós mesmos. Contudo, aquele que tenta escrever com clareza corre o risco de ser "entendido" com demasiada rapidez e a forma mais rápida desse entendimento é catalogar o autor juntamente com toda uma série de outros autores com os quais o leitor já está familiarizado.

Algumas das ideias deste livro já apareceram em versões preliminares, em artigos de minha autoria. Dado que diversos resenhistas de *Speech Acts* queixaram-se de que algumas das ideias já haviam aparecido em artigos, cabe uma palavra de explicação. Acho muito útil experimentar ideias em uma forma preliminar, tanto para formulá-las como para suscitar comentários e críticas. Esses artigos são como os esboços preliminares de um pintor para uma tela maior. Podem ter um valor próprio, mas funcionam também como etapas do caminho para a pintura maior. O trabalho árduo não está apenas no esforço de realizar cada uma das partes a contento, mas também em fazer com que todas elas sejam coerentes com a concepção geral.

Resta um problema incômodo, não abordado diretamente neste livro, mas que foi uma das principais razões pelas quais o quis escrever. O comportamento humano comum tem revelado uma peculiar resistência à explicação pelos métodos das ciências naturais. Por quê? Por que razão os métodos das ciências naturais não produziram frutos comparáveis aos da física e da química quando aplicados ao estudo do comportamento humano individual e coletivo? Há na filosofia contemporânea muitas tentativas de responder a esta questão, nenhuma delas, a meu ver, plenamente satisfatória. Acredito que o caminho para se encontrar a resposta correta esteja em se ver o papel da Intencionalidade na estrutura da ação; não apenas na descrição da ação, mas na própria estrutura do comportamento humano. Espero poder discutir a explicação do comportamento humano com mais detalhes em um trabalho subsequente. O presente livro oferece apenas algumas das ferramentas necessárias para uma tal discussão.

CAPÍTULO 1
A NATUREZA DOS ESTADOS INTENCIONAIS

I. A INTENCIONALIDADE COMO DIRECIONALIDADE

Poderíamos dizer, a título de formulação preliminar, que a Intencionalidade é aquela propriedade de muitos estados e eventos mentais pela qual estes são dirigidos para, ou acerca de, objetos e estados de coisas no mundo. Se, por exemplo, eu tiver uma crença, deve ser uma crença de que determinada coisa é desse ou daquele modo; se tiver um temor, deve ser um temor de alguma coisa ou de algum acontecimento; se tiver um desejo, deve ser um desejo de fazer alguma coisa, ou de que algo aconteça ou seja; se tiver uma intenção, deve ser uma intenção de fazer alguma coisa; e assim por diante em uma longa série de outros casos. Sigo uma antiga tradição filosófica ao chamar "Intencionalidade" essa característica de direcionalidade ou aproximação, mas, em muitos aspectos, o termo induz a engano e a tradição é um tanto confusa, de modo que, já no início, quero deixar claro de que maneira pretendo usar o termo e, ao fazê-lo, dissociar-me de certos aspectos da tradição.

Em minha explicação, primeiramente, apenas alguns estados mentais, e não todos, têm Intencionalidade. Crenças, temores, esperanças e desejos são Intencionais, mas há formas de nervosismo, exaltação e ansiedade não direcionada que não o são. Uma chave para essa distinção é fornecida pelas restrições que envolvem o relato de tais estados. Se eu disser que tenho uma crença ou um desejo, fará sempre sentido perguntar: "Em que, exatamente, você acredita?", ou: "O que é que você deseja?", e não poderei responder, "Ah, eu só tenho uma crença e um desejo sem acreditar em nada nem desejar coisa alguma". Minhas crenças e meus desejos devem ser sempre referentes a alguma coisa. Mas meu nervosismo e minha ansiedade não direcionada não precisam ser *referentes a* alguma coisa, nesse sentido. Tais estados são caracteristicamente acompanhados por crenças e desejos, mas os estados não direcionados não são idênticos às crenças ou aos desejos. Segundo minha explicação, se um estado E é Intencional, deve haver uma resposta para perguntas como: A que se refere E? Em que consiste E? O que é um E tal que? Alguns tipos de estados mentais possuem modalidades em que são Intencionais e outras em que não o são. Por exemplo, assim como há formas de exaltação, de depressão e de ansiedade em que se está simplesmente exaltado, deprimido ou ansioso sem se estar exaltado, deprimido ou ansioso a respeito de coisa alguma, há também modalidades desses estados em que se está exaltado porque ocorreu isso e aquilo, ou deprimido ou ansioso com a perspectiva disso ou daquilo. A ansiedade, a depressão e a exaltação não direcionadas não são Intencionais, enquanto os casos direcionais o são.

Em segundo lugar, Intencionalidade não é a mesma coisa que consciência. Muitos estados conscientes não são Intencionais – por exemplo, um sentimento súbito de exaltação – e muitos estados Intencionais não são conscientes – por exemplo, tenho muitas crenças sobre as quais não estou pensando no momento e nas quais posso nunca ter pensado. Acredito, por exemplo, que meu avô paterno tenha passado a vida inteira no território continental dos Estados Unidos, mas até este momento nunca havia formulado ou considerado conscientemente esta crença. Tais crenças inconscientes, a propósito, não necessariamente correspondem a algum tipo de repressão, freudiana ou de qualquer outro tipo; são apenas crenças que temos sem pensar nelas normalmente. Em defesa da opinião segundo a qual existe uma identidade entre consciência e Intencionalidade, costuma-se dizer que toda consciência é consciência *de*, que sempre que se está consciente há alguma coisa de que se está consciente. Esta explicação da consciência, porém, obscurece uma distinção crucial: quando tenho uma experiência consciente de ansiedade, há, de fato, algo de que minha experiência é experiência de, a saber, a ansiedade, mas esse sentido de "de" é bem diferente do "de" da Intencionalidade que ocorre, por exemplo, na declaração de que tenho um medo consciente de cobras; pois, no caso da ansiedade, a experiência de ansiedade e a ansiedade são idênticas, mas o medo de cobras não é idêntico a cobras. É característico dos estados Intencionais, da maneira como emprego essa noção, haver uma distinção entre o estado e aquilo a que esse estado está direcionado, ou sobre o que ele é, ou ainda de que ele é (embora isso não exclua a possibilidade de formas autorreferenciais de Intencionalidade – tal como veremos nos capítulos 2 e 3). Em minha explicação, o "de" na expressão "a experiência de ansiedade" não pode ser o "de" da Intencionalidade, pois a experiência e a ansiedade são idênticas. Terei mais a dizer sobre as formas conscientes de Intencionalidade mais adiante; por ora, meu objetivo é apenas deixar claro que, da maneira como uso o termo, a classe dos estados conscientes e a classe dos estados mentais Intencionais se sobrepõem, mas não são idênticas nem estão incluídas uma na outra.

Em terceiro lugar, o pretender e as intenções são apenas uma forma de Intencionalidade entre outras, e não gozam de nenhum estatuto especial. O jogo óbvio envolvendo "intenção" e "Intencionalidade" sugere que as intenções, no sentido ordinário do termo, têm um papel especial na teoria da Intencionalidade; porém, na minha explicação, pretender fazer alguma coisa é apenas uma forma de Intencionalidade, juntamente com a crença, a esperança, o medo, o desejo e muitas outras. E não quero com isso sugerir, por exemplo, que uma vez que as crenças são intencionais elas de algum modo contenham a noção de intenção, ou que pretendam algo, ou que alguém que tenha uma crença deva por isso pretender fazer algo a respeito. A fim de deixar totalmente clara essa distinção, grafarei com iniciais maiúsculas os termos "Intencional" e "Intencionalidade" em sua acepção técnica. Intencionalidade é direcionalidade; ter a intenção de fazer algo é apenas uma forma de Intencionalidade entre outras.

Em relação ao jogo entre "intencional" e "Intencional" há outras confusões comuns. Alguns autores descrevem as crenças, os temores, as esperanças e os desejos como "atos mentais", mas isso na melhor das hipóteses é falso e, na pior, irremediavelmente confuso. Beber cerveja ou escrever livros podem ser descritos como atos, ações ou mesmo atividades, e fazer cálculos aritméticos de cabeça ou formar imagens mentais da ponte Golden Gate são atos mentais; mas acreditar, esperar, temer e desejar não são atos, nem atos mentais em absoluto. Atos são coisas que se *fazem*, mas não existe uma resposta à pergunta "o que você está fazendo agora?" nos termos: "estou agora acreditando que vai chover", ou "esperando que os impostos diminuam", ou "temendo uma queda na taxa de juros", ou "desejando ir ao cinema". Os estados e eventos Intencionais que consideraremos são precisamente isto: estados e eventos, e não atos mentais, embora eu tenha algo a dizer sobre o que é adequadamente chamado ato mental no capítulo 3.

É igualmente confuso pensar, por exemplo, nas crenças e nos desejos como imbuídos, de algum modo, de determinada intenção. As crenças e os desejos são estados Intencionais, mas não têm a intenção de coisa alguma. Em meu estudo, os termos "Intencionalidade" e "Intencional" ocorrerão nessas formas substantiva e adjetiva, e me referirei a certos estados e eventos mentais como tendo Intencionalidade ou sendo Intencionais, mas sem nenhum sentido associado a algum verbo correspondente.

Eis alguns exemplos de estados que podem ser Intencionais: crença, temor, esperança, desejo, amor, ódio, aversão, agrado, desagrado, dúvida, imaginar se, alegria, exaltação, depressão, ansiedade, orgulho, remorso, pesar, culpa, regozijo, irritação, perplexidade, aceitação, perdão, hostilidade, afeição, expectativa, ira, admiração, desprezo, respeito, indignação, intenção, anseio, vontade, imaginação, fantasia, vergonha, luxúria, nojo, animosidade, terror, prazer, abominação, aspiração, divertimento e desapontamento.

É característico dos membros desse grupo serem ou essencialmente direcionados, como nos casos do amor, do ódio, da crença e do desejo, ou ao menos poderem ser direcionados, como nos casos da depressão e da exaltação. Esse grupo suscita um número muito grande de questões. Por exemplo, como podemos classificar seus elementos, e quais as relações entre eles? Mas a questão sobre a qual quero me concentrar agora é a seguinte: qual é exatamente a relação entre os estados Intencionais e os objetos e estados de coisas aos quais de algum modo eles dizem respeito ou aos quais estão direcionados? Que tipo de relação é chamada "Intencionalidade" e como podemos explicar a Intencionalidade sem recorrer a metáforas como "direcionada"?

Observe-se que a Intencionalidade não pode ser uma relação ordinária tal como sentar-se sobre alguma coisa ou socar essa mesma coisa, pois em um grande número de estados Intencionais, poderei vivenciar o estado Intencional sem que o objeto ou o estado de coisas a que ele está "direcionado" sequer exista. Posso esperar que esteja chovendo mesmo que não esteja chovendo e posso acreditar que o Rei da França é calvo, mesmo que não exista nenhum Rei da França.

II. A INTENCIONALIDADE COMO REPRESENTAÇÃO: O MODELO DO ATO DE FALA

Nesta seção, quero explorar algumas das relações entre os estados Intencionais e os atos de fala de modo a poder responder à pergunta: qual a relação entre os estados Intencionais e os objetos e estados de coisas aos quais estão de algum modo direcionados?. Para adiantar um pouco, a resposta que vou propor a essa pergunta é bastante simples: os estados Intencionais representam objetos e estados de coisas no mesmo sentido de "representar" em que os atos de fala representam objetos e estados de coisas (embora, como veremos no capítulo 6, os atos de fala tenham uma forma derivada de Intencionalidade e portanto representem de um modo diferente daquele dos estados Intencionais, que têm uma forma intrínseca de Intencionalidade). Temos já intuições bem claras acerca de como os enunciados representam suas condições de verdade, como as promessas representam suas condições de cumprimento, como as ordens representam as condições de sua obediência e como, na emissão de uma expressão de referência, o falante se refere a um objeto; com efeito, temos até algo semelhante a uma teoria acerca desses vários tipos de atos de fala; pretendo abordar esse conhecimento prévio para tentar explicar como e em que sentido os estados Intencionais também são representações.

Existe um possível mal-entendido que preciso evitar já no início da investigação. Ao explicar a Intencionalidade em termos de linguagem, não pretendo sugerir que a Intencionalidade é essencial e necessariamente linguística. Ao contrário, parece-me óbvio que os recém-nascidos e muitos animais que, em um sentido ordinário, não possuem uma linguagem nem realizam atos de fala apresentam, mesmo assim, estados Intencionais. Só alguém totalmente dominado por uma teoria filosófica negaria que se pode dizer literalmente que os bebês pequenos querem leite e que os cães querem que os deixem sair ou acreditam que o dono está chegando. São duas, aliás, as razões pelas quais achamos irresistível atribuir Intencionalidade aos animais, mesmo que não disponham de uma linguagem. Em primeiro lugar, podemos ver que a base causal da Intencionalidade do animal é bem parecida com a nossa, ou seja, eis aqui os olhos do animal, eis aqui suas orelhas, eis aqui sua pele etc. Em segundo lugar, não podemos dar um sentido ao seu comportamento de outro modo. Em meu esforço por explicar a Intencionalidade em termos de linguagem, estou usando o nosso conhecimento prévio desta como um instrumento heurístico para fins explicativos. Após ter tentado esclarecer a natureza da Intencionalidade, argumentarei (capítulo 6) que a relação de dependência lógica é precisamente o oposto. A linguagem é derivada da Intencionalidade, e não o oposto. A tendência da pedagogia é explicar a Intencionalidade em termos de linguagem; a tendência da análise lógica é explicar a linguagem em termos de Intencionalidade.

Há pelo menos os seguintes quatro pontos de semelhança e de ligação entre os estados Intencionais e os atos de fala.

1. A distinção entre o conteúdo proposicional e a força ilocucionária, familiar no contexto da teoria dos atos de fala, aplica-se aos estados Intencionais. Assim como posso ordenar que você saia da sala, prever que você sairá da sala e sugerir que você saia da sala, posso também acreditar que você sairá da sala, temer que você saia da sala, querer que você saia da sala e esperar que você saia da sala. Na primeira classe de casos, a dos atos de fala, há uma distinção óbvia entre o conteúdo proposicional *que você saia da sala* e a força ilocucionária com que tal conteúdo é apresentado no ato de fala. Mas igualmente na segunda classe de casos, a dos estados Intencionais, há uma distinção entre o conteúdo representativo *que você saia da sala* e o modo psicológico, seja este crença, medo, esperança ou qualquer outro, em que se tenha esse conteúdo representativo. No contexto da teoria dos atos de fala costuma-se apresentar essa distinção na fórmula "$F(p)$", em que "F" representa a força ilocucionária e "p" o conteúdo proposicional. Na teoria dos estados Intencionais teremos igual necessidade de distinguir entre o conteúdo representativo e a maneira ou modo psicológico em que se tem esse conteúdo representativo. Simbolizaremos essa distinção como "$S(r)$", em que "S" representa o modo psicológico e "r" o conteúdo representativo.

Talvez fosse mais adequado restringir a expressão "conteúdo proposicional" aos estados linguisticamente realizados e empregar as expressões "conteúdo representativo" ou "conteúdo Intencional" como expressões mais gerais, a fim de incluir tanto os estados Intencionais linguisticamente realizados quanto os que não são realizados na linguagem. Porém, uma vez que precisamos distinguir também entre estados tais como a crença, cujo conteúdo deve sempre ser exprimível como uma proposição completa, e estados como o amor e o ódio, cujo conteúdo não é necessariamente uma proposição completa, continuarei usando também a noção de conteúdo proposicional para os estados Intencionais, para assinalar os estados que levam como conteúdo proposições inteiras, seja ou não esse estado linguisticamente realizado. Usarei as notações da teoria dos atos de fala ao representar o conteúdo de um estado Intencional entre parênteses e a forma ou modo em que o agente tem esse conteúdo, fora deles. Assim, por exemplo, se um homem ama Sally e acredita que está chovendo, seus dois estados Intencionais podem ser representados nos termos:

Ama (Sally)
Acredita (que está chovendo).

A maior parte das análises deste livro será sobre estados Intencionais que possuem conteúdos proposicionais completos, as chamadas atitudes proposicionais. Mas é importante sublinhar que nem todos os estados Intencionais têm uma proposição inteira como conteúdo Intencional, embora por definição todos os estados Intencionais tenham pelo menos algum conteúdo representativo, seja ele uma proposição completa ou não. E, com efeito, esta condição é mais forte para os estados Intencionais que para os atos de fala, pois alguns (muito poucos) atos de fala expressivos não têm qualquer conteúdo, como "Ai!", "Olá", "Adeus".

2. A bem conhecida distinção entre as diferentes direções de adequação, também oriunda da teoria dos atos de fala[1], será transposta para os estados Intencionais. Supõe-se que os membros da classe assertiva dos atos de fala – enunciados, descrições, asserções etc. – ajustam-se de algum modo a um mundo de existência autônoma; e diremos que serão verdadeiros ou falsos conforme esse ajuste se dê ou não. Mas não se supõe que os membros da classe diretiva dos atos de fala – ordens, comandos, solicitações etc. – e os elementos da classe compromissiva – promessas, votos, garantias etc. – ajustem-se a uma realidade de existência autônoma, mas, antes, que provoquem mudanças no mundo, de modo que este corresponda ao conteúdo proposicional do ato de fala. E, na medida em que o ato de fala realize ou não tais mudanças, não dizemos que são verdadeiros ou falsos, mas, antes, coisas como o serem tais atos obedecidos ou desobedecidos, realizados, cumpridos, mantidos ou rompidos. Assinalarei esta distinção dizendo que a classe assertiva tem a direção do ajuste palavra-mundo e as classes compromissiva e diretiva têm a direção do ajuste mundo-palavra. Se a declaração não for verdadeira, é a declaração que está em falta e não o mundo; se a ordem for desobedecida, ou se a promessa é quebrada, não são a ordem e a promessa que estão em falta, mas o mundo na pessoa do desobediente ou daquele que quebra a promessa. Intuitivamente, podemos dizer que a ideia da direção do ajuste é a da responsabilidade pela adequação. Se a declaração for falsa, a falha é da declaração (direção de ajuste palavra-mundo). Se a promessa for quebrada, a falha é de quem promete (direção de ajuste mundo-pala-

A NATUREZA DOS ESTADOS INTENCIONAIS 11

vra). Há também casos nulos, em que não há direção de ajuste algum. Se me desculpo por insultar alguém, ou me congratulo com alguém que obteve uma vitória – embora eu realmente pressuponha a verdade da proposição expressa, que insultei alguém, que alguém foi vitorioso – a finalidade do ato de fala não é afirmar essas proposições nem ordenar que os atos que elas designam sejam levados a cabo; em vez disso, o fim é expressar meu pesar ou meu prazer ante o estado de coisas especificado no conteúdo proposicional, cuja verdade pressuponho[2]. Ora, algo muito parecido a essas distinções pode ser aplicado aos estados Intencionais. Se minhas crenças se revelam equivocadas, a falha reside nelas e não no mundo, tal como é demonstrado pelo fato de que posso corrigir a situação simplesmente mudando minhas crenças. É responsabilidade da crença, por assim dizer, corresponder ao mundo e, ali onde essa correspondência não ocorre, corrijo a situação mudando a crença. Todavia, se deixo de levar a cabo minhas intenções, ou se meus desejos não são realizados, não posso corrigir a situação simplesmente mudando a intenção ou o desejo. Nesses casos, a falha, por assim dizer, é do mundo, se este deixar de corresponder à intenção ou ao desejo, e não posso consertar as coisas dizendo que se tratava de uma intenção ou de um desejo errado do mesmo modo que posso consertar as coisas dizendo que se tratava de uma crença equivocada. As crenças, tal como os enunciados, podem ser verdadeiras ou falsas, e pode-se dizer que têm uma direção de ajuste "mente-mundo". Por outro lado, os desejos e as intenções não podem ser falsos ou verdadeiros, mas sim ser cumpridos, realizados ou levados a cabo, e pode-se dizer que têm uma direção de ajuste "mundo-mente". Além disso, há também estados Intencionais com uma direção de ajuste nula. Se estou pesaroso por ter insultado alguém, ou satisfeito porque alguém obteve uma vitória, então, embora o meu pesar e a minha satisfação incluam uma crença de que insultei alguém e um desejo de não ter insultado e minha satisfação inclua uma crença de que alguém obteve uma vitória e um desejo de que a tivesse obtido, meu pesar e minha satisfação não podem ser falsos ou verdadeiros do mesmo modo que minhas crenças, nem realizados como os meus desejos. Meu pesar e minha satisfação podem ser apropriados ou não, conforme seja ou não realmente satisfeita a direção do ajuste mente-mundo da crença, mas meu pesar e meu prazer não têm, neste sentido, nenhuma direção de ajuste. Terei mais a dizer acerca desses estados Intencionais complexos mais adiante.

3. Uma terceira ligação entre os estados Intencionais e os atos de fala é que, na realização de cada ato ilocucionário com um conteúdo proposicional, expressamos um certo estado Intencional com esse conteúdo proposicional, e esse estado Intencional é a condição de sinceridade desse tipo de ato de fala. Assim, por exemplo, se faço um enunciado de que *p*, expresso uma crença em que *p*. Se prometo fazer *A*, expresso uma intenção de fazer *A*. Se ordeno que você faça *A*, expresso uma aspiração ou um desejo de que você faça *A*. Se me desculpo por ter feito alguma coisa, expresso pesar por ter feito tal coisa. Se me congratulo com alguém por alguma coisa, expresso satisfação por tal coisa. Todas essas ligações entre os atos ilocucionários e as condições de sinceridade Intencionais expressas dos atos de fala são internas; isto é, o estado Intencional expresso não é um mero coadjuvante da realização do ato de fala. A realização do ato de fala é necessariamente uma expressão do estado Intencional correspondente, tal como é demonstrado por uma generalização do paradoxo de Moore. Não se pode dizer "está

nevando, mas não acredito que esteja nevando", "ordeno-lhe que pare de fumar, mas não quero que pare de fumar", "peço desculpas por insultá-lo, mas não lamento tê-lo insultado", "congratulações pela vitória, mas não estou contente por você ter sido vitorioso", e assim por diante. Todos esses ditos soam estranhos pela mesma razão. A realização de um ato de fala é *eo ipso* uma expressão do estado Intencional correspondente; e, em consequência, é logicamente estranho, embora não autocontraditório, realizar o ato de fala e negar a presença do estado Intencional correspondente[3].

Ora, dizer que o estado Intencional que constitui a condição de sinceridade é expresso na realização do ato de fala não quer dizer que se deva sempre ter o estado Intencional que se expressa. É sempre possível mentir ou realizar algum outro ato de fala insincero. Contudo, uma mentira ou outro ato de fala insincero consiste em realizar um ato de fala e, com isso, expressar um estado Intencional quando não se tem o estado Intencional que se expressa. Observe-se que o paralelismo entre os atos ilocucionários e suas condições de sinceridade Intencionais expressas é notavelmente próximo: em geral, a direção do ajuste do ato ilocucionário e a da condição de sinceridade é a mesma; nos casos em que o ato ilocucionário não tem nenhuma direção de ajuste, a verdade do conteúdo proposicional é pressuposta e o estado Intencional correspondente contém uma crença. Por exemplo, se peço desculpas por pisar em seu gato, expresso remorso por ter pisado no seu gato. Nem o pedido de desculpas, nem o remorso têm uma direção de adequação, mas o pedido de desculpas pressupõe a verdade da proposição de que eu pisei no seu gato e o remorso contém uma crença de que pisei no seu gato.

4. A noção de condições de satisfação aplica-se de maneira bastante geral tanto para os atos de fala quanto

para os estados Intencionais, nos casos em que haja uma direção de ajuste. Dizemos, por exemplo, que um enunciado é verdadeiro ou falso, que uma ordem é obedecida ou desobedecida, que uma promessa é cumprida ou quebrada. Em cada um desses casos, atribuímos um sucesso ou um fracasso ao ato ilocucionário em corresponder à realidade na direção particular do ajuste fornecida pelo propósito ilocucionário. Para termos uma expressão, podemos rotular todas essas condições como "condições de satisfação" ou "condições de sucesso". Assim, diremos que um enunciado é satisfeito se, e somente se, for verdadeiro, que uma ordem é satisfeita se, e somente se, for obedecida, que uma promessa é satisfeita se, e somente se, for cumprida, e assim por diante. Ora, essa noção de satisfação também se aplica claramente aos estados Intencionais. Minha crença será satisfeita se, e somente se, as coisas forem tais como acredito que sejam, meus desejos serão satisfeitos se, e somente se, forem realizados, minhas intenções serão satisfeitas se, e somente se, forem levadas a cabo. Isto é, a noção de satisfação parece ser intuitivamente natural tanto para os atos de fala quanto para os estados Intencionais e aplicar-se de modo bastante geral sempre que houver uma direção de ajuste[4].

De importância crucial é perceber que, para cada ato de fala que tenha uma direção de ajuste, *o ato de fala será satisfeito se, e somente se, o estado psicológico expresso for satisfeito e forem idênticas as condições de satisfação do ato de fala e do estado psicológico expresso*. Desse modo, por exemplo, meu enunciado será verdadeiro se, e somente se, a convicção expressa for correta, minha ordem será obedecida se, e somente se, a aspiração ou desejo expresso for realizado, e minha promessa será cumprida se, e somente se, minha intenção expressa for levada a cabo. Observe-se, além disso, que, assim como as condições de satisfação são internas ao ato de fala, as condições de satisfação do estado Intencional são internas ao estado Intencional. Parte do que torna o meu enunciado de que a neve é branca o enunciado que é, é ter essas condições de verdade e não outras. Do mesmo modo, parte do que faz com que o meu desejo de que estivesse chovendo seja o desejo que é, é que certas coisas o satisfarão e certas outras coisas não.

O conjunto dessas quatro ligações entre os estados Intencionais e os atos de fala sugerem naturalmente uma certa imagem da Intencionalidade: todo estado Intencional compõe-se de um conteúdo representativo em um certo modo psicológico. Os estados Intencionais representam objetos e estados de coisas, no mesmo sentido em que os atos de fala representam objetos e estados de coisas (embora, repetindo, o façam por meios diferentes e de um modo diferente). Assim como meu enunciado de que está chovendo é uma representação de um certo estado de coisas, minha crença de que está chovendo é uma representação do mesmo estado de coisas. Assim como a minha ordem para que Sam deixe a sala se refere a Sam e representa uma determinada ação por parte dele, meu desejo de que Sam deixasse a sala se refere a Sam e representa uma determinada ação por parte dele. A noção de representação é convenientemente vaga. Aplicada à linguagem, podemos usá-la para dar conta não só da referência, mas também da predicação e das condições de verdade ou de satisfação de maneira geral. Aproveitando esse caráter vago, podemos dizer que os estados Intencionais imbuídos de um conteúdo proposicional e de uma direção de ajuste representam suas diversas condições de satisfação, no mesmo sentido em que os atos de fala imbuídos de um conteúdo proposicional e de uma direção de ajuste representam suas condições de satisfação.

Se vamos nos permitir o uso de noções como "representação" e "condições de satisfação", estas exigirão alguns esclarecimentos mais. É provável que não exista, na história da filosofia, termo mais aviltado que "representação", e meu uso deste termo difere tanto de seu emprego na filosofia tradicional quanto de seu emprego na psicologia cognitiva e na inteligência artificial contemporâneas. Quando digo, por exemplo, que uma crença é uma representação, não estou, absolutamente, dizendo que uma crença é uma espécie de imagem, nem estou endossando a explicação de significado do *Tractatus*, tampouco dizendo que uma crença re-apresenta algo que já foi apresentado antes, nem que uma crença tem um significado, nem que seja um tipo de coisa cujas condições de satisfação se depreendem mediante seu exame minucioso. Entende-se que o sentido de "representação" em questão seja inteiramente esgotado por sua analogia com os atos de fala: o sentido de "representar" em que uma crença representa suas condições de satisfação é o mesmo sentido em que um enunciado representa suas condições de satisfação. Dizer que uma crença constitui uma representação é simplesmente dizer que ela tem um conteúdo proposicional e um modo psicológico, que seu conteúdo proposicional determina um conjunto de condições de satisfação sob certos aspectos, que seu modo psicológico determina a direção de adequação do seu conteúdo proposicional, de tal modo que todas essas noções – conteúdo proposicional, direção do ajuste etc. – são explicadas pela teoria dos atos de fala. Com efeito, no que toca a tudo o quanto expus até aqui, poderíamos, em princípio, dispensar totalmente os termos "representação" e "representar", em favor dessas outras noções, uma vez que não há nada de ontológico em meu uso do termo "representação". Trata-se apenas de uma abreviação para essa constelação de noções lógicas tomadas de empréstimo da teoria dos atos de fala. (Mais adiante discutirei algumas diferenças entre os estados Intencionais e os atos de fala.)

Além disso, meu uso da noção de representação difere de seu uso na inteligência artificial e na psicologia cognitiva contemporâneas. Para mim, uma representação é definida por seu conteúdo e seu modo, não por sua estrutura formal. Com efeito, nunca pude perceber algum sentido claro na opinião segundo a qual toda representação mental deve ter uma estrutura formal, no sentido, por exemplo, em que uma sentença tem uma estrutura sintática formal. Deixando de lado algumas complicações (relativas a Rede e Background) que surgirão mais adiante, as relações formais entre essas várias noções podem ser formuladas, neste estágio preliminar das investigações, da maneira que se segue: todo estado Intencional compõe-se de um *conteúdo Intencional* em um *modo psicológico*. Nos casos em que esse conteúdo é uma proposição completa e há uma direção de ajuste, o conteúdo Intencional determina as *condições de satisfação*. Condições de satisfação são as condições que, tal como determinadas pelo conteúdo Intencional, devem ser alcançadas para que o estado seja satisfeito. Por esse motivo, a *especificação* do conteúdo é já uma *especificação* das condições de satisfação. Desse modo, se tenho uma crença de que está chovendo, o conteúdo de minha crença é: que está chovendo. E as condições de satisfação são: que esteja chovendo – e não, por exemplo, que o chão esteja molhado ou que esteja caindo água do céu. Uma vez que toda representação – seja esta feita pela mente, pela linguagem, por imagens ou por qualquer outra coisa – está sempre submetida a determinados aspectos e não a outros, as condições de satisfação são representadas sob determinados aspectos.

A expressão "condições de satisfação" tem a costumeira ambiguidade processo-produto, como a que existe entre o *requisito* e a *coisa requerida*. Assim, por exemplo, se acredito que está chovendo, as condições de satisfação de minha crença são *que esteja chovendo* (requisito). É isso que a minha crença exige para ser uma crença verdadeira. E se a minha crença é de fato verdadeira haverá uma certa condição no mundo, a saber, a condição de *que esteja chovendo* (coisa requerida), que é a condição de satisfação da minha crença, isto é, a condição no mundo que de fato satisfaz minha crença. Acredito ser essa ambiguidade bastante inofensiva, na verdade até mesmo útil, contanto que se tenha consciência dela desde o início. Contudo, em alguns dos comentários sobre meus trabalhos anteriores acerca da Intencionalidade, tal ambiguidade levou a alguns mal-entendidos[5]; de modo que, nos contextos em que os dois sentidos pareçam gerar mal-entendidos, assinalarei ambos explicitamente.

Deixando de lado as várias qualificações, poderíamos resumir esta breve explicação preliminar da Intencionalidade dizendo que a chave para o entendimento da representação está nas condições de satisfação. Todo estado Intencional com uma direção de ajuste é uma representação de suas condições de satisfação.

III. ALGUMAS APLICAÇÕES E EXTENSÕES DA TEORIA

Tão logo expostas essas ideias, uma profusão de perguntas se apresenta. Que diremos sobre os estados Intencionais que não possuem uma direção do ajuste? Serão eles representações também? E, se o forem, quais as suas condições de satisfação? E quanto à fantasia e a imaginação? O que representam? E quanto à situação ontológica de tudo isso – serão esses estados Intencionais entidades mentais misteriosas e não teremos povoado o mundo com "estados de coisas" para podermos satisfazer a essas entidades mentais? E quanto à intensionalidade-com-s, onde é que ela se encaixa? E quanto à noção tradicional de "objeto Intencional", com sua suposta "inexistência intencional" (Brentano)? Além disso, há mais algumas objeções céticas. Pode-se, com certeza, objetar que toda representação exige um ato intencional da parte do agente que faz a representação. Representar exige um agente representador e um ato intencional de representação e, portanto, a representação exige a Intencionalidade e não pode ser usada para explicá-la. E, o que é mais ameaçador, não é certo que os vários argumentos acerca da teoria causal da referência tenham demonstrado que essas entidades mentais "na cabeça" são insuficientes para demonstrar de que modo a linguagem e a mente se referem às coisas do mundo?

Bem, não é possível responder a todas essas perguntas ao mesmo tempo e, nesta seção, limitar-me-ei a responder a algumas delas de modo a estender e aplicar o enunciado preliminar da teoria. Meu objetivo é duplo. Quero mostrar como esta abordagem da Intencionalidade responde a certas dificuldades filosóficas tradicionais e, ao fazer isso, pretendo ampliar e desenvolver a teoria.

1. Uma das vantagens desta abordagem, de forma alguma menor, é permitir-nos distinguir claramente entre as propriedades lógicas dos estados Intencionais e sua situação ontológica; nessa exposição, a propósito, a questão relativa à natureza lógica da Intencionalidade não é, absolutamente, um problema ontológico. Por exemplo, o que é realmente uma crença? As respostas tradicionais presumem que a pergunta versa sobre a categoria ontológica em que se encaixam as crenças, mas o importante, no

que toca à Intencionalidade da crença, não é a sua categoria ontológica e sim as suas propriedades lógicas. Algumas das respostas tradicionalmente privilegiadas asseveram que as crenças são uma modificação sofrida por um ego cartesiano, ideias humeanas a passear pela cabeça, disposições causais a comportar-se de determinadas maneiras ou um estado funcional de um sistema. De minha parte, por acaso, considero que todas essas respostas são falsas, mas, para os propósitos presentes, o importante é observar que são respostas a uma outra pergunta. Caso se considere que a pergunta "o que é realmente uma crença?" significa "o que é uma crença *qua* crença?", a resposta deverá ser apresentada, pelo menos em parte, em termos das propriedades lógicas da crença: uma crença é um conteúdo proposicional em um determinado modo psicológico, em que o modo determina uma direção de ajuste mente-mundo e seu conteúdo proposicional determina um conjunto de condições de satisfação. Os estados Intencionais têm de ser caracterizados em termos Intencionais se não quisermos perder de vista sua Intencionalidade intrínseca. Mas se a pergunta for "qual é o modo de existência das crenças e de outros estados Intencionais?", então, com base em todo o nosso conhecimento atual acerca de como o mundo funciona, a resposta será: os estados Intencionais são ao mesmo tempo causados pela estrutura do cérebro e realizados nela. E o importante, ao responder a essa segunda pergunta, é ver *tanto* o fato de que os estados Intencionais estão em relações *causais* com os neurofisiológicos (além de, é claro, estarem em relações causais com outros estados Intencionais), *como* o fato de serem *realizados* na neurofisiologia do cérebro. Os dualistas, que percebem corretamente o papel causal do mental, consideram que, precisamente por esta razão, devem postular uma categoria ontológica separada. Muitos fisicalistas que percebem corretamente que tudo o que temos no crânio é um cérebro acham que por esta razão devem negar a eficácia causal dos aspectos mentais do cérebro, ou mesmo a existência desses aspectos mentais irredutíveis. Acredito que ambas as visões estejam equivocadas. Ambas tentam resolver o problema mente-corpo, quando a abordagem correta é perceber que tal problema não existe. O "problema mente-corpo" não é um problema mais real que o do "estômago-digestão". (Ver mais sobre a questão no capítulo 10.)

Nesta altura, não é mais relevante para nós responder à pergunta de como os estados Intencionais são realizados na ontologia do mundo do que responder às perguntas análogas sobre como se realiza um determinado ato linguístico. Um ato linguístico pode ser realizado através da fala ou da escrita, em francês ou em alemão, em um teletipo ou em um alto-falante, em uma tela de cinema ou em um jornal. Para suas propriedades lógicas, porém, tais formas de realização são irrelevantes. Com razão consideraríamos que não entendeu o problema alguém obcecado com a questão de se os atos de fala são ou não idênticos a fenômenos físicos tais como as ondas sonoras. As formas de realização de um estado Intencional são tão irrelevantes para suas propriedades lógicas quanto as formas em que é realizado um ato de fala o são para as suas. As propriedades lógicas dos estados Intencionais surgem do fato de serem representações, e a questão é que podem, tal como as entidades linguísticas, ter propriedades lógicas de um modo que as pedras e árvores não podem (embora os enunciados acerca de pedras e árvores possam), pois os estados Intencionais, como as entidades linguísticas e ao contrário das pedras e árvores, são representações.

O célebre problema de Wittgenstein sobre a intenção – Quando ergo o braço, o que resta se subtraio o fato de que meu braço se ergue?[6] – resiste à solução apenas enquanto insistirmos em uma resposta ontológica. Dada a abordagem não ontológica da Intencionalidade aqui sugerida, a resposta é bastante simples. O que resta é um conteúdo Intencional – que o meu braço se erga como resultado dessa intenção na ação (ver capítulo 3) – em um certo modo psicológico – o modo intencional. Na medida em que não estejamos satisfeitos com essa resposta, acredito que nossa insatisfação revele possuirmos um modelo equivocado de "Intencionalidade"; continuamos à procura de algo que corresponda à palavra "intenção". Contudo, a única coisa que poderia corresponder-lhe seria uma intenção e, para saber o que é uma intenção, ou qualquer outro estado Intencional com uma direção de ajuste, não precisamos conhecer sua categoria ontológica última, mas, em vez disso, devemos saber, primeiro, quais suas condições de satisfação; segundo, sob que aspecto(s) essas condições são representadas pelo conteúdo Intencional; e, terceiro, qual é o modo psicológico – crença, desejo, intenção etc. – do estado em questão. Conhecer a resposta para a segunda dessas perguntas é já conhecer a resposta para a primeira, uma vez que as condições de satisfação são sempre representadas sob determinados aspectos; e um conhecimento da terceira é o bastante para nos facultar um conhecimento da direção do ajuste entre o conteúdo representativo e as condições de satisfação.

2. Uma segunda vantagem desta abordagem é fornecer-nos uma resposta bastante simples para os tradicionais problemas ontológicos acerca do estatuto dos objetos Intencionais: um objeto Intencional é apenas um objeto como qualquer outro; não desfruta nenhuma posição ontológica peculiar. Chamar uma determinada coisa objeto Intencional é apenas dizer a que se refere um estado Intencional qualquer. Assim, por exemplo, se Bill admira

o presidente Carter, o objeto Intencional de sua admiração é o presidente Carter, o homem real, e não alguma obscura entidade intermediária entre Bill e o homem. Tanto no caso dos atos de fala como no dos estados Intencionais, se não houver um objeto que satisfaça o conteúdo proposicional ou representativo, o ato de fala e o estado Intencional não poderão ser satisfeitos. Nesses casos, assim como não há um "objeto referido" do ato de fala, tampouco há um "objeto Intencional" do estado Intencional: se nada satisfizer a porção referencial do conteúdo representativo, o estado Intencional será desprovido de um objeto Intencional. Assim, por exemplo, o enunciado de que o Rei da França é calvo não pode ser verdadeira, pois não existe um Rei da França e, do mesmo modo, a crença de que o Rei da França é calvo não pode ser verdadeira, pois não existe um Rei da França. A ordem para que o Rei da França seja calvo e o desejo de que o Rei da França fosse calvo não podem ser satisfeitos, ambos pela mesma razão: não existe um Rei da França. Nesses casos, não há nenhum "objeto Intencional" do estado Intencional e não há nenhum "objeto referido" do enunciado. O fato de nossos enunciados poderem não ser verdadeiros por uma falta de referência não mais nos inclina a supor que deveríamos erigir uma entidade meinongiana à qual tais enunciados se refeririam. Percebemos que elas têm um conteúdo proposicional ao qual nada satisfaz e que, nesse sentido, não "se referem" a coisa alguma. Precisamente do mesmo modo, porém, sugiro que o fato de nossos estados Intencionais poderem não ser satisfeitos, por não haver objeto a que seus conteúdos se refiram, não deve mais deixar-nos perplexos a ponto de erigirmos uma entidade meinongiana intermediária ou objeto Intencional a que tais estados se refiram. Um estado Intencional tem um conteúdo representativo, mas não se refere e nem está direcionado a tal conteúdo. Parte da dificuldade aqui deriva do "referir-se", que tem tanto uma leitura extensional quanto uma intensional-com-s. Em um sentido (o intensional-com-s), o enunciado ou crença de que o Rei da França é calvo refere-se ao Rei da França, mas, nesse sentido, não decorre de que haja um objeto a que eles se refiram. Em outro sentido (o extensional), não há nenhum objeto ao qual eles se refiram porque não existe um Rei da França. Na minha opinião, é fundamental distinguir entre o *conteúdo* de uma crença (isto é, uma proposição) e os *objetos* dessa mesma crença (ou seja, os objetos ordinários).

É claro que alguns de nossos estados Intencionais são exercícios de fantasia e imaginação, mas, analogamente, alguns de nossos atos de fala são ficcionais. E assim como a possibilidade do discurso ficcional, em si mesmo um produto da fantasia e da imaginação, não nos obriga a erigir uma classe de objetos "referidos" ou "descritos", diferentes dos objetos ordinários, mas admissivelmente os objetos de todo discurso, sugiro que a possibilidade de fantasia e de formas imaginativas de Intencionalidade não nos força a acreditar na existência de uma classe de "objetos Intencionais", diferentes dos objetos ordinários, mas, admissivelmente, os objetos de todos os nossos estados Intencionais. Não estou negando a existência de problemas referentes à fantasia e à imaginação; sustento, antes, que os problemas são os mesmos da análise do discurso ficcional.

O discurso ficcional oferece-nos uma série de atos de fala simulados (como um faz-de-conta), em geral assertivas simuladas, e o fato de o ato de fala ser apenas simulado rompe os compromissos palavra-mundo das assertivas normais. O falante não está comprometido com a verdade de suas asserções ficcionais do mesmo modo que está comprometido com a verdade de suas asserções normais. Na imaginação, do mesmo modo, o agente tem uma série de representações, mas a direção do ajuste mente-mundo é rompida pelo fato de os conteúdos representativos não serem conteúdos de crenças, mas conteúdos simplesmente estocados. Fantasias e imaginações têm seus conteúdos e, portanto, é como se tivessem condições de satisfação, do mesmo modo que uma asserção simulada (ou seja, ficcional) tem um conteúdo e logo é como se tivesse condições de verdade, embora em ambos os casos os compromissos com as condições de satisfação sejam deliberadamente suspensos. Não é uma falha da asserção ficcional o seu caráter inverídico e não é uma falha de um estado de imaginação que nada no mundo a ele corresponda[7].

3. Se eu estiver certo em julgar que os estados Intencionais compõem-se de conteúdos representativos em vários modos psicológicos, será no mínimo enganador, senão simplesmente um equívoco, dizer que uma crença, por exemplo, é uma *relação* de dois termos entre alguém que acredita e uma proposição. Um equívoco análogo seria dizer que um enunciado é uma relação de dois termos entre um falante e uma proposição. Deve-se dizer, preferivelmente, que uma proposição não é o *objeto* de um enunciado ou crença, mas, antes, o seu *conteúdo*. O conteúdo do enunciado ou crença de que De Gaulle era francês é a proposição de que De Gaulle era francês. Mas essa proposição não é aquilo a que tal enunciado ou crença se refere ou a que se direciona. Não, o enunciado ou crença refere-se a De Gaulle e representa-o como sendo francês por ter o conteúdo proposicional e o modo de representação – ilocucionário ou psicológico – que tem. Do mesmo modo como "John esmurrou Bill" descreve uma relação entre John e Bill, em que o murro de

John é dirigido a Bill, "John acredita que *p*" não descreve uma relação entre John e *p* tal que a crença de John esteja dirigida a *p*. Seria mais preciso dizer, no caso dos enunciados, que o enunciado é *idêntico* à proposição, entendida como enunciada; e, no caso da crença, esta é *idêntica* à proposição, entendida como algo em que se acredita. Há, de fato, uma relação atribuída quando se atribui um estado Intencional a uma pessoa, mas não se trata de uma relação entre a pessoa e a proposição, trata-se, antes, de uma relação de representação entre o estado Intencional e as coisas por ele representadas; só é preciso lembrar que, como acontece com as representações em geral, é possível haver um estado Intencional sem haver de fato coisa alguma que o satisfaça. A visão confusa segundo a qual os enunciados de atitudes proposicionais descrevem uma relação entre um agente e uma proposição não é um modo inócuo de falar; é, em vez disso, o primeiro passo em uma série de confusões que leva à ideia de que existe uma distinção básica entre os estados Intencionais *de re* e os *de dicto*. Discutirei esta posição no capítulo 8[8].

4. Um estado Intencional só determina suas condições de satisfação – e, portanto, só é o estado que é – dada sua posição em uma *Rede* (*Network*) de outros estados Intencionais e sobre um *Background* de práticas e suposições pré-intencionais que, em si mesmas, não são nem estados Intencionais nem partes das condições de satisfação desses estados. Para compreendermos esse aspecto, consideremos o exemplo seguinte. Suponhamos que haja um momento particular no qual Jimmy Carter concebeu pela primeira vez o desejo de concorrer à presidência dos Estados Unidos e suponhamos também que esse estado Intencional foi realizado de acordo com as teorias da ontologia do mental preferidas por todos: Carter teria

dito a si mesmo "Quero concorrer à presidência dos Estados Unidos"; uma determinada configuração neural, em uma determinada parte de seu cérebro, percebeu seu desejo, pensou sem palavras e com firme determinação: "Quero fazer isso" etc. Agora, suponhamos, ainda, que exatamente essas realizações de idêntico tipo do estado mental ocorressem na mente e no cérebro de um homem do Pleistoceno que viveu há milhares de anos. Ele teve um configuração neural de idêntico tipo à que correspondeu ao desejo de Carter e viu-se pronunciando a sequência fonética "Quero concorrer à presidência dos Estados Unidos" etc. Mesmo assim, por mais idêntico que fosse o tipo das duas realizações, seria impossível que o estado mental do homem do Pleistoceno fosse o desejo de concorrer à presidência dos Estados Unidos. Por que não? Bem, usando um pressuposto, as circunstâncias não eram apropriadas. E qual o significado disso? Para responder a essa pergunta, exploremos rapidamente o que foi preciso ocorrer para que o estado de Carter pudesse ter as condições de satisfação que teve. Para se ter o desejo de concorrer à presidência, é necessário que tal desejo esteja implantado em toda uma Rede de outros estados Intencionais. É tentador, mas equivocado, julgar que estes possam ser descritos exaustivamente como consequências lógicas do primeiro desejo – proposições que têm de ser satisfeitas para que o desejo original seja satisfeito. Alguns dos estados Intencionais da Rede estão, assim, logicamente relacionados, mas não todos. Para que seu desejo seja um desejo de concorrer à presidência, Carter precisa ter um grande número de crenças tais como: que os Estados Unidos são uma república, que têm um sistema presidencial de governo, que têm eleições periódicas, que estas envolvem sobretudo uma disputa entre os candidatos dos dois partidos majoritários, o Republicano e o Democrata, que esses candidatos são escolhidos em convenções de nomeação e assim por diante indefinidamente (mas não infinitamente). Além disso, esses estados Intencionais só têm suas condições de satisfação, e toda a Rede Intencional só funciona sobre um Background daquilo que, por falta de um termo melhor, denominarei capacidades mentais não representacionais. Certas maneiras fundamentais de fazer as coisas e um certo conhecimento sobre como as coisas funcionam são pressupostos por qualquer forma de Intencionalidade do gênero.

Na verdade, estou fazendo aqui duas afirmações que precisam ser distinguidas. Afirmo, em primeiro lugar, que os estados Intencionais são em geral partes de Redes de estados Intencionais e suas condições de satisfação só existem em relação à sua posição na Rede. Versões dessa perspectiva, em geral chamada de "holismo", são bastante comuns na filosofia contemporânea; com efeito, um certo holismo fácil constitui atualmente uma espécie de ortodoxia filosófica. Mas estou fazendo também uma segunda alegação, muito mais controversa: além da Rede de representações, há também um Background de capacidades mentais não representacionais; e, em geral, as representações só funcionam, só têm as condições de satisfação que têm, em relação a esse Background não representacional. As implicações dessa segunda afirmação são de longo alcance, mas tanto a argumentação a favor dela quanto a exploração de suas consequências terão de esperar até o capítulo 5. Uma consequência imediata de ambas as teses é que os estados Intencionais não são nitidamente individuados. Quantas crenças, exatamente, tenho eu? Não existe uma resposta definitiva para essa pergunta. Outra consequência é que as condições de satisfação dos estados Intencionais não são determinadas independentemente, mas dependem de outros estados da Rede e do Background.

5. A presente abordagem permite-nos propor uma solução para um problema tradicional da filosofia da mente; é possível formular o problema na forma de uma objeção à minha abordagem: "Não podemos explicar a Intencionalidade em termos de representação, pois, para que haja uma representação, é preciso haver um agente que faça *uso* de alguma entidade – uma imagem, uma sentença ou outro objeto qualquer – como representação. Logo, se uma crença é uma representação, deve sê-lo porque algum agente faz *uso* da crença como representação. Mas isso não nos oferece explicação alguma da crença, pois não nos diz o que o agente *faz* para poder usar sua crença como representação; além disso, a teoria exige um homúnculo misterioso com sua própria Intencionalidade para poder usar as crenças como representações. Se formos com isso até o fim, será necessário um regresso infinito de homúnculos, pois cada homúnculo deve ter mais estados Intencionais para poder usar os estados Intencionais originais como representações ou, com efeito, para fazer o que quer que seja". Dennett, que considera esse um problema genuíno, denomina-o "problema de Hume" e acredita que a solução seja postular contingentes inteiros de homúnculos progressivamente imbecilizados[9]. Não acredito ser esse um problema genuíno e o estudo que apresentei até aqui faculta-nos perceber o caminho para sua dissolução. Em minha abordagem, o conteúdo Intencional que determina as condições de satisfação é intrínseco ao estado Intencional: não há meios possíveis de o agente ter uma crença ou desejo sem que tenha suas condições de satisfação. Por exemplo, parte do que é ter a crença consciente de que está chovendo é estar consciente de que a crença será satisfeita se estiver

chovendo e não o será se não estiver. Mas que a crença tenha essas condições de satisfação não é algo que lhe é imposto pelo fato de ela ser *usada* de um modo mais que de outro, pois a crença, neste sentido, não é *usada* em absoluto. Uma crença é, intrinsecamente, uma representação no seguinte sentido: consiste apenas em um conteúdo Intencional e em um modo psicológico. O conteúdo determina suas condições de satisfação e o modo determina que essas condições de satisfação sejam representadas com uma certa direção de ajuste. Uma crença não requer uma Intencionalidade externa para converter-se em uma representação, pois, se for uma crença, já é intrinsecamente uma representação. Tampouco requer alguma entidade não intencional, um objeto formal ou sintático associado à crença de que o agente se utiliza para produzir a crença. Em resumo, a falsa premissa da argumentação é a que diz que, para que haja uma representação, é preciso haver algum agente que faça *uso* de uma entidade qualquer como representação. O mesmo se aplica às imagens e sentenças, ou seja, à Intencionalidade derivada, mas não aos estados Intencionais. Talvez quiséssemos restringir o termo "representação" aos casos como os de imagens e sentenças, nos quais podemos estabelecer uma distinção entre a entidade e seu conteúdo representativo, mas tal não é uma distinção que se possa estabelecer entre as crenças e os desejos *qua* crenças e desejos, pois o conteúdo representativo da crença ou do desejo é inseparável, nesse sentido, da crença ou do desejo. Dizer que o agente está consciente das condições de satisfação de suas crenças e seus desejos conscientes não é dizer que ele deve necessariamente dispor de estados Intencionais de segunda ordem sobre seus estados de primeira ordem de crença ou de desejo. Se assim fosse, teríamos de fato um regresso infinito. Em lugar disso, a consciência das condições de satisfação é parte da crença ou do desejo consciente, uma vez que o conteúdo Intencional é interno aos estados em questão.

6. A presente abordagem da Intencionalidade sugere uma descrição bastante simples da relação entre Intencionalidade-com-c e intensionalidade-com-s. A intensionalidade-com-s é uma propriedade de certa classe de sentenças, enunciados e outras entidades linguísticas. Diz-se que uma sentença é intensional-com-s quando deixa de satisfazer certos testes de extensionalidade, tais como a substituibilidade de idênticos e a generalização existencial. Costuma-se dizer que uma sentença como "John acredita que o rei Artur matou *sir* Lancelot" é intensional-com-s por admitir ao menos uma interpretação em que pode ser usada para se fazer um enunciado que não permite uma generalização existencial a partir das expressões de referência que se seguem a "acredita", além de não permitir a substituibilidade de expressões com a mesma referência, *salva veritate*. Tradicionalmente, as confusões que cercam esse tipo de sentença dizem respeito a como pode se dar que seu uso para fazer um enunciado não permita as operações lógicas comuns se, como parece ser o caso, as palavras contidas nas sentenças têm os significados que costumam ter e se as propriedades lógicas de uma sentença são uma função de seu significado e este, por sua vez, é uma função do significado das palavras que o compõem. A resposta sugerida pela interpretação precedente, que desenvolverei no capítulo 7, é simplesmente que, dado que a sentença "John acredita que o rei Artur matou *sir* Lancelot" é usada para fazer um enunciado sobre um estado Intencional – a crença de John – e dado que um estado Intencional é uma representação, segue-se que o enunciado é a representação de uma representação; e, portanto, as condições de verdade do

enunciado dependerão das características da representação que estiver sendo representada, neste caso das características da crença de John e não das características dos objetos ou estados de coisas representados pela crença de John. Isto é, como o enunciado é a representação de uma representação, em geral suas condições de verdade não incluem as condições de verdade da representação que estiver sendo representada. A crença de John só pode ser verdadeira se existir um rei Artur e se existir um *sir* Lancelot e se o primeiro houver matado o último; contudo, meu enunciado de que John acredita que o rei Artur matou *sir* Lancelot permite uma interpretação segundo a qual pode ser verdadeiro mesmo que não se verifique nenhuma dessas condições de verdade. Sua verdade depende apenas de que John tenha uma crença e de que as palavras que se seguem a "acredita", na sentença, expressem com precisão o conteúdo representativo da crença dele. Nesse sentido, meu enunciado sobre a crença dele não é tanto a *representação* de uma representação, mas, antes, a *apresentação* de uma representação, pois que, ao relatar a crença dele, apresento o conteúdo desta sem me comprometer com suas condições de verdade.

Uma das confusões mais difundidas na filosofia contemporânea é a crença equivocada da existência de uma estreita relação, talvez até de uma identidade, entre a intencionalidade-com-c e a intensionalidade-com-s. Nada poderia estar mais afastado da verdade. As duas não são sequer remotamente aparentadas. A intencionalidade-com-c é aquela propriedade da mente (cérebro) pela qual esta é capaz de representar outros objetos; a intensionalidade-com-s é a incapacidade de certas sentenças, enunciados etc. de satisfazer certos testes lógicos de extensionalidade. A única relação entre elas é que algumas sentenças sobre a intencionalidade-com-c são intensionais-com-s, pelas razões que acabo de apresentar.

A crença de que há algo inerentemente intensional-com-s na intencionalidade-com-c deriva de um erro que parece ser endêmico nos métodos da filosofia linguística – a confusão das características do relato com as características da coisa relatada. Os relatos de estados Intencionais-com-c são caracteristicamente intensionais-com-s. Mas não decorre disso, nem é em geral o caso, que os próprios estados Intencionais-com-c sejam intensionais-com-s. O relato de que John acredita que o rei Artur matou *sir* Lancelot é de fato um relato intensional-com-s, mas a crença de John não é em si mesma intensional. É completamente extensional: ela é verdadeira se houver um único x tal que x = rei Artur, um único y tal que y = *sir* Lancelot, e x matou y. Dificilmente algo poderia ser mais extensional. Diz-se amiúde, por razões totalmente confusas, que todos os estados Intencionais como as proposições e os estados mentais são, de algum modo, intensionais-com-s. Contudo, trata-se simplesmente de um erro, originado da confusão entre as propriedades dos relatos e as propriedades das coisas relatadas. Alguns estados Intencionais são, de fato, intensionais-com-s, tal como será demonstrado nas duas seções seguintes, mas não há nada inerentemente intensional-com-s na Intencionalidade-com-c. A crença de John é extensional, embora o meu enunciado sobre ela seja intensional.

Mas e as condições de satisfação? São intensionais ou extensionais? Muita confusão filosófica está contida nesta pergunta. Se pensarmos nas condições de satisfação como características do mundo que satisfazem ou satisfariam um estado Intencional, seria estritamente sem sentido perguntarmos se são intensionais ou extensionais. Se eu tiver uma crença verdadeira de que está chovendo, determinadas características do mundo tornarão verdadeira minha crença, mas não faz sentido indagar se tais características são intensionais ou extensionais. O que a pergunta está tentando elucidar é: são intensionais ou extensionais as *especificações* das condições de satisfação dos estados Intencionais? E a resposta para esta pergunta depende de como sejam especificadas. As condições de satisfação da crença de John de que César atravessou o Rubicão são

1. César atravessou o Rubicão,

e 1 é por si mesma extensional. Mas 1 não especifica as condições *enquanto* condições de satisfação. Difere, portanto, de

2. As condições de satisfação da crença de John são que César tenha atravessado o Rubicão.

2, distintamente de 1, é intensional, e a diferença é que 1 enuncia as condições de satisfação, ao passo que 2 enuncia *que* são condições. 1 é uma representação *simpliciter*; 2 é a representação de uma representação.

7. Introduzimos originariamente a noção de Intencionalidade-com-c de um modo tal que se aplicasse aos estados mentais, e a noção de intensionalidade-com-s de um modo tal que se aplicasse a sentenças e outras entidades linguísticas. Mas é fácil perceber agora, dada a nossa caracterização da Intencionalidade-com-c e de suas relações com a intensionalidade-com-s, como é possível estender cada noção, de modo a abrangerem tanto as entidades mentais como as linguísticas.

(a) A intensionalidade-com-s dos enunciados acerca da Intencionalidade-com-c deriva do fato de tais enunciados serem representações de representações. Mas, como os estados Intencionais-com-c são representações, não há nada que impeça que os estados Intencionais-com-c também sejam representações de representações, compartilhando, assim, da característica de intensionalidade-com-s que possuem as sentenças e enunciados correspondentes. Por exemplo, assim como meu enunciado de que John acredita que o rei Artur matou sir Lancelot é intensional-com-s porque o enunciado é uma representação da crença de John, minha crença de que John acredita que o rei Artur matou sir Lancelot é um estado mental intensional-com-s, pois é um estado Intencional que é uma representação da crença de John e, assim, suas condições de satisfação dependem das características da representação que está sendo representada e não das coisas representadas pela representação original. Obviamente, porém, não decorre do fato de minha crença acerca da crença de John ser intensional-com-s que a crença de John seja intensional-com-s. Repetindo, a crença dele é extensional; minha crença acerca da dele é intensional.

(b) Até aqui, procurei explicar a Intencionalidade dos estados mentais apelando ao nosso entendimento dos atos de fala. Mas é claro que a característica dos atos de fala aos quais venho recorrendo é precisamente suas propriedades representativas, quer dizer, sua Intencionalidade-com-c. Portanto, a noção de Intencionalidade-com-c serve igualmente para os estados mentais e para as entidades linguísticas tais como atos de fala e sentenças, para não falar de mapas, diagramas, listas de lavanderia e um sem-número de outras coisas.

E é por esse motivo que a explicação da Intencionalidade apresentada neste capítulo não é uma análise lógica no sentido de oferecer condições necessárias e suficientes em termos de noções mais simples. Se tentássemos tratar a explicação como uma análise, esta seria irremediavelmente circular, dado que a característica dos atos de fala de que me vali para explicar a Intencionalidade de certos estados mentais é precisamente a Intencionalidade dos atos de fala. Em minha opinião, não é possível apresentar uma análise lógica da Intencionalidade do mental em termos de noções mais simples, uma vez que a Intencionalidade é, por assim dizer, uma propriedade fundamental da mente e não uma característica logicamente complexa construída a partir da combinação de elementos mais simples. Não existe uma posição neutra a partir da qual possamos investigar as relações entre os estados Intencionais e o mundo para depois descrevê-las em termos não Intencionalistas. Qualquer explicação da Intencionalidade, portanto, tem lugar nos limites dos conceitos Intencionais. Minha estratégia foi usar o nosso entendimento de como funcionam os atos de fala para explicar como funciona a Intencionalidade do mental, mas isso agora dá origem a nossa próxima questão: Qual a relação entre a Intencionalidade do mental e a Intencionalidade do linguístico?

IV. SIGNIFICADO

Há uma desanalogia óbvia entre os estados Intencionais e os atos de fala, sugerida pela própria terminologia que estamos empregando. Estados mentais são estados e os atos de fala são atos, isto é, realizações intencionais. E essa diferença tem uma importante consequência para a maneira como o ato de fala se relaciona com sua realização física. A realização efetiva em que se dá o ato de fala envolve a produção (ou uso, ou apresentação) de entidades físicas, tais como os ruídos feitos através da boca ou os sinais gráficos no papel. Crenças, temores, esperanças e desejos, por outro lado, são intrinsecamente Intencionais. Caracterizá-los como crenças, temores, esperanças e desejos é já atribuir-lhes Intencionalidade. Os atos de fala, porém, têm um nível físico de realização, *qua* atos de fala, que não é intrinsecamente Intencional. Não há nada de intrinsecamente Intencional nos produtos do ato de emissão, ou seja, nos ruídos que saem de minha boca ou nos sinais que fixo no papel. Ora, o problema do significado, em sua forma mais geral, é o problema de como passar da física para a semântica, ou seja, como passar (por exemplo) dos sons que saem da minha boca para o ato ilocucionário? E a discussão apresentada até aqui neste capítulo proporciona-nos agora, acredito, um novo modo de ver essa questão. Do ponto de vista desta discussão, o problema do significado pode ser colocado como se segue: De que modo a mente impõe a Intencionalidade a entidades não intrinsecamente Intencionais, entidades como sons e sinais gráficos, que constituem, segundo determinada concepção, apenas fenômenos físicos no mundo como quaisquer outros? Uma emissão pode ter Intencionalidade, da mesma forma como uma crença tem Intencionalidade, mas enquanto a intencionalidade da crença é *intrínseca* a da emissão é *derivada*. Logo, a pergunta é: Como deriva ela sua Intencionalidade?

Existe um nível duplo de Intencionalidade na realização do ato de fala. Existe, em primeiro lugar, o estado Intencional expresso, mas, em segundo lugar, está a intenção, no sentido comum e não técnico da palavra, com que é feita a emissão. Ora, é esse segundo estado Intencional, a intenção com que é realizado o ato, que confere Intencionalidade aos fenômenos físicos. Bem, e como é que isso funciona? O desenvolvimento de uma resposta a essa pergunta terá de esperar até o capítulo 6, mas, em linhas gerais, a resposta é a seguinte: a mente impõe uma Intencionalidade a entidades não intrinsecamente

Intencionais, atribuindo intencionalmente as condições de satisfação do estado psicológico expresso à entidade física externa. É possível descrever o duplo nível de Intencionalidade no ato de fala descrito dizendo-se que, ao enunciar intencionalmente alguma coisa com um certo conjunto de condições de satisfação, aquelas especificadas pela condição essencial para esse ato de fala, tornei essa emissão Intencional e, assim, necessariamente, expressei o estado psicológico correspondente. Não poderia fazer uma declaração sem expressar uma crença ou fazer uma promessa sem expressar uma intenção, pois a condição essencial do ato de fala tem como condições de satisfação as mesmas condições de satisfação que o estado Intencional expresso. Assim, imponho uma Intencionalidade a minhas emissões, atribuindo-lhes intencionalmente determinadas condições de satisfação que são as condições de satisfação de certos estados psicológicos. Isso explica também a relação interna entre a condição essencial e a condição de sinceridade do ato de fala. A chave do significado é simplesmente que este pode ser parte das condições de satisfação (no sentido de requerimento) da minha intenção de que suas condições de satisfação (no sentido das coisas requeridas) também tenham condições de satisfação. Daí o duplo nível.

"Significado" é uma noção que literalmente se aplica a sentenças e atos de fala, mas não, nesse sentido, a estados Intencionais. Faz sentido perguntar, por exemplo, o que significa uma sentença ou emissão, mas não tem o menor sentido perguntar o que significa uma crença ou um desejo. Mas por que não, uma vez que tanto a entidade linguística como o estado Intencional são Intencionais? Existe significado apenas onde houver uma distinção entre o conteúdo Intencional e a forma de sua externalização, e perguntar pelo significado é perguntar por um estado Intencional que acompanha a forma de externalização. Portanto, faz sentido perguntar pelo significado da sentença "Es regnet" e faz sentido perguntar pelo significado do enunciado de John, isto é, perguntar o que ele quis dizer; mas não faz sentido algum perguntar pelo significado da crença de que está chovendo nem pelo significado do enunciado de que está chovendo: no primeiro caso, por não haver uma lacuna entre a crença e o conteúdo Intencional, e, no segundo porque a lacuna já foi preenchida quando especificamos o conteúdo do enunciado.

Como de costume, as características sintáticas e semânticas dos verbos correspondentes fornecem-nos pistas úteis sobre o que está acontecendo. Se eu disser alguma coisa do tipo "John acredita que p", a sentença pode ser autoevidente. Mas se eu disser "John quer dizer que p", a sentença parece exigir, ou pelo menos pedir, um complemento na forma "ao dizer tal e tal", ou "ao enunciar tal e tal, John quer dizer que p". John não poderia querer dizer que p, a menos que estivesse dizendo ou fazendo alguma coisa *por meio da qual* quisesse dizer que p, ao passo que pode simplesmente acreditar que p sem fazer coisa alguma. Querer dizer que p não é um estado Intencional que pode ser autoevidente do mesmo modo que acreditar que p. Para que se queira dizer que p, é preciso que haja alguma ação manifesta. Quando chegamos a "John enunciou p", a ação torna-se explícita. Enunciar é um ato, ao contrário de acreditar e querer dizer, que não são atos. Enunciar é um ato ilocucionário que, em outro nível de descrição, é um ato de emissão. É a realização do ato de emissão com um certo conjunto de intenções que converte o ato de emissão em um ato ilocucionário e, desse modo, impõe Intencionalidade à emissão. Ver mais sobre essa questão no capítulo 6.

V. CRENÇA E DESEJO

Muitos filósofos consideram que a crença e o desejo são de certa forma os estados Intencionais básicos e, nesta seção, pretendo explorar algumas das razões a favor e contra a reivindicação de primazia para esses dois estados. Pretendo concebê-los de modo bastante amplo, de modo a abrangerem, no caso da crença: sentir-se seguro, ter um palpite, supor e muitos outros graus de convicção; e, no caso do desejo: querer, aspirar, ansiar por, ambicionar e muitos outros graus de desejo. Observe-se inicialmente que mesmo nessas enumerações há outras diferenças além dos meros graus de intensidade. Faz sentido dizer de alguma coisa que acredito ter feito

> I wish I hadn't done it
> (gostaria de não ter feito isso),

mas não é inglês correto dizer

> Want/desire I hadn't done it.
> (quero/desejo não ter feito isso.)

Assim, ao conceber "desire" ("desejo") de maneira ampla, precisaremos admitir os casos de "desire" ("desejo") direcionados a estados de coisas que se sabem ou que se acredita terem tido lugar no passado, como quando eu gostaria de não ter feito alguma coisa ou estou contente por ter feito outra coisa. Reconhecendo esses desvios do inglês comum, tomemos duas categorias amplas, que batizaremos de "Cren" (Bel) e "Des" (Des), e vejamos o quão básicas são. Vejamos até onde poderemos ir com essas categorias, que correspondem genericamente a partes das grandes categorias tradicionais da

Cognição e da Volição. Podemos reduzir outras formas de Intencionalidade a Cren e Des? Se pudermos, seremos capazes não apenas de simplificar a análise, como também de eliminar totalmente as formas de Intencionalidade que não possuem direção do ajuste, pois seriam reduzidas às duas direções do ajuste Cren e Des; poderíamos até eliminar os casos como amor e ódio, que não possuem uma proposição completa como conteúdo Intencional, mostrando que podem ser reduzidos a complexos de Cren e Des.

Para testar essa hipótese, precisamos antes estabelecer que os casos de Des, isto é, desiring (desejar), wanting (querer), wishing (ansiar) etc., possuem proposições completas como conteúdo Intencional. Tal característica fica encoberta pelo fato de que na estrutura superficial do inglês temos sentenças como "I want your house" ("Quero sua casa"), que parecem ser análogas a "I like your house" ("Gosto de sua casa"). Contudo, uma simples argumentação sintática demonstrará que a estrutura superficial é enganosa e que wanting (querer) é, na verdade, uma atitude proposicional. Considere-se a sentença

> I want your house next summer.
> (Eu quero sua casa no próximo verão.)

O que é que "next summer" ("próximo verão") modifica? Não pode ser "want" ("quero") pois a sentença não significa

> I next-summer-want your house
> (Eu próximo-verão-querer sua casa)

uma vez que é perfeitamente coerente dizer

I now want your house next summer though by next summer I won't want your house.

(Eu agora quero sua casa no próximo verão embora no próximo verão eu não vou querer a sua casa.)

O que a sentença deve significar é

I want (I *have* your house next summer)
(Eu quero [Eu *ter* sua casa no próximo verão])

e podemos dizer que a locução adverbial modifica o verbo "have" ("ter") na estrutura profunda, ou, se estivermos relutantes em postular tais estruturas sintáticas profundas, podemos simplesmente dizer que o conteúdo semântico da sentença "I want your house" ("Eu quero sua casa") é: I want that I have your house (Eu quero que eu tenha a sua casa). Uma vez que qualquer ocorrência de uma sentença na forma "$S \{ ^{deseja}_{quer} X$" pode acomodar modificadores desse tipo, podemos concluir que todos os casos de Des são atitudes proposicionais, isto é, todos têm proposições completas como conteúdo Intencional.

Voltando agora à nossa questão, podemos reduzir todos (alguns, muitos) estados Intencionais a Cren e Des? Se nos munirmos de todo um aparato de constantes lógicas, operadores modais, indicadores de tempo e conteúdos proposicionais implícitos, poderemos chegar bem longe fazendo muitas reduções, talvez tão longe quanto precisemos chegar para a maior parte dos propósitos analíticos, mas não acredito que possamos ir até o fim, a não ser em alguns poucos casos. Considere-se o temor. Um homem que tema que p, deve acreditar que é possível que p e deve querer que seja o caso que não p; portanto

Temor $(p) \rightarrow$ Cren $(\Diamond p)$ & Des $(\sim p)$

Mas serão equivalentes? Será o que se segue uma verdade necessária?

$$\text{Cren}(\Diamond p) \ \& \ \text{Des}(\sim p) \leftrightarrow \text{Temor}(p)$$

Não creio, e uma ilustração clara é que, mesmo com crenças e desejos fortíssimos, uma tal combinação de crença e desejo não resulta em terror. Desse modo,

$$\text{Terror}(p) \neq \text{Cren}(\Diamond p) \text{ e Forte Des}(\sim p)$$

Acredito, por exemplo, na possibilidade de uma guerra atômica e quero muito que não ocorra, mas não estou aterrorizado pela possibilidade de sua ocorrência. Talvez devesse, mas não estou. Mesmo assim, essa análise componencial de estados complexos como o temor aprofunda nosso entendimento dos estados Intencionais e de suas condições de satisfação. Em um determinado sentido, queremos dizer que o fenômeno superficial do temor será satisfeito se a coisa que tememos vier a acontecer; em um sentido mais profundo, porém, o temor não tem outra direção do ajuste que não a crença e o desejo e, com efeito, este é o que conta, pois a crença é uma pressuposição do temor e não sua essência. O fundamental no temor é querer muito que a coisa que se teme não ocorra, ao mesmo tempo em que se acredita ser completamente possível sua ocorrência. E, nesse sentido mais profundo, meu temor será satisfeito se a coisa que temo não ocorrer, pois isso é o que desejo – que não ocorra.

Apliquemos agora essas sugestões a outros tipos de estados Intencionais. A expectativa é o caso mais simples, uma vez que, em um sentido de "expectativa", as expectativas são apenas crenças acerca do futuro. Portanto,

Expectativa (p) ↔ Cren (Futuro p)

O desapontamento é mais complicado. Se estou desapontado porque p, devo ter tido antes a expectativa de que não p e querido que não p, e agora acredito que p. Assim,

> Desapontamento (p) → Cren presente (p) & Cren passada (futuro ~p) & Des (~p)

Lamentar que p também é relativamente simples:

> Lamentar (p) → Cren (p) & Des (~p)

O pesar muito impõe uma restrição a mais ao lamentar, pois o conteúdo proposicional deve dizer respeito a coisas que tenham a ver com a pessoa que está pesarosa. Posso, por exemplo, estar pesaroso por não ter podido ir à sua festa, mas não por estar chovendo, mesmo que possa lamentar que esteja chovendo.

> Estou pesaroso (p) → Cren (p) & Cren (p está ligado a mim) & Des (~p)

O remorso acrescenta o elemento responsabilidade:

> Remorso (p) → Cren (p) & Des (~p) & Cren (sou responsável por p)

A culpa é como o remorso, só que possivelmente dirigida a outrem. Portanto,

> Culpar X por (p) → Cren (p) & Des (~p) & Cren (X é responsável por p)

Nesse sentido, o remorso envolve necessariamente o culpar a si mesmo. O prazer, a esperança, o orgulho e a vergonha também são relativamente simples:

Ter prazer em que (p) → Cren (p) & Des (p)

A esperança requer uma incerteza quanto à possibilidade de que o estado esperado de fato se verifique. Desse modo,

Esperar (p) → ~ Cren (p) & ~ Cren (~p) & Cren ($\Diamond p$) & Des (p)

O orgulho e a vergonha exigem alguma relação com o agente, embora esta não precise ser tão forte quanto a responsabilidade, pois é possível a alguém estar orgulhoso ou envergonhado tanto do tamanho do próprio nariz quanto dos seus ancestrais. Além disso, a vergonha envolve, *ceteris paribus*, um desejo de ocultar, e o orgulho, um desejo de tornar conhecido. Assim,

Orgulho (p) → Cren (p) & Des (p) & Cren (p está relacionado a mim) & Des (outros sabem que p)
Vergonha (p) → Cren (p) & Des (~p) & Cren (p está relacionado a mim) & Des (p está encoberto dos outros)

É fácil perceber também como essas análises tomam em consideração a estrutura formal dos estados Intencionais de segunda (terceira, enésima) ordem. Pode-se ter vergonha dos próprios desejos; pode-se desejar ficar envergonhado, pode-se ter vergonha do próprio desejo de estar envergonhado etc.

Obviamente, a lista pode ser estendida, e sugiro, como um exercício para adquirir destreza, que o leitor a continue com os estados de sua escolha. O método é bastante simples. Tome um tipo específico de estado Intencional com um conteúdo proposicional específico. Em seguida, pergunte a si mesmo em que deve acreditar e o que deve desejar para estar imbuído desse estado Intencional com esse conteúdo. Mesmo essa breve listagem sugere algumas generalizações significativas acerca da primazia de Cren e Des. Em primeiro lugar, todos esses estados afetivos são concebidos com mais precisão como formas de desejo, dada uma determinada crença. Ou seja, parece equivocado pensar na estrutura formal do orgulho, da esperança, da vergonha, do remorso etc. como simplesmente uma conjunção de crença e desejo. Em vez disso, todos os casos que consideramos (com exceção da expectativa), bem como o nojo, a alegria, o pânico etc., parecem ser formas mais ou menos fortes de desejo positivo ou negativo, dada ou pressupondo-se uma crença. Portanto, se estou alegre por ter vencido a corrida, tenho um caso de

Forte Des (vencer a corrida)

dada

Cren (ter vencido a corrida)

Se eu perder a crença, perco a alegria e o que resta é simplesmente o desapontamento, ou seja, um desejo de ter vencido a corrida imposto a uma crença frustrada. Outrossim, além da relação lógica de pressuposição que é deixada de lado ao se tratarem os estados enquanto conjunções de Cren e Des, há também relações causais internas, ignoradas na análise conjuncional. Por exemplo, sentimos às vezes vergonha *porque* acreditamos termos feito algo errado, embora a crença seja também um pressuposto lógico no sentido de que não poderíamos ter essa sensação sem essa crença. E isso leva a uma terceira razão pela qual não podemos tratar esses estados simplesmente como conjunções de Cren e Des. Há, em muitos desses casos, sensações conscientes, não apreendidas por uma análise do estado em Cren e Des, que não precisam absolutamente ser conscientes. Assim, se estou em pânico, alegre, enojado ou aterrorizado, devo estar em algum estado consciente além de ter certas crenças e certos desejos. E, até onde alguns dos nossos exemplos não exigem que eu esteja em um estado consciente, estamos inclinados, nessa medida, a achar que a análise em termos de Cren e Des chega mais perto de ser exaustiva. Assim, se estou pesaroso por ter feito alguma coisa, meu pesar pode consistir simplesmente em minha crença de que fiz algo e meu desejo de não tê-lo feito. Quando digo que há um estado consciente, não quero dizer que exista sempre uma "sensação-prima", além da crença e do desejo, que poderíamos simplesmente extrair e examinar em separado. De vez em quando ela existe, como nos casos de terror, quando se fica com uma sensação de aperto na boca do estômago. A sensação pode continuar por algum tempo, mesmo depois que o medo passou. Mas o estado consciente não precisa ser uma sensação corporal; em muitos casos, na atração ardente e na repulsa, por exemplo, o desejo é parte do estado consciente de um modo tal que não é possível separar este último, deixando apenas a Intencionalidade da crença e do desejo, isto é, os estados conscientes que fazem parte da atração ardente e da repulsa são desejos conscientes.

O caso mais difícil de todos talvez seja o da intenção. Se tenciono fazer A, devo acreditar que me seja possível fazer A e devo almejar, em certo sentido, fazer A. Porém, chegaremos apenas a uma análise parcial da intenção com o seguinte:

Tencionar (eu fazer *A*) → Cren (◇ eu fazer *A*) & Des (eu fazer *A*)

O elemento adicional deriva do papel causal especial das intenções na produção de nosso comportamento, e não teremos condições de analisar esse aspecto senão nos capítulos 3 e 4.

Mas e quanto aos estados que aparentemente não requerem proposições completas como conteúdo, tais como o amor, o ódio e a admiração? Mesmo esses casos envolvem conjuntos de crenças e desejos, como pode ser visto no absurdo de se imaginar um homem que está loucamente apaixonado mas não tem crença ou desejo algum em relação à pessoa amada, nem mesmo uma crença de que tal pessoa exista. Um homem apaixonado deve acreditar que a pessoa amada existe (ou existiu, ou existirá) e tem certas peculiaridades, e deve ter um complexo de desejos em relação ao ser amado, mas não há maneira de detalhar o complexo dessas crenças e desses desejos como parte da definição de "amor". Diferentes tipos de peculiaridades podem constituir os aspectos pelos quais alguém é amado e, notoriamente, os amantes têm conjuntos de desejos bastante diferentes em relação à pessoa amada. A admiração é menos complicada e podemos ir um pouco mais longe com ela do que com o amor e o ódio. Se Jones admira Carter, deve acreditar na existência de um certo Carter e que este possui certas peculiaridades cuja presença é motivo de alegria para Jones e que são julgadas positivas por ele. Para qualquer caso real e concreto de admiração, porém, dificilmente o quadro completo se resumiria a isso. Qualquer um que admire Carter pode também desejar que mais pessoas, talvez ele próprio inclusive, fossem como Carter, que Carter continue a ter as particularidades que ele admira etc.

O quadro que começa agora a se formar a partir da presente discussão é o seguinte: nossa abordagem original da Intencionalidade em termos de representação e condições de satisfação não é tão restrita quanto poderia parecer superficialmente. Muitos casos, aparentemente desprovidos de uma direção de ajuste e, portanto, aparentemente desprovidos de condições de satisfação contêm crenças e desejos imbuídos de direção do ajuste e condições de satisfação. A alegria e a tristeza, por exemplo, são sentimentos que não podem ser reduzidos a Cren e Des, mas, no que diz respeito à sua Intencionalidade, não têm Intencionalidade alguma além de Cren e Des; em cada caso, sua Intencionalidade é uma forma de desejo, dadas certas crenças. No caso da alegria, o indivíduo acredita ter um desejo satisfeito; no caso da tristeza, acredita que não. E até os casos não proposicionais são sentimentos, conscientes ou não, cuja Intencionalidade é parcialmente explicável em termos de Cren e Des. Certamente, os sentimentos especiais de amor e ódio não equivalem a Cren e Des, porém no mínimo uma significativa porção da Intencionalidade do amor e do ódio é explicável em termos de Cren e Des.

Em poucas palavras, a hipótese defendida por nossa breve discussão não é a de que todas ou mesmo várias formas de Intencionalidade podem ser reduzidas a Cren e Des – o que é claramente falso –, mas sim a de que todos os estados Intencionais, mesmo aqueles desprovidos de uma direção de ajuste e aqueles que não têm uma proposição completa por conteúdo, não obstante contêm uma Cren ou um Des, ou ambos, e que em diversos casos a Intencionalidade do estado é explicada pela Cren ou pelo Des. Em sendo verdadeira essa hipótese, a análise da Intencionalidade em termos de representação de condições de satisfação sob determinados aspectos e com uma determinada direção do ajuste é bastante geral em sua aplicação e não está simplesmente confinada aos casos centrais. Até onde o leitor julgue plausível essa hipótese, julgará plausível que este livro apresente o início de uma teoria geral da Intencionalidade; até onde a julgar implausível, a abordagem será apenas uma teoria especial que trata do grande número de casos centrais.

Além dos motivos para se rejeitar a análise conjuncional, as maiores limitações da explicação da Intencionalidade em termos de Cren e Des parecem-me ser, em primeiro lugar, o fato de a análise não estar suficientemente depurada para distinguir entre estados Intencionais que são notavelmente diversos. Por exemplo, estar aborrecido porque p, estar triste que p e sentir muito que p são todos casos de

Cren (p) & Des $(\sim p)$

mas não são claramente os mesmos estados. Além disso, em alguns casos não se pode ir muito longe com este tipo de análise. Por exemplo, se acho divertido que os democratas tenham perdido a eleição, devo ter a Cren de que tenham perdido a eleição, mas e o que mais? Não preciso ter nenhuma espécie de Des e nem sequer preciso ter a Cren de que a situação toda seja *au fond* divertida, mesmo que pessoalmente admita achar divertido.

Apesar disso, acredito que o poder e o alcance de uma abordagem da Intencionalidade em termos de condições de satisfação ficarão mais claros quando passarmos, nos dois capítulos seguintes, ao que considero as formas biologicamente primárias de Intencionalidade, percepção e ação. Seus conteúdos Intencionais diferem das crenças e dos desejos em um aspecto crucial: não possuem causação Intencional em suas condições de satisfação, o que trará consequências que ainda não podemos expor claramente. Crenças e desejos não são as formas primárias e sim formas estioladas de experiências mais primordiais no perceber e no fazer. A intenção, por exemplo, não é uma forma refinada de desejo; seria mais exato pensar no desejo como uma forma esmaecida de intenção, uma intenção cuja causação Intencional está empalidecida.

CAPÍTULO 2
A INTENCIONALIDADE DA PERCEPÇÃO

I

Tradicionalmente, o "problema da percepção" tem sido o problema de como nossas experiências perceptivas internas estão relacionadas com o mundo externo. Acredito que devamos desconfiar muito dessa maneira de formular o problema, uma vez que a metáfora espacial em termos de interno e externo, ou interior e exterior, resiste a qualquer interpretação clara. Se meu corpo, incluindo todas as suas partes internas, é parte do mundo externo, como seguramente é, onde deverá se localizar o mundo interno? Em que espaço ele é interno com relação ao mundo externo? Em que sentido, exatamente, minhas experiências perceptivas estão "aqui dentro" e o mundo está "lá fora"? Apesar disso, tais metáforas são persistentes e talvez até inevitáveis; por este motivo, revelam certos pressupostos subjacentes que precisaremos examinar.

Meu objetivo no presente capítulo não será, exceto incidentalmente, discutir o tradicional problema da percepção, mas, antes, apresentar uma exposição das experiências perceptivas no contexto da teoria da Intencionalidade esboçada no capítulo precedente. Tal como a maioria dos filósofos que discorrem sobre a percepção, darei exemplos em sua maior parte relativos à visão, embora a exposição, se correta, deva permitir uma aplicação geral.

Quando estou olhando para um carro, digamos, uma caminhonete amarela, em plena luz do dia, bem de perto, sem nenhum impedimento visual, eu vejo o carro. De que modo funciona esse ver? Bem, a óptica física e a neurofisiologia têm muito a dizer sobre tal funcionamento, mas não é a isso que me refiro, e sim ao funcionamento conceitual; quais os elementos que compõem as condições de verdade de sentenças na forma "x vê y", em que x é um perceptor, humano ou animal, e y, por exemplo, um objeto material? Quando vejo um carro, ou, aliás, qualquer outra coisa, tenho um certo tipo de experiência visual. Na percepção visual do carro eu não *vejo* a experiência visual, vejo o carro. Ao ver o carro, porém, *tenho* uma experiência visual, e esta é experiência *de* um carro, em um sentido de "de" que pede uma explicação. É importante enfatizar que, embora a percepção visual tenha sempre como componente uma experiência visual, não é a experiência visual que é vista, em nenhum sentido literal de "ver", pois se eu fechar os olhos a experiência visual cessa, mas o carro, a coisa que eu vejo, não cessa. Além disso, em geral não faz sentido atribuir à experiência visual as propriedades da coisa a que se refere a experiência visual, a coisa que eu vejo. Por exemplo, se o carro for amarelo e tiver uma determinada forma característica de uma caminhonete, então, embora minha experiência visual seja a de um objeto amarelo na forma de uma caminhonete, não faz sentido dizer que a própria experiência visual é amarela ou que tem a forma de uma caminhonete. Cor e forma são propriedades acessíveis à visão, mas, embora minha experiência visual seja um componente de qualquer percepção visual, a experiência visual propriamente dita não é um objeto visual; ela mesma não é vista. Se tentarmos negar esse ponto, ficaremos na posição absurda de identificar duas coisas amarelas com a forma de uma caminhonete na situação perceptiva, a caminhonete amarela e a experiência visual.

Ao introduzir a noção de experiência visual, estou distinguindo entre a experiência e a percepção em sentidos que ficarão mais claros na discussão subsequente. A noção de percepção envolve a noção de sucesso de um modo que não se verifica na noção de experiência. A experiência precisa determinar o que é tomado por sucesso, mas é possível ter-se uma experiência sem sucesso, ou seja, sem percepção.

Neste ponto, contudo, o epistemologista clássico seguramente desejará objetar o seguinte: suponhamos que não haja carro algum; suponhamos que tudo não passe de uma alucinação; o que é que se estará vendo, então? E a resposta será: se não houver carro algum, não estarei vendo coisa alguma do ramo automobilístico. Pode me parecer exatamente como se estivesse vendo um carro, mas, se não houver carro nenhum, não estarei vendo coisa alguma. Poderei ver um fundo de folhagens, ou uma garagem, ou uma rua, mas, se estiver tendo a alucinação de um carro, não estarei vendo um carro, nem uma experiência visual, nem um dado dos sentidos, ou uma impressão ou qualquer outra coisa, embora eu de fato *tenha* a experiência visual e esta possa ser indistinguível da que eu teria se houvesse de fato visto um carro.

Diversos filósofos negaram a existência das experiências visuais. Acredito que essas negativas se baseiam em uma compreensão errônea das questões envolvidas, e pretendo discutir a questão mais adiante. Por ora, contudo, tomando por pressuposta a existência de experiências visuais, quero argumentar em favor de uma questão amiúde ignorada nos debates da filosofia da percepção, a saber, que as experiências visuais (e outros tipos de experiência perceptiva) possuem Intencionalidade. A experiência visual é tão *direcionada a* ou *de* objetos e estados de coisas no mundo quanto qualquer dos estados Intencionais paradigmáticos discutidos no capítulo precedente, tais como crença, temor ou desejo. E o argumento em favor dessa conclusão é simplesmente que a experiência visual tem suas condições de satisfação, precisamente do mesmo modo que as crenças e os desejos. Não me é possível separar tal experiência visual do fato de que ela constitui uma experiência *de* uma caminhonete amarela mais do que me é possível separar essa crença do fato de que é uma crença de que está chovendo; o "de" de uma "experiência de" é, em resumo, o "de" da Intencionalidade[1]. Tanto no caso da crença como no da experiência, eu poderia estar equivocado sobre quais estados de coisas de fato existem no mundo. Talvez eu esteja tendo uma alucinação e talvez não esteja de fato chovendo. Observe-se, porém que, em cada caso, o que passa por um engano, seja este uma alucinação ou uma falsa crença, já está determinado pelo estado Intencional ou evento em questão. No caso da crença, mesmo que eu esteja de fato enganado, sei o que deve ocorrer para que eu não esteja enganado e dizer isso é simplesmente dizer que o conteúdo Intencional da crença determina as suas condições de satisfação; determina sob quais condições a crença será verdadeira ou falsa. Ora, de maneira exatamente análoga, quero dizer que, no caso da experiência visual, mesmo que eu esteja tendo uma alucinação, sei o que deve ocorrer para que a experiência não seja uma alucinação, e dizer isso é simplesmente dizer que o conteúdo Intencional da experiência visual determina as suas condições de satisfação; determina o que deve ocorrer para que a experiência não seja uma alucinação, exatamente no mesmo sentido que o conteúdo da crença determina suas condições de satisfação. Suponha-se que nos perguntemos, "O que torna a presença ou a ausência de chuva sequer relevante para minha crença de que está chovendo, uma vez que, afinal de contas, a crença é apenas um estado mental?". Ora, podemos, analogamente, nos perguntar: "O que torna a presença ou a ausência de uma caminhonete amarela sequer relevante para minha experiência visual, uma vez que, afinal de contas, a experiência visual é apenas um acontecimento mental?" E, em ambos os casos, a resposta é que as duas formas de fenômenos mentais, crença e experiência visual, são intrinsecamente Intencionais. Internamente a cada fenômeno há um conteúdo Intencional que determina suas condições de satisfação. A hipótese de que as experiências visuais são intrinsecamente Intencionais é, em resumo, a de que elas têm condições de satisfação determinadas pelo conteúdo da experiência exatamente no mesmo sentido que outros estados Intencionais têm condições de satisfação que são determinadas pelo conteúdo dos estados. Ao estabelecer uma analogia entre experiência visual e crença, todavia, não pretendo sugerir que sejam parecidas em todos os aspectos. Mais adiante mencionarei diversas diferenças cruciais.

Se aplicarmos o aparato conceitual desenvolvido no capítulo precedente, poderemos apresentar diversas semelhanças importantes entre a Intencionalidade da percepção visual e, por exemplo, a da crença.

1. O conteúdo da experiência visual, tal como o da crença, é sempre equivalente a uma proposição comple-

ta. A experiência visual nunca é simplesmente *de* um objeto, mas, antes, deve ser sempre de *que* determinada coisa se verifica. Sempre que, por exemplo, minha experiência visual seja de uma caminhonete amarela, deve ser também uma experiência cujo conteúdo seja em parte, por exemplo, o de que haja uma caminhonete amarela diante de mim. Quando afirmo que o conteúdo da experiência visual equivale a uma proposição completa não quero dizer que é linguístico, mas sim que o conteúdo requer a existência de todo um estado de coisas para ser satisfeito. Não se limita a fazer referência a um objeto. O correlato linguístico desse fato é que a especificação verbal das condições de satisfação da experiência visual assume a forma da expressão verbal de uma proposição completa e não apenas de uma frase nominal, mas isso não implica que a experiência visual em si seja verbal. Do ponto de vista da Intencionalidade, todo ver é ver *que*: sempre que for verdadeiro dizer que x vê y, deverá ser verdadeiro que x vê que determinada coisa ocorre. Em nosso primeiro exemplo, portanto, o conteúdo da percepção visual não fica explicitado na forma

> Tenho uma experiência visual de (uma caminhonete amarela)[2]

mas um primeiro passo para explicitar o conteúdo seria, por exemplo,

> Tenho uma experiência visual (de que há uma caminhonete amarela ali).

O fato de as experiências visuais terem um conteúdo Intencional proposicional é uma consequência imediata (e trivial) do fato de terem condições de satisfação, pois estas são sempre a de que determinada coisa se verifique.

Existe mais um argumento sintático em favor da mesma conclusão. Assim como os verbos de desejo admitem modificadores temporais que exigem que postulemos uma proposição completa como conteúdo do desejo, o verbo "ver" admite modificadores espaciais que, mediante interpretações naturais, exigem que postulemos uma proposição completa como conteúdo da experiência visual. Quando digo, por exemplo, "Vejo uma caminhonete amarela *na minha frente*", normalmente não quero significar que vejo uma caminhonete que *por acaso também está* na minha frente, mas sim que *vejo que* há uma caminhonete amarela na minha frente. Uma pista adicional de que a forma "ver que" expressa o conteúdo Intencional da experiência visual é que esta forma é intensional-com-s com respeito à possibilidade de substituição, ao passo que as declarações em terceira pessoa da forma "x vê y" são (em geral) extensionais. Quando, nos relatos em ver em terceira pessoa, usamos a forma "vê que", estamos comprometidos a relatar o conteúdo da percepção, tal como apareceu ao percipiente, de um modo que não estaríamos se usássemos uma simples frase nominal como objeto direto de "ver". Desse modo, por exemplo,

Jones viu que o presidente do banco estava parado diante do banco

juntamente com os enunciados de identidade

O presidente do banco é o homem mais alto da cidade

e

O banco é o edifício mais baixo da cidade

não implica que

> Jones viu que o homem mais alto da cidade estava parado diante do edifício mais baixo da cidade.

Mas

> Jones viu o presidente do banco,

juntamente com o enunciado de identidade, implica que

> Jones viu o homem mais alto da cidade.

A explicação mais óbvia dessa distinção é que a forma "ver que" relata o conteúdo Intencional da percepção. Quando dizemos, nos relatos em terceira pessoa, que um agente viu que p, estamos comprometidos a relatar o conteúdo Intencional da percepção visual, mas a forma "ver x" relata apenas o objeto Intencional e não compromete quem relata com o conteúdo, com o aspecto sob o qual o objeto Intencional foi percebido.

Exatamente a mesma questão – o fato de um conteúdo Intencional completo ser o conteúdo Intencional de uma percepção visual – também é ilustrada pela distinção seguinte:

> Jones viu uma caminhonete amarela, mas não sabia que era uma caminhonete amarela

é perfeitamente coerente, mas

> Jones viu que havia uma caminhonete amarela diante dele, mas não sabia que havia uma caminhonete amarela diante dele

é estranho e talvez até autocontraditório. A forma "ver x" não compromete o relator a relatar como pareceu ao agente, mas a forma "ver que" compromete, e um relato de como pareceu ao agente é, em geral, uma especificação do conteúdo Intencional.

2. A percepção visual, como a crença e ao contrário do desejo e da intenção, tem sempre uma direção de ajuste mente-mundo. Se as condições de satisfação não forem satisfeitas de fato, como nos casos de alucinação, delírio, ilusão etc., a falha cabe à experiência visual e não ao mundo. Nesses casos, dizemos que "nossos sentidos nos enganam" e, embora não descrevamos nossas experiências visuais como verdadeiras ou falsas (porque tais palavras são mais apropriadas quando aplicadas a certos tipos de representação e as experiências visuais são mais que simples representações – ponto a que chegarei em pouco tempo), sentimo-nos inclinados a descrever a falha em alcançar o ajuste em termos tais como "enganar", "desviar", "distorcer", "ilusão" e "delírio"; e vários filósofos introduziram a palavra "verídico" para descrever o êxito em se alcançar o ajuste.

3. As experiências visuais, tal como as crenças e os desejos, são caracteristicamente identificadas e descritas em termos de seu conteúdo Intencional. Não há meios de fornecer uma descrição completa de minha crença sem dizer que se trata de uma crença *que* e, do mesmo modo, não há meios de descrever minha experiência visual sem dizer que se trata de uma experiência *de*. O erro filosófico característico, no caso da experiência visual, tem sido o de supor que os predicados que especificam as condições de satisfação da experiência visual são literalmente verdadeiros em relação à própria experiência. Mas, repetindo, trata-se de um erro de categoria supor que, quando vejo uma caminhonete amarela, a experiên-

cia visual em si também seja amarela e tenha a forma de uma caminhonete. Assim como quando acredito que está chovendo não tenho literalmente uma crença molhada, quando vejo algo amarelo não estou tendo literalmente uma experiência visual amarela. Seria tão possível dizer que minha experiência visual tem seis cilindros e faz dez quilômetros por litro quanto dizer que é amarela ou que tem a forma de uma caminhonete amarela. Somos tentados a incorrer no equívoco de atribuir estes (em vez de aqueles) predicados à experiência visual porque o conteúdo Intencional especificado por "amarelo" e "na forma de uma caminhonete" possui uma proximidade maior com as experiências visuais que os outros predicados, por razões que mencionaremos na próxima seção.

Muito se pode dizer acerca dos estados e eventos Intencionais que não constituem especificações de seus conteúdos Intencionais e onde os predicados são, literalmente, verdadeiros em relação aos estados e eventos. Pode-se dizer que uma experiência visual tem uma certa duração temporal ou que é agradável ou desagradável, mas tais propriedades da experiência não devem ser confundidas com seu conteúdo Intencional, embora haja ocasiões em que essas mesmas expressões podem especificar também características de seu conteúdo Intencional.

É um tanto difícil saber como seria possível argumentar em favor da existência de experiências perceptivas para alguém que negue a sua existência. Seria um pouco como argumentar em favor da existência da dor física: se esta já não fosse óbvia, nenhum argumento filosófico poderia convencer alguém. Todavia, creio que, por meio de uma argumentação indireta, é possível demonstrar que as razões apresentadas pelos filósofos para negar a existência das experiências visuais podem ser respondidas. A primeira fonte de relutância em falar de

A INTENCIONALIDADE DA PERCEPÇÃO

experiências perceptivas é o temor de que, ao reconhecer tais entidades, estejamos admitindo os dados dos sentidos ou algo do gênero, isto é, admitindo entidades que de algum modo se interpõem entre nós e o mundo real. Tenho buscado demonstrar que uma descrição correta da Intencionalidade das experiências visuais não implica tais consequências. A experiência visual não é o objeto da percepção visual e as características que especificam o conteúdo Intencional em geral não são, literalmente, características da experiência. Uma segunda fonte de relutância em admitir que existam experiências visuais (por exemplo em Merleau-Ponty[3]) é o fato de qualquer tentativa de concentrar nossa atenção na experiência alterar inevitavelmente o caráter desta. À medida que nos vamos dedicando às questões prementes da vida, raramente concentramos nossa atenção sobre o fluxo de nossas próprias experiências visuais, e sim sobre as coisas de que elas são a experiência. Isso nos induz a pensar que, quando concentramos efetivamente nossa atenção na experiência, estamos trazendo à existência algo que não estava presente anteriormente, que as experiências visuais só existem como resultado de se adotar a "atitude analítica", como quando se faz filosofia, neurofisiologia ou pintura impressionista. Contudo, esta parece-me ser uma descrição errônea da situação. Alteramos, com efeito, o caráter (embora, em geral, não o conteúdo) de uma experiência visual ao concentrarmos nela nossa atenção, mas não decorre desse fato que a experiência visual não estivesse presente o tempo todo. O fato de desviarmos a nossa atenção das condições de satisfação da experiência visual para a própria experiência não demonstra que a experiência não existia realmente antes do desvio de nossa atenção.

Até este ponto do presente capítulo, argumentei em favor das seguintes teses principais: existem experiências perceptivas; estas têm Intencionalidade; seu conteúdo Intencional tem uma forma proposicional; têm elas uma direção de ajuste mente-mundo e as propriedades especificadas por seu conteúdo Intencional em geral não são literalmente propriedades das experiências perceptivas.

II

Após ter enfatizado as analogias entre as experiências visuais e outras formas de Intencionalidade como a crença, quero, nesta seção, assinalar diversas desanalogias. Antes de mais nada, afirmei no capítulo 1 que poderíamos justificadamente chamar os estados Intencionais como as crenças e os desejos de "representações", contanto que reconhecêssemos que não há nenhuma ontologia especial na noção de representação e que esta é apenas uma abreviatura para toda uma constelação de noções independentemente motivadas como condições de satisfação, conteúdo Intencional, direção do ajuste etc. Contudo, quando chegamos às experiências visuais e a outros tipos de experiência perceptiva, precisamos dizer muito mais a fim de caracterizar sua Intencionalidade. Tais experiências têm, de fato, todas as características em cujos termos definimos as representações, mas têm também outras características intrínsecas que poderiam tornar este termo enganoso. Estados como crenças e desejos não necessitam ser estados conscientes. Alguém pode ter uma crença ou um desejo mesmo sem estar pensando a respeito e pode-se dizer, verdadeiramente, que essa pessoa tem tais estados mesmo dormindo. Mas as experiências visuais e outros tipos de experiência perceptiva são *eventos* mentais *conscientes*. A Intencionalidade de uma representação independe do fato de ser realizada na consciência ou não, mas, em geral, a Intencionalidade de uma experiência perceptiva é realizada em propriedades fenomenais bastante específicas dos eventos mentais conscientes. Por esse motivo a alegação de que existem experiências visuais transcende a alegação de que a percepção tem Intencionalidade, pois trata-se de uma alegação ontológica sobre como é realizada a Intencionalidade; em geral, ela é realizada em eventos mentais conscientes.

A experiência visual não só é um evento mental consciente, como também está relacionada a suas condições de satisfação de um modo totalmente diverso do das crenças e dos desejos. Se, por exemplo, vejo uma caminhonete amarela à minha frente, a experiência que tenho é diretamente do objeto. Ela não se limita a "representar" o objeto, mas proporciona um acesso direto a este. A experiência tem uma espécie de direcionalidade, imediatismo e involuntariedade, que não é partilhada por uma crença que eu possa ter acerca do objeto na ausência deste. Portanto, parece algo não natural descrever as experiências visuais como representações; esse tipo de abordagem, com efeito, leva quase obrigatoriamente à teoria representativa da percepção. Em vez disso, dadas as características especiais das experiências perceptivas, proponho chamá-las "apresentações". Direi que a experiência visual não se limita a representar o estado de coisas percebido, mas, quando satisfeita, faculta-nos um acesso direto a este e, nesse sentido, é uma apresentação de tal estado de coisas. Estritamente falando, uma vez que nossa abordagem das representações foi neutra do ponto de vista ontológico e uma vez que as apresentações têm todas as condições definitórias que expusemos para as representações (possuem conteúdo Intencional, condições de satisfação, direção do ajuste, objetos Intencionais etc.), as apresentações constituem uma subclasse especial das representações. Contudo, tratando-se de uma subclasse especial envolvendo eventos mentais conscientes, algumas vezes oporei "apresentação" a "representação", sem com isso negar que as apresentações sejam representações, assim como é possível opor "humano" a "animal" sem com isso negar que os seres humanos sejam animais. Além disso, quando o contexto o permitir, usarei "estado Intencional" em sentido amplo, para cobrir tanto os estados como os eventos.

A alegação de que a Intencionalidade da visão é caracteristicamente realizada nas experiências visuais que constituem eventos mentais conscientes é uma genuína alegação ontológica empírica, e, nesse sentido, contrasta com a alegação de que as crenças e os desejos contêm proposições como conteúdos Intencionais. A alegação de que há proposições no sentido anteriormente explicado não é uma alegação ontológica empírica, embora amiúde tanto seus defensores como seus adversários suponham, erroneamente, o contrário. Ou seja, a alegação de que há proposições ou outros conteúdos nada acrescenta à alegação de que há certas características comuns entre crenças, esperanças, temores, desejos, perguntas, afirmativas, ordens, promessas etc. Mas a alegação de que há experiências visuais de fato acrescenta algo à alegação de que há percepções visuais, uma vez que nos indica o modo pelo qual o conteúdo dessas percepções é realizado em nossa vida consciente. Se alguém alegasse que há uma classe de seres capazes de perceber opticamente, ou seja, seres capazes de percepção visual, mas que não tiveram experiências visuais, estaria fazendo uma genuína alegação empírica. Mas se alguém alegasse que há uma classe de seres que, literalmente, têm esperanças, temores e crenças, e que fazem declarações, asserções e ordens, tudo com suas várias características lógicas, mas que não têm conteúdos proposicionais, tal pessoa não saberia do que está falando ou estaria simplesmente negando-se a adotar uma notação, pois a alegação de que há conteúdos proposicionais não é, de modo algum, uma alegação empírica adicional. É, antes, a adoção de um certo instrumento notacional para representar características lógicas comuns das esperanças, temores, crenças, declarações etc.

Alguns trabalhos empíricos recentes defendem essa distinção fundamental entre o estatuto ontológico da experiência visual como evento mental consciente e a do conteúdo proposicional. Weiskrantz, Warrington e seus colegas[4] estudaram de que modo alguns tipos de lesão cerebral produzem o que chamam "visão cega". O paciente consegue responder corretamente a perguntas sobre eventos e objetos visuais que lhe são apresentados, mas alega não ter a menor consciência visual desses mesmos eventos e objetos. Ora, do nosso ponto de vista, o interesse desses casos deriva do fato de os estímulos ópticos a que o paciente é submetido produzirem, aparentemente, uma forma de Intencionalidade. Não fosse assim, o paciente não seria capaz de relatar os eventos visuais em questão. Mas o conteúdo Intencional produzido por seus estímulos ópticos não é realizado do mesmo modo que o são os nossos conteúdos presentacionais. Para que vejamos um objeto, precisamos ter experiências visuais de um tipo determinado. Presumindo-se que a exposição de Weiskrantz esteja correta, porém, o paciente pode de algum modo "ver" um objeto mesmo sem ter as experiências visuais pertinentes. Ele simplesmente relata uma "sensação" de que algo está presente, ou arrisca um "palpite" de que esteja presente. Aqueles que duvidam da existência de experiências visuais, a propósito, poderiam perguntar-se o que é que nós temos que parece faltar a esses pacientes.

Outra distinção entre a Intencionalidade da percepção e a Intencionalidade da crença é que é parte das condições de satisfação (no sentido de requisito) da experiência visual que esta deva, ela mesma, ser causada pelo resto das condições de satisfação (no sentido de coisa requerida) dessa mesma experiência visual. Assim, por exemplo, se vejo a caminhonete amarela, tenho uma certa experiência visual. Mas o conteúdo Intencional da experiência visual, que requer a existência de uma caminhonete amarela na minha frente para ser satisfeito, também exige que o fato de haver uma caminhonete amarela na minha frente seja a causa da própria experiência visual. Portanto, o conteúdo Intencional da experiência visual requer, como parte das condições de satisfação, que a experiência visual seja causada pelo resto dessas mesmas condições, ou seja, pelo estado de coisas percebido. Logo, o conteúdo da experiência visual é autorreferente, em um sentido que espero poder tornar bastante preciso. O conteúdo Intencional da experiência visual é inteiramente especificado pelo enunciado das condições de satisfação da experiência, mas tal enunciado faz uma referência essencial à própria experiência visual nas condições de satisfação. Pois o que o conteúdo Intencional requer não é simplesmente que haja um estado de coisas no mundo, mas, antes, que o estado de coisas no mundo deva causar a própria experiência visual que é a corporificação ou realização do conteúdo Intencional. E a argumentação em favor disso vai muito além da conhecida prova da "teoria causal da percepção"[5]; a argumentação comum é que, a menos que a presença e as características do objeto causem a experiência do agente, este não vê o objeto. Para minha abordagem, contudo, é essencial mostrar de que maneira esses fatos se introduzem no conteúdo Intencional. O conteúdo Intencional da experiência visual, portanto, deve ser explicitado da seguinte forma:

Tenho uma experiência visual (de que há uma caminhonete amarela e de que há uma caminhonete amarela a causar essa experiência visual).

Embora isso pareça confuso, creio que estamos na trilha certa. O conteúdo Intencional da experiência visual determina sob quais condições ela é ou não satisfeita, o que deve ocorrer para que ela seja, como dizem, "verídica". Bem, o que deve ocorrer na cena da caminhonete amarela para que a experiência seja verídica? Pelo menos o seguinte: o mundo deve ser tal como me parece ser visualmente e, além disso, o fato de ele ser assim deve ser a causa de minha experiência visual que constitui o fato de ele parecer assim. E é essa combinação que estou tentando capturar na representação do conteúdo Intencional.

A representação verbal que acabo de apresentar do conteúdo Intencional visual não é, em nenhum sentido, uma *tradução*. É, antes, uma especificação verbal daquilo que o conteúdo Intencional requer caso deva ser satisfeito. O conteúdo Intencional visual é autorreferente não no sentido de conter uma representação de si mesmo, representação verbal ou de um outro tipo; seguramente esse conteúdo não realiza nenhum ato de fala em referência a si mesmo. Em lugar disso, a experiência visual é autorreferente apenas no sentido de que figura em suas próprias condições de satisfação. A experiência visual em si não *diz* isso, mas o *mostra*; afirmei-o em minha representação verbal do conteúdo Intencional da experiência visual. Além disso, quando afirmo que a experiência visual é causalmente autorreferente, não quero dizer que a relação causal seja visível e muito menos que a experiência visual seja visível. Visíveis, mais exatamente, são os objetos e estados de coisas, e parte das condições de satisfação da experiência visual de vê-los é que a própria experiência seja causada pelo que é visto.

Na abordagem presente, a percepção é uma transação Intencional e causal entre mente e mundo. A direção do ajuste é mente-mundo, a direção de causação é mundo-mente; e estas não são independentes, pois a adequação só se realiza se causada pelo outro termo da relação de adequação, ou seja, o estado de coisas percebido. Podemos dizer ou que é parte do conteúdo da experiência visual que, para ser satisfeita, esta deve ser causada por seu objeto Intencional, ou, de maneira mais intricada porém mais precisa, que é parte do conteúdo da experiência visual que, para ser satisfeita, esta precisa ser causada pelo estado de coisas em que seu objeto Intencional existe e tem as características que são apresentadas na experiência visual. E é nesse sentido que o conteúdo Intencional da experiência perceptiva é causalmente autorreferente.

A introdução da noção de autorreferencialidade causal de certos tipos de Intencionalidade – uma autorreferencialidade mostrada mas não dita – é um acréscimo fundamental para o aparato conceitual deste livro. A observação simples e, creio eu, óbvia de que as experiências perceptivas são causalmente autorreferentes é o primeiro passo de uma série de argumentações que usaremos para atacar diversos problemas filosóficos bastante controversos – sobre a natureza da ação humana, a explicação do comportamento, a natureza da causação e a análise das expressões indexicais, para mencionar apenas uns quantos. Uma consequência imediata pode ser mencionada agora: é bastante fácil perceber de que maneira as experiências visuais de idêntico tipo podem ter diferentes condições de satisfação e, portanto, diferentes conteúdos Intencionais. Duas experiências "fenomenologicamente" idênticas podem ter conteúdos diferentes, pois cada uma delas é autorreferente. Assim, por exemplo, suponhamos que dois gêmeos idênticos têm experiências visuais de idêntico tipo ao olharem para duas caminhonetes diferentes, mas de idêntico tipo, ao mesmo tempo, em condições de iluminação e contextos ambientais de idêntico tipo. Mesmo assim, as condições de satisfação podem ser diferentes. O gêmeo número 1 requer uma caminhonete que cause sua experiência visual e o gêmeo número 2 requer uma caminhonete que cause sua experiência visual numericamente diferente. Mesma fenomenologia, conteúdos diferentes e, portanto, diferentes condições de satisfação.

Embora eu considere correta a caracterização da autorreferencialidade causal, ela nos coloca algumas questões difíceis, às quais não estamos ainda em condições de responder. Qual é o sentido de "causa" nas formulações acima? Não teria essa explicação a consequência cética de nunca podermos ter a certeza de que nossas experiências visuais são satisfeitas, uma vez que não existe uma posição neutra a partir da qual possamos observar a relação causal para verificar se a experiência foi de fato satisfeita? Tudo o que poderemos chegar a obter é mais experiências do mesmo tipo. Discutirei essas duas questões mais adiante, a primeira no capítulo 4 e a segunda no final deste capítulo.

Outra distinção entre a forma de Intencionalidade exemplificada pela percepção visual e formas diversas como as crenças e os desejos está relacionada ao caráter do aspecto ou ponto de vista sob o qual o objeto é visto ou percebido de outro modo. Quando tenho a representação de um objeto Intencional em uma crença ou em um desejo, este será sempre representado sob um ou outro aspecto, mas, na crença e no desejo, o aspecto não é limitado do mesmo modo que o aspecto da percepção visual é determinado pelas características puramente físicas da situação. Por exemplo, posso representar um determinado planeta célebre sob seus aspectos de "Estrela Matutina" ou de "Estrela Vespertina". Como, porém, a Intencionalidade da percepção visual é realizada de um modo bastante específico, o aspecto sob o qual percebemos os objetos de nossa percepção desempenha um tipo de papel diferente daquele desempenhado em outros estados Intencionais. Na percepção visual, o aspecto sob o qual o objeto será percebido é determinado pelo ponto de vista e pelas demais características físicas da situação perceptiva na qual o objeto é percebido. Dada uma certa posição, por exemplo, não poderei deixar de ver o lado esquerdo da caminhonete amarela. Para ver o carro sob outro aspecto, eu teria de alterar as características físicas da situação perceptiva, por exemplo contornando o veículo ou mudando-o de lugar.

Além disso, nos casos não perceptivos, embora o objeto Intencional seja sempre representado sob um ou outro aspecto, não obstante é o próprio objeto que é representado e não apenas um aspecto. Por esse motivo, aliás, os objetos Intencionais nada têm de ontologicamente obscuro em minha abordagem. O aspecto sob o qual um objeto é representado não é algo que se interpõe entre nós e o objeto. Em pelo menos alguns casos de percepção visual, porém, a situação parece não ser assim tão simples. Considere-se, por exemplo, o conhecido exemplo do pato/coelho de Wittgenstein[6].

Nesse caso, somos inclinados a dizer que, em um certo sentido, o objeto Intencional é o mesmo tanto em nossa percepção do pato quanto na do coelho. Isto é, embora tenhamos duas experiências visuais com dois conteúdos presentacionais diferentes, existe uma única ilustração na página diante de nós. Mas, em outro sentido, queremos dizer que o objeto Intencional da experiência visual é diferente nos dois casos. O que se vê é, em um caso, a figura de um pato e, no outro, a de um coelho. Ora, Wittgenstein lida, ou melhor, não consegue lidar, com essa dificuldade, dizendo tratar-se simplesmente de usos diferentes do verbo "ver". Mas tal não parece contribuir muito para esclarecer a relação dos aspectos com os objetos Intencionais. Creio que a solução de nosso enigma é assinalar que, assim como podemos ver objetos literalmente, mesmo que sempre que vemos um objeto o vejamos sob um determinado aspecto, podemos literalmente ver aspectos dos objetos. Vejo literalmente o aspecto pato e vejo literalmente o aspecto coelho do desenho que está diante de mim. Ora, em minha abordagem, isso nos compromete com a noção de que vemos tais aspectos sob certos aspectos. Mas por que razão isso nos deveria incomodar? Na verdade, se estivermos dispostos a aceitar essa noção, o paralelo com outros estados Intencionais estará preservado. Tal como vimos no caso em que John ama Sally ou crê em algo acerca de Bill, é sempre sob determinado aspecto que John ama Sally e sob determinado aspecto que crê em algo acerca de Bill, mesmo que aquilo a que o amor de John está dirigido e aquilo a que se refere sua crença não seja um aspecto. Mas, além disso, não há nada que o impeça de amar um determinado aspecto de Sally ou acreditar em alguma coisa sobre um determinado aspecto de Bill. Ou seja, não há nada que impeça um aspecto de ser o objeto Intencional de uma crença ou de outra atitude psicológica como o amor. E, do mesmo modo, não há nada que impeça um aspecto de ser o objeto Intencional de uma percepção visual. Tão logo reconheçamos que um aspecto pode ser um objeto Intencional, embora toda Intencionalidade que inclua a Intencionalidade da percepção esteja sob um certo aspecto, poderemos ver de que modo o aspecto é essencial para os fenômenos Intencionais, sem ser ele próprio, apesar disso, o objeto Intencional.

Um modo de resumir a explicação precedente da Intencionalidade da percepção é apresentar um quadro comparativo das características formais dos vários tipos de Intencionalidade discutidos. À crença, ao desejo e à percepção visual acrescentarei a lembrança de acontecimentos do passado, uma vez que esta compartilha de algumas características da percepção visual (tal como ver, lembrar é autorreferente) e de algumas da crença (tal como crer, lembrar é mais uma representação que uma apresentação). Os verbos "ver" e "lembrar", diferentemente dos verbos "desejar" e "crer", implicam não apenas a presença de um conteúdo Intencional como também que esse conteúdo seja satisfeito. Se eu realmente vejo um estado de coisas, deve haver algo mais que minha experiência visual; o estado de coisas que é a condição de satisfação da experiência visual deve existir e deve causar a experiência. E se realmente me lembro de algum acontecimento este deve ter ocorrido e sua ocorrência deve causar a minha lembrança dele.

A INTENCIONALIDADE DA PERCEPÇÃO

Uma comparação entre algumas das características formais da Intencionalidade de ver, crer, desejar e lembrar

	Ver	Crer	Desejar	Lembrar
Natureza do componente Intencional	experiência visual	crença	desejo	memória
Apresentação ou representação	apresentação	representação	representação	representação
Causalmente autorreferente	sim	não	não	sim
Direção de ajuste	mente-mundo	mente-mundo	mundo-mente	mente-mundo
Direção de causação tal como determinada pelo conteúdo Intencional	mundo-mente	nenhuma	nenhuma	mundo-mente

III

Em meu esforço no sentido de apresentar uma abordagem da Intencionalidade da percepção visual, quero, a todo custo, evitar que o tema pareça mais simples do que realmente é. Nesta seção, quero chamar a atenção para algumas das complexidades, embora os casos que mencionarei aqui sejam apenas uns quantos dentre muitos enigmas da filosofia da percepção.

Temos uma inclinação para considerar, *à la* Hume, que as percepções nos chegam puras e imaculadas pela linguagem, e que então rotulamos, através de definições ostensivas, os resultados de nossos encontros perceptivos. Tal imagem, no entanto, é falsa sob vários aspectos.

Em primeiro lugar, está a conhecida noção segundo a qual a percepção é uma função da expectativa e pelo menos as expectativas dos seres humanos costumam ser normalmente realizadas linguisticamente. Portanto, a própria linguagem afeta o encontro perceptivo. Há mais de um quarto de século, Postman e Bruner[7] fizeram algumas experiências que demonstraram que o limiar do reconhecimento de características varia grandemente, segundo a característica particular seja esperada ou não na situação dada. Se o indivíduo tem a expectativa de que a próxima cor que verá será o vermelho, ele a reconhecerá com muito mais rapidez do que se não tivesse tal expectativa.

Mas, em segundo lugar – e mais importante, do nosso ponto de vista –, muitas de nossas experiências visuais sequer são possíveis sem o domínio de certas capacidades de Background, entre as quais figuram com destaque as linguísticas. Considere-se a figura seguinte:

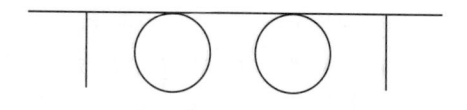

A figura pode ser vista como a palavra "TOOT", como uma mesa com dois grandes balões na parte de baixo, como o numeral 1001 com uma linha na parte superior, como uma ponte que passa por cima de dois oleodutos, como os olhos de um homem que está usando um chapéu com um barbante pendurado de cada lado, e assim por diante. Temos, em cada caso, uma experiência diferente, embora os estímulos visuais puramente físicos, as linhas no papel à nossa frente e a luz refletida por eles, sejam constantes. Mas essas experiências e as diferenças entre elas dependem de termos dominado uma série de capacidades culturais linguisticamente impregnadas. Por exemplo, não é uma imperfeição no aparato visual de meu cão que o impede de ver nesta figura a palavra "TOOT". Em um caso como este, o que se quer dizer é que um certo domínio conceitual constitui uma precondição para que se tenha uma experiência visual; e tais casos sugerem que a Intencionalidade da percepção visual esteja atada, de diversas maneiras complicadas, a outras formas de Intencionalidade, tais como a crença e a expectativa, e também com nossos sistemas de representação, sobretudo a linguagem. Tanto a Rede de estados Intencionais como o Background das capacidades mentais não representacionais afetam a percepção.

Mas se a Rede e o Background afetam a percepção, como podem as condições de satisfação ser determinadas pela experiência visual? Há pelo menos três tipos de casos que precisaremos discutir. Em primeiro lugar, há os casos em que a Rede de crenças e o Background afetam efetivamente o conteúdo da experiência visual. Considere-se, por exemplo, a diferença entre olhar para a frente de uma casa quando se considera tratar-se da frente de uma casa completa e olhar para a frente de uma casa quando se considera tratar-se de uma mera fachada, como, por exemplo, parte de um cenário cinematográfico. Quando se acredita estar olhando para uma casa completa, a frente parece de fato diferente de quando se acredita estar vendo a fachada falsa de uma casa, embora os estímulos visuais possam ser idênticos nos dois casos. E essa diferença no caráter real das experiências visuais reflete-se nas diferenças entre os dois conjuntos de condições de satisfação. Faz parte do conteúdo da minha experiência visual o fato de que, ao olhar para uma casa completa, *tenho a expectativa* de que o resto da casa esteja ali se, por exemplo, eu resolver entrar ou rodeá-la.

Nesses tipos de caso, o caráter da experiência visual e suas condições de satisfação serão afetados pelo conteúdo das crenças que se tenha acerca da situação perceptiva. Não estarei transcendendo o conteúdo de minha experiência visual se disser, "Vejo uma casa" em lugar de "Vejo a fachada de uma casa", pois, embora os estímulos visuais possam ser os mesmos, as condições de satisfação no primeiro caso são que haja uma casa completa. Não estarei *inferindo* da fachada da casa a presença de uma casa, mas simplesmente vendo uma casa.

Um segundo tipo de caso surge quando o conteúdo da crença é de fato incompatível com o conteúdo da experiência visual. Um bom exemplo é o surgimento da lua no horizonte. Quando vemos a lua no horizonte, ela parece bem maior que quando diretamente acima de nós. Contudo, embora as experiências visuais sejam diferentes nos dois casos, não há mudança alguma no conteúdo de nossa crença. Não acredito que a lua tenha crescido no horizonte ou encolhido no alto. Ora, em nosso primeiro tipo de exemplo, vimos que não havia como extrair da crença que temos acerca da experiência visual o conteúdo da mesma. A casa de fato parece diferente, dependendo do tipo de crença que tivermos sobre ela. Mas, no segundo tipo, queremos dizer que a experiência visual do tamanho da lua modifica-se decididamente segundo a posição dela e, mesmo assim, nossas crenças permanecem constantes. E o que poderemos dizer sobre as condições de satisfação das experiências visuais? Em virtude do caráter holístico da Rede de nossos estados Intencionais, somos inclinados a dizer que as condições de satisfação das experiências visuais permanecem as mesmas. Uma vez que, na verdade, não estamos nem um pouco inclinados a acreditar que a lua mudou de tamanho, presumimos que as duas experiências visuais têm as mesmas

A INTENCIONALIDADE DA PERCEPÇÃO

condições de satisfação. Na verdade, porém, acredito não ser esta a maneira correta de descrever a situação. Ao contrário, parece-me que mesmo que o conteúdo Intencional de nossa experiência visual esteja em conflito com nossas crenças e que estas se sobreponham à experiência visual teremos, não obstante, o conteúdo Intencional original da experiência visual. As experiências visuais têm realmente, como parte de seus respectivos conteúdos Intencionais, que a lua seja menor no alto do que no horizonte, e o argumento em favor de tal premissa é que se imaginarmos que as experiências visuais permanecessem em seu estado atual, mas as crenças estivessem ausentes, que simplesmente não tivéssemos nenhuma crença relevante, estaríamos realmente inclinados a acreditar que a lua mudou de tamanho. Somente em razão de nossa crença independente de que o tamanho da lua permanece constante é que permitimos que a Intencionalidade da crença se sobreponha à Intencionalidade da nossa experiência visual. Nesses casos, acreditamos que nossos olhos nos enganam. Encontramos um exemplo semelhante nas linhas de Müller-Lyer:

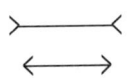

em que o conteúdo Intencional da experiência visual está em conflito com o conteúdo Intencional das nossas crenças, que se sobrepõe àquele. Tais casos estão em nítido contraste com o fenômeno da constância da cor percebida sob diferentes condições de iluminação. No caso da constância da cor, esta parece idêntica tanto na luz como na sombra, embora a luz refletida seja bem diferente. Portanto, o conteúdo da crença e o conteúdo da experiência perceptiva são compatíveis, ao contrário dos casos anteriores.

Um terceiro tipo de caso é aquele em que as experiências visuais são diferentes mas as condições de satisfação são as mesmas. Nosso exemplo do "TOOT" é deste tipo. Outro exemplo seria ver um triângulo primeiro com um ponto como ápice e depois com outro ponto na mesma posição. Nestes dois últimos exemplos não temos a menor inclinação a pensar que qualquer coisa é diferente no mundo real correspondente às diferenças das experiências.

Temos, portanto, diversos modos pelos quais a Rede e o Background da Intencionalidade estão relacionados ao caráter da experiência visual, e tal caráter está relacionado às suas condições de satisfação.

1. O exemplo da casa: Crenças diferentes ocasionam experiências visuais diferentes com diferentes condições de satisfação, mesmo dados os mesmos estímulos visuais.

2. O exemplo da lua: As mesmas crenças coexistem com diferentes experiências visuais com diferentes condições de satisfação, embora o conteúdo das experiências seja incompatível com o das crenças e estas se sobreponham àquele.

3. Os exemplos do triângulo e do "TOOT": As mesmas crenças, somadas a experiências visuais diferentes, produzem as mesmas condições de satisfação das experiências visuais.

Sentimos que seria necessária uma explicação teórica sistemática das relações entre esses vários parâmetros, mas não sei qual seria essa explicação.

IV

A abordagem da percepção visual em favor da qual estive argumentando até aqui é, creio eu, uma versão do realismo "ingênuo" (direto, de senso comum) e pode ser representado graficamente da maneira que se segue:

Percipiente → Experiência visual → Objeto percebido (objeto causa experiência visual)

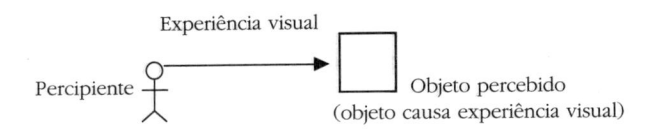

Fig. 1

Tal percepção visual envolve pelo menos três elementos: o percipiente, a experiência visual e o objeto (mais estritamente: o estado de coisas) percebido. O fato de uma seta representar a percepção visual pretende indicar que a experiência visual tem um conteúdo Intencional, está dirigida ao objeto Intencional cuja existência é parte de suas condições de satisfação (e, com certeza, não pretende sugerir que a experiência visual existe no espaço físico entre o percipiente e o objeto).

No caso da alucinação visual, o percipiente tem a mesma experiência visual, mas nenhum objeto Intencional está presente. Tal caso pode ser representado pelo diagrama seguinte:

Percipiente → Experiência visual

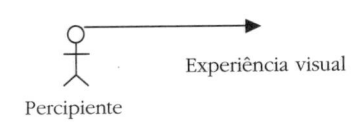

Fig. 2

Não é meu objetivo, neste capítulo, envolver-me nas tradicionais discussões a respeito da filosofia da percepção; entretanto, talvez a hipótese que estou defendendo acerca da Intencionalidade da experiência visual fique mais clara se fizermos uma breve digressão para comparar essa visão realista ingênua com suas grandes rivais históricas, a teoria representativa e o fenomenalismo. Ambas essas teorias diferem do realismo ingênuo por tratarem a própria experiência visual como o objeto da percepção visual, privando-a, assim, de sua Intencionalidade. De acordo com elas, o que é visto é sempre, estritamente falando, uma experiência visual (nas diversas terminologias, a experiência visual foi chamada "sensação", "dado sensorial" ou "impressão"). São portanto confrontadas com uma questão que não se coloca para o realista ingênuo: Qual a relação entre os dados sensoriais que vemos e o objeto material que aparentemente não vemos? A questão não se coloca para o realista ingênuo porque, na explicação dele, não vemos absolutamente os dados sensoriais. Vemos objetos materiais e outros objetos, e estados de coisas no mundo, pelo menos na maior parte do tempo; e, nos casos de alucinação, não vemos coisa alguma, embora *tenhamos* de fato experiências visuais em ambos os casos. Tanto os fenomenólogos como os teóricos da representação tentam empurrar a linha que representa a experiência visual na figura 1 para fora do eixo horizontal e para o vertical, de modo que o veículo do *conteúdo* Intencional de nossa percepção visual, a experiência visual, se torne ele próprio o *objeto* da percepção visual. Os numerosos argumentos apresentados em favor desse movimento, notadamente os da ilusão e os da ciência, foram, a meu ver, refutados com eficácia por outros filósofos[8], e não os repetirei aqui. A questão relevante, para os propósitos da presente argumentação, é simplesmente que, ao se empurrar a linha da experiência visual para fora do eixo horizontal e para o vertical, de tal modo que a experiência visual se torna o objeto de percepção, somos confrontados com uma escolha quanto ao modo como se poderá descrever a relação entre o dado sensorial que, segundo essa teoria, se percebe de fato, e o objeto material que aparentemente não se vê. As duas soluções favoritas para o problema são que a experiência visual ou o dado sensorial é, em certo sentido, uma cópia ou representação do objeto material (na teoria representativa), ou que o objeto é, de algum modo, apenas uma reunião de dados sensoriais (e esta, em suas várias versões, é a teoria fenomenalista). Cada uma dessas teorias pode ser representada graficamente pelas figuras abaixo:

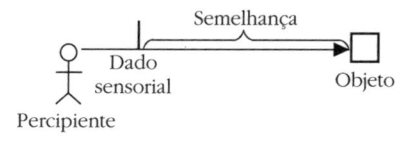

Fig. 3

A teoria representativa

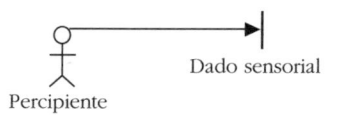

Fig. 4   Fenomenalismo

Mesmo se ignorarmos as várias objeções apresentadas contra a opinião segundo a qual tudo o que jamais se percebe são dados sensoriais, parece-me que há outras objeções decisivas, ainda, contra cada uma dessas teorias.

A principal dificuldade de uma teoria representativa da percepção é que a noção de semelhança entre as coisas que percebemos, os dados sensoriais, e a coisa que esses dados representam, o objeto material, deve ser ininteligível, pois o termo objeto é, por definição, inacessível aos sentidos. É absolutamente invisível e imperceptível de qualquer outro modo. Tal como assinalou Berkeley, não faz sentido dizer que a forma e a cor que vemos se parecem à forma e à cor de um objeto que é absolutamente invisível e inacessível por qualquer outro meio para qualquer de nossos sentidos. Nesta abordagem, além disso, nenhum sentido literal nem sequer pode ser ligado à alegação de que os objetos têm qualidades sensíveis, tais como forma, tamanho, cor, peso ou as demais qualidades sensorialmente acessíveis, sejam "primárias" ou "secundárias". Em resumo, a teoria representativa é incapaz de dar um sentido à noção de semelhança e, portanto, não é capaz de dar sentido algum à noção de representação, uma vez que a forma de representação em questão requer a semelhança.

A objeção decisiva à visão fenomenalista é que ela se reduz ao solipsismo. Na visão fenomenalista, os objetos materiais publicamente acessíveis tornam-se dados sensoriais, mas estes são sempre particulares. Desse modo, os objetos que vejo são, em um sentido importante, meus objetos, uma vez que se reduzem a dados sensoriais, e os únicos dados sensoriais a que tenho acesso são os meus. O mundo que percebo não é acessível a ninguém mais, uma vez que consiste inteiramente em meus dados sensoriais particulares e, com efeito, a hipótese de que outras pessoas possam ver os mesmos objetos que eu torna-se ininteligível, pois tudo o que vejo são meus dados sensoriais e tudo o que elas poderiam ver seriam os dados sensoriais delas. Mas, além disso, a hipótese de que outras pessoas nem sequer existam e percebam dados sensoriais no sentido que eu existo e percebo dados sensoriais torna-se, no mínimo, incognoscível e, no máximo, ininteligível, dado que as minhas percepções de outras pessoas são sempre minhas percepções de meus dados sensoriais, ou seja, minhas percepções de características de mim mesmo.

Uma vez tratando-se o conteúdo da percepção como seu objeto, algo semelhante às teorias acima parece inevitável. E, de fato, o equívoco dos teóricos dos dados sensoriais parece-me análogo àquele de se tratar o conteúdo proposicional da crença como objeto dessa mesma crença. A crença não tem por objeto ou está direcionada a seu conteúdo proposicional mais que a percepção visual a seu componente experiencial. Contudo, ao rejeitar a hipótese do dado sensorial, parece-me que muitos "realistas ingênuos" deixaram de reconhecer o papel das experiências e da Intencionalidade das experiências na situação perceptiva. Ao rejeitar a ideia de que o que vemos são experiências visuais, em favor da ideia de que o que vemos são, caracteristicamente, por exemplo, objetos materiais na nossa vizinhança, muitos filósofos, entre eles Austin[9], rejeitaram a ideia de que temos quaisquer experiências visuais. Quero argumentar que os teóricos tradicionais dos dados sensoriais estavam certos em reconhecer que temos experiências, visuais e de outros tipos, mas situaram erroneamente a questão da Intencionalidade da percepção ao suporem que as experiências eram os objetos da percepção, e que os realistas ingênuos estavam certos em reconhecer que os objetos materiais e os acontecimentos são caracteristicamente os objetos da percepção, mas muitos deles deixaram de perceber que o objeto material só pode ser o objeto da percepção visual porque esta possui um conteúdo Intencional e o veículo desse conteúdo é uma experiência visual.

V

Estamos agora em condições de voltar à nossa pergunta original: quais as condições de verdade de uma sentença da forma

X vê uma caminhonete amarela.

Mas do ponto de vista da teoria da Intencionalidade essa pergunta está mal formulada, pois o conteúdo Intencional da visão é proposicional; a forma correta é, por exemplo:

X vê que há uma caminhonete amarela diante de X.

As condições de verdade são:
1. X tem uma experiência visual que tem
   a. certas condições de satisfação
   b. certas propriedades fenomênicas.
2. As condições de satisfação são: que haja uma caminhonete amarela diante de X e que o fato de haver uma caminhonete amarela diante de X seja a causa da experiência visual.
3. As propriedades fenomênicas são tais que determinam que as condições de satisfação sejam tal como descritas em 2. Isto é, essas condições de satisfação são determinadas pela experiência.
4. A forma da relação causal nas condições de satisfação é a causação Intencional contínua e regular.

(Tal condição é necessária para bloquear certos tipos de contraexemplo que envolvem "cadeias causais desviantes", em que as condições de satisfação de fato causam a experiência visual, mas, mesmo assim, a experiência não é satisfeita. Examinaremos esses casos e a natureza da causação Intencional no capítulo 4.)

5. As condições de satisfação são efetivamente satisfeitas. Ou seja, há realmente uma caminhonete amarela a causar (do modo descrito em 4) a experiência visual (descrita em 3) que tem o conteúdo Intencional (descrito em 2).

A presente exposição inclui, além do percipiente, dois componentes da percepção visual, a experiência visual e a cena percebida, e a relação entre eles é Intencional e causal.

VI

Alcançamos agora o nosso objetivo inicial de assimilar uma explicação da percepção à nossa teoria da Intencionalidade. Contudo, surge de imediato um problema que não havíamos ainda enfrentado: discutimos o caso em que uma pessoa vê que uma caminhonete amarela está à sua frente, mas que dizer sobre o caso de uma pessoa que vê que uma caminhonete amarela específica, previamente identificada, está à sua frente? Quando, por exemplo, vejo a minha própria caminhonete amarela, as condições de satisfação exigem não apenas que haja uma caminhonete qualquer que satisfaça meu conteúdo Intencional, mas sim que seja a minha. Agora, a pergunta é: de que modo essa particularidade se introduziu no conteúdo Intencional da percepção? Chamemos a este o "problema da particularidade"[10].

Para constatarmos que se trata realmente de um problema para a teoria da Intencionalidade, imaginemos a seguinte variação da fantasia de Putnam sobre o planeta gêmeo[11]: suponhamos que, em uma galáxia distante, esteja o planeta gêmeo da nossa Terra, de idêntico tipo à nossa até a última das micropartículas. Suponhamos que, em nossa Terra, um certo Bill Jones vê a esposa, Sally, saindo da caminhonete amarela deles e que, na Terra gêmea, o Bill Jones gêmeo vê sua esposa gêmea saindo da caminhonete amarela gêmea deles. Ora, o que haveria no *conteúdo* da experiência visual de Bill Jones que faz com que a presença de Sally, e não a da Sally gêmea, seja parte das condições de satisfação de sua experiência visual? E o que faz da presença da Sally gêmea parte das condições de satisfação da experiência do Jones gêmeo? Por hipótese, ambas as experiências são qualitativamente idênticas e, no entanto, faz parte das condições de satisfação da experiência de cada agente que ele não esteja vendo apenas *qualquer* mulher com determinadas características visuais, mas que esteja vendo sua própria esposa, Sally, ou Sally gêmea, segundo o caso. Já vimos (pp. 79-80) de que maneira experiências visuais qualitativamente idênticas podem ter diferentes condições de satisfação nos casos gerais, mas como podem experiências visuais qualitativamente idênticas ter diferentes condições particulares de satisfação? O caso da fantasia não é epistêmico. Não estamos perguntando de que modo Bill Jones pode dizer que se trata realmente de sua esposa e não de alguém de aparência idêntica à de sua esposa. Em lugar disso, nossa pergunta é: o que há na experiência visual do Bill Jones aqui de nossa Terra que faz com que esta só possa ser satisfeita por uma mulher específica, previamente identificada, e não uma outra mulher qualquer que por acaso é idêntica em tipo à primeira, mesmo que Bill Jones não consiga diferenciá-las? Além disso, o propósito da fantasia não é sugerir que possa haver de fato uma Terra gêmea, e sim lembrar-nos de que, em nossa própria Terra, temos conteúdos Intencionais com condições de satisfação particulares e não gerais. Repetindo, a pergunta é: de que modo a particularidade se introduziu no conteúdo Intencional?

O problema da particularidade se manifesta em uma variedade de lugares na filosofia da mente e na filosofia da linguagem. E tem uma solução atualmente em voga, mas, na verdade, inadequada. Segundo essa "solução", a diferença entre Bill Jones e o Bill Jones gêmeo é que, no caso de Bill Jones, a experiência é efetivamente causada por Sally e, no caso do Bill Jones gêmeo, é causada pela Sally gêmea. Se a experiência visual de Bill Jones é efetivamente causada por Sally, ele está vendo Sally e não a estaria vendo se ela não estivesse causando sua experiência visual. Mas essa suposta solução é incapaz de responder à pergunta de como é que tal fato se introduziu no conteúdo Intencional. É claro que Bill Jones está vendo apenas Sally se ela é a causa de sua experiência visual, e faz parte do conteúdo Intencional desta que ela deva ser causada por Sally para poder ser satisfeita, mas o que há exatamente nessa experiência visual que exige a presença de Sally e não de alguém de um tipo idêntico ao seu? A solução surge do ponto de vista de uma terceira pessoa. É uma solução do problema de como nós, observadores, podemos distinguir qual das duas ele está realmente vendo. Mas o problema que propus é um problema interno de primeira pessoa. O que há nessa experiência que exige ser satisfeita pela presença de Sally e não apenas por qualquer mulher com determinadas características, idênticas às de Sally? O problema assume a mesma forma na teoria da referência e na da percepção, e a teoria causal da referência é uma resposta tão inadequada em um caso quanto a da teoria causal da percepção o é no outro. A forma assumida pelo problema é: "O que há na Intencionalidade de Bill Jones que faz com que, ao dizer 'Sally', esteja se referindo a Sally e não à 'Sally gêmea'?" A resposta causal na terceira pessoa diz que ele se refere a Sally e não à Sally gêmea porque a primeira e não a segunda está em determinadas relações causais com o enunciado de Jones. Mas essa resposta simplesmente evita a pergunta acerca da Intencionalidade de Jones. Haverá, com certeza, casos em que ele se refere a Sally sem o saber e casos em que ele vê Sally sem o saber, casos em que descrições verdadeiras de terceira pessoa não correspondem à Intencionalidade dele. Mas tais casos sempre dependem da existência de uma Intencionalidade de primeira pessoa que fixe as condições internas de satisfação e nenhuma resposta causal à nossa pergunta poderá jamais ser adequada enquanto não explicar de que modo a causação faz parte da Intencionalidade, de maneira tal a determinar que um objeto particular faz parte das condições de satisfação. A pergunta, em resumo, não é "Em que condições ele de fato vê Sally, sabendo-o ou não?", mas "Em que condições *ele próprio considera* estar vendo que Sally está diante dele?". E, do mesmo modo, a pergunta para a referência não é "Em que condições ele se refere a Sally, sabendo-o ou não?", mas "Em que condições ele *tem a intenção* de referir-se a Sally ao pronunciar 'Sally'?".

Creio que uma razão, talvez inconsciente, pela qual os teóricos causais não dão uma resposta à pergunta acerca da Intencionalidade, e respondem a uma pergunta diferente, é não terem esperanças de encontrar uma solução Intencional de primeira pessoa para o problema da particularidade. Quando se pensa no conteúdo Intencional unicamente com base no modelo da concepção de *Sinn* por Frege, parece que qualquer quantidade de objetos possíveis poderia satisfazer *Sinn* e nada no conteúdo Intencional poderia determinar que só pudesse ser satisfeito por um objeto *particular*. Gareth Evans[12] imagina um caso em que um homem conhece duas gêmeas idênticas e está apaixonado por uma delas. Segundo Evans, porém, nada existe na mente desse homem que direcione seu amor para uma e não para outra. Cita, ratificando-a, a alegação, atribuída a Wittgenstein, de que se Deus olhasse para dentro do homem não conseguiria distinguir qual gêmea ele tem em mente. Uma vez que não há resposta à pergunta "O que há no homem que faz com que ele efetivamente queira uma e não outra?", a solução deve vir do ponto de vista da terceira pessoa, ou ponto de vista externo. Como diz Putnam, o mundo toma conta. Mas essa solução é ineficaz. Qualquer teoria da Intencionalidade tem de dar conta do fato de que normalmente nossos conteúdos Intencionais estão direcionados para objetos particulares. O que se pede é uma caracterização do conteúdo Intencional que mostre de que modo este pode ser satisfeito por um, e um único, objeto previamente identificado.

Do ponto de vista histórico, creio que os dois erros que têm impedido que os filósofos encontrem a solução para este problema são, em primeiro lugar, a suposição de que cada conteúdo Intencional é uma unidade isolada a determinar suas condições de satisfação independentemente de quaisquer capacidades não representacionais; em segundo lugar, a suposição de que a causação é sempre uma relação não Intencional, ou seja, é sempre uma relação natural entre objetos e acontecimentos do mundo. Dadas essas duas suposições, o problema torna-se insolúvel. Os teóricos causais veem, corretamente, que ele não pode ser resolvido sem a noção de causação, mas, mesmo assim, mantêm as duas suposições. Fazem as suposições atomísticas habituais acerca da Intencionalidade e depois, para poderem conferir alguma solidez à sua concepção humeana da causalidade, adotam o ponto de vista da terceira pessoa. Fenomenólogos como Husserl, por outro lado, viram a conectibilidade das experiências e a importância de uma explicação em primeira pessoa, mas foram incapazes de perceber a relevância da causalidade, pois sua concepção do caráter abstrato dos conteúdos Intencionais levou-os a admitir tacitamente que a causação é sempre uma relação natural, não Intencional.

Qual seria, então, a solução para o problema da particularidade? Para reunir as ferramentas necessárias para responder a essa pergunta, precisamos lembrar-nos do seguinte: em primeiro lugar, a Rede e o Background afetam as condições de satisfação do estado Intencional; em segundo lugar, a causação Intencional é sempre interna às condições de satisfação dos estados Intencionais; e, por último, os agentes estão em relações indexicais com seus próprios estados Intencionais, suas Redes e seus Panos de Fundo.

Rede e Background: na concepção de Intencionalidade e de causação Intencional apresentada neste livro, os conteúdos Intencionais não determinam suas condições de satisfação isoladamente. Em lugar disso, os conteúdos Intencionais em geral e as experiências em particular estão internamente relacionados de maneira holística a outros conteúdos Intencionais (a Rede) e a capacidades não representacionais (o Background). Estão internamente relacionados no sentido de que não poderiam ter as condições de satisfação que têm a não ser em relação ao resto da Rede e do Background. Tal concepção holística implica a negação dos pressupostos atomísticos acima mencionados.

Causação Intencional: Já sugerimos que a causação figura, caracteristicamente, na determinação das condições de satisfação dos estados Intencionais quando ela é causação Intencional, ou seja, quando a relação causal ocorre como parte do conteúdo Intencional. Quando vinculamos esse ponto à Rede e ao Background, podemos ver que, para que este seja parte das condições de satisfação do estado Intencional de Bill Jones, o mesmo deve ser causado por Sally e não pela Sally gêmea, Bill Jones deve ter alguma identificação prévia de Sally como Sally e sua experiência presente deve fazer referência a essa identificação prévia na determinação das condições causais de satisfação.

Indexicalidade: Do ponto de vista de Bill Jones, cada uma de suas experiências não é apenas uma experiência que ocorre com alguém; mas é, antes, a *sua* experiência. A Rede de estados Intencionais da qual ele tem consciência é a *sua* Rede, e as capacidades de Background de que ele faz uso estão relacionados ao *seu* Background. Por mais que a experiência de Bill Jones seja qualitativamente semelhante à do Bill Jones gêmeo e por mais que toda a sua Rede de estados Intencionais seja de mesmo tipo que a do Bill Jones gêmeo, não há dúvida, do ponto de vista do primeiro, de que se trata de suas experiências, suas crenças, suas lembranças, suas propensões; em resumo, sua Rede e seu Background.

Em seguida, precisamos estabelecer claramente de que modo essas características do sistema de Intencionalidade se combinam para resolver o problema da particularidade. O problema é mostrar como o Background e a Rede se introduzem no conteúdo Intencional para determinar que as condições causais de satisfação sejam particulares e não gerais. Para simplificar a exposição, consideraremos dois casos, um em que ignoramos o Background e nos concentramos na operação da Rede e depois outro em que consideramos a operação do Background.

Suponhamos que todo o conhecimento que Bill Jones tem de Sally venha do fato de ele ter tido uma sequência de experiências, $x, y, z...$, visuais e de outros tipos, de Sally no passado. Essas experiências são experiências

passadas, mas ele ainda tem lembranças delas, *a*, *b*, *c*...,
no presente. A sequência de lembranças *a*, *b*, *c*... está internamente relacionada à sequência experiencial *x*, *y*, *z*...
Se, por exemplo, *a* é uma lembrança de *x*, parte das condições de satisfação de *a* é que deve ter sido causada por *x*, assim como faz parte das condições de satisfação de *x* que, se for uma percepção de Sally, deve ter sido causada por Sally. Pela transitividade da causação Intencional, portanto, faz parte das condições de satisfação da lembrança o dever ter sido causada por Sally. Além disso, as sequências devem estar internamente relacionadas como sequências, pois, na medida em que cada uma dessas experiências perceptivas seja da mesma mulher e cada lembrança seja a lembrança de uma experiência da mesma mulher, as condições de satisfação de alguns elementos da sequência farão referência a outros elementos da mesma sequência. As condições de satisfação de cada experiência e cada lembrança após o encontro inicial com Sally não são apenas que a experiência seja satisfeita por uma mulher que satisfaça a descrição de Sally em termos gerais, mas também que seja causada pela mesma mulher que causou as outras lembranças e experiências de Bill Jones. Essa é uma das chaves para a compreensão de como a Intencionalidade pode ser dirigida para objetos particulares: pode ser intrínseco a uma representação que esta faça referência a outras representações na Rede.

Estamos supondo que Bill Jones tenha uma experiência cuja forma é

1. Exp vis (Sally está presente e sua presença e características causam esta experiência visual)

enquanto diverso de

2. Exp vis (uma mulher com características idênticas às de Sally está presente e sua presença e características causam esta experiência visual).

A relação da Rede com o conteúdo Intencional presente, do ponto de vista de Bill Jones, é

3. Tive no passado uma série de experiências *x*, *y*, *z*... causada pela presença e pelas características de uma mulher que fiquei conhecendo como Sally e tenho no presente uma série de lembranças dessas experiências *a*, *b*, *c*... que são tais que a minha atual experiência visual é:
Exp vis (uma mulher com características idênticas às de Sally está diante de mim e suas presença e características causam esta experiência visual e essa mulher é idêntica à mulher cuja presença e características causaram *x*, *y*, *z*..., que, por sua vez, causaram *a*, *b*, *c*...).

Mas do ponto de vista de Bill Jones – o único ponto de vista que interessa para esta discussão – o conteúdo de 3 é tudo o que interessa no conteúdo de 1. Nesse exemplo, tudo o que Bill Jones tem de Sally no tocante à Intencionalidade é uma experiência presente ligada a uma série de lembranças presentes de experiências passadas. Mas isso é tudo o que ele necessita para garantir que as condições de satisfação exijam Sally e não alguém de mesmo tipo dela.

Para compreender a inter-relação entre os elementos da Rede, perguntemo-nos onde residiria o erro, do ponto de vista de Bill Jones, se Sally fosse trocada pela Sally gêmea? Em termos muito simples, o erro residiria no fato de a mulher que ele veria não ser idêntica a Sally. Do ponto de vista de Bill Jones, porém, isso consiste apenas no fato de ela não satisfazer a última cláusula principal na especificação do conteúdo Intencional de 3. Suponhamos que a troca tenha ocorrido no momento do nascimento, vinte anos antes que Bill Jones houvesse jamais visto ou ouvido falar de Sally; neste caso, o conteúdo Intencional de Bill Jones é satisfeito. Do ponto de vista da Intencionalidade de outrem, Bill Jones poderia não estar vendo a verdadeira Sally, mas, do ponto de vista de Bill Jones, ele está vendo exatamente a pessoa que considera estar vendo, ou seja, seu conteúdo Intencional determina essas condições de satisfação e é de fato satisfeito.

Além disso, o fato de o Bill Jones gêmeo estar tendo ao mesmo tempo uma experiência idêntica em tipo à de Bill Jones não é nenhum impedimento a que a experiência deste seja dirigida a Sally e não à Sally gêmea, pois os elementos de sua Rede estão indexicalmente relacionados a ele – são as experiências e lembranças dele.

É claro que não estamos dizendo que Bill Jones deve ser capaz de decifrar tudo isso por si mesmo. Sua maneira de descrever pré-teoricamente a situação poderia ser: "Estou agora vendo a mulher que sempre conheci como Sally". O que estamos tentando explicar é que tanto Bill Jones como o Bill Jones gêmeo poderiam emitir ao mesmo tempo a mesma sentença, ambos têm experiências qualitativamente idênticas e, no entanto, querem significar algo diferente em cada caso – cada um deles está tendo uma experiência que, apesar de ser "qualitativamente idêntica" à outra, tem um conteúdo diferente e diferentes condições de satisfação. (Mais adiante veremos de que maneira esse aparato é útil para uma crítica da teoria causal dos nomes.)

Consideraremos a seguir um caso da operação do Background na determinação de casos particulares de reconhecimento perceptivo. Normalmente, a capacidade de reconhecer pessoas, objetos etc. não requer uma comparação do objeto com representações preexistentes, sejam estas imagens, crenças ou outro tipo de "representações mentais". Simplesmente reconhecem-se as pessoas e objetos. Ora, suponhamos que Bill Jones reconheça um homem que vê na rua como Bernard Baxter. Ele não precisa ter lembrança alguma, consciente ou não, de quando ou como conheceu Bernard Baxter e não precisa ter representação alguma deste com a qual comparar o homem que é o objeto de seu atual julgamento visual. Ele simplesmente vê Bernard Baxter e sabe que aquele é Bernard Baxter. Nesse caso, o Background funciona como uma capacidade mental não representacional; ele tem a capacidade de reconhecer Bernard Baxter, mas essa própria capacidade não contém, nem consiste de, representações.

Dado que Bill Jones reconhece Bernard Baxter e o Bill Jones gêmeo reconhece o Bernard Baxter gêmeo, e ambos têm experiências qualitativamente idênticas, o que há em uma experiência que requer Bernard Baxter e, na outra, que requer o Bernard Baxter gêmeo como condições de satisfação? Intuitivamente, sentimos nesse caso, tal como no das Sallys gêmeas, que Bill Jones reconhece um homem como o seu Bernard Baxter e que o Bill Jones gêmeo reconhece outro homem como o seu Bernard Baxter. Mas como podemos explicar detalhadamente essa intuição em um caso em que não haja representações prévias às quais o conteúdo Intencional possa fazer referência? Cada qual tem uma experiência cujo conteúdo é

1. Exp vis (um homem que reconheço como Bernard Baxter está diante de mim e sua presença e características causam esta experiência visual)

enquanto diverso de

2. Exp vis (um homem com aquilo que reconheço como características idênticas às de Baxter está diante de mim e sua presença e características causam esta experiência visual).

Do ponto de vista de Bill Jones, o conteúdo de 1 é o mesmo que

3. Tenho uma capacidade de reconhecer um certo homem h como Bernard Baxter que é tal que:
Exp vis (um homem com aquilo que reconheço como características idênticas às de Baxter está diante de mim e sua presença e características causam esta experiência visual e esse homem é idêntico a h).

Tanto Bill Jones como o Bill Jones gêmeo têm experiências visuais qualitativamente idênticas. A diferença nos dois casos é que a experiência de Bill Jones faz referência às suas próprias capacidades de Background e a do Bill Jones gêmeo faz referência às dele. Da mesma forma como a indexicalidade da Rede solucionou o problema da Sally gêmea, a indexicalidade do Background soluciona o problema do Bernard Baxter gêmeo. Via de regra, a capacidade recognitiva será causada pelo objeto do reconhecimento, mas não precisamente. É fácil imaginar casos em que se poderia aprender a reconhecer um objeto sem que essa capacidade seja causada por ele.

A título de simplificação, considerei separadamente as operações da Rede e do Background, mas é claro que, na vida real, ambas operam em conjunto; com efeito, não há nenhuma linha demarcatória nítida entre elas.

Até este ponto, o esforço tem sido no sentido de explicar de que modo pessoas diferentes com experiências visuais de idêntico tipo podem ter diferentes condições de satisfação, e como mesmo essas condições podem ser particulares e não gerais. No entanto, há uma pergunta paralela, e até agora não respondida, sobre como pessoas diferentes com experiências diferentes podem ter as mesmas condições de satisfação. Poderíamos formular a pergunta na forma de uma objeção: "Toda essa exposição leva a uma espécie de solipsismo. Se a marca de identidade de cada experiência visual figura em suas próprias condições de satisfação, é impossível que diferentes pessoas cheguem a ter experiências com as mesmas condições de satisfação, mas uma coisa assim deve ser possível, uma vez que vemos, efetivamente, as mesmas coisas que outras pessoas e, ainda por cima, consideramos estar vendo as mesmas coisas. Observe que, em sua exposição, o requisito de publicidade não é garantido pelo mero fato de o mesmo estado de coisas ocasionar tanto a sua experiência visual como a minha, uma vez que a pergunta é: Como pode esse fato fazer parte da experiência visual?"

Existe verdadeiramente um elemento relativo à perspectiva, impossível de eliminar na visão e na percepção em geral. Percebo o mundo a partir da localização de meu corpo no tempo e no espaço, e você, da localização do seu. Mas não há nada de misterioso ou de metafísico nisso. Trata-se apenas da consequência do fato que meu cérebro e o resto do meu aparato perceptivo estarem situados em meu corpo e os seus cérebro e aparato perceptivo estarem situados em seu corpo. Mas isso não nos impede de compartilhar experiências visuais e de outros tipos. Suponhamos, por exemplo, que você e eu estejamos olhando para um mesmo objeto, talvez uma pintura, e discutindo-o. Ora, do meu ponto de vista, não estou apenas observando uma pintura, mas observo-a como parte de nossa observação. E o aspecto compartilhado da experiência envolve mais que minha simples crença de que você e eu estamos vendo a mesma coisa, mas o próprio ver deve fazer referência a essa crença, dado que, se ela for falsa, algo no conteúdo de minha experiência não será satisfeito: não estarei vendo o que considero estar vendo.

Há uma variedade nos tipos de experiências compartilhadas e não tenho certeza de como, nem mesmo se, as várias complexidades podem ser representadas na notação que estivemos usando até agora. Um tipo de caso bem simples seria aquele em que o conteúdo de minha experiência visual faz referência ao conteúdo de uma crença acerca do que você está vendo. Um exemplo, enunciado em inglês comum, seria um caso em que "I believe there is a particular painting that your are seeing and I am seeing it too" ("Acredito haver uma pintura particular que você está vendo e eu a estou vendo também"). Neste caso, o pronome "it" ("a"), no escopo de "see" ("ver"), está no escopo do quantificador, que, por sua vez, está no escopo de "believe" ("acreditar"), ainda que "see" ("ver") não esteja no escopo de "believe" ("acreditar"). A sentença não diz que acredito que a estou vendo, diz que a vejo. Usando colchetes para o escopo dos verbos Intencionais e parênteses para os quantificadores e permitindo que os dois se entrecruzem, temos

Bel [(E! x) (you are seeing x] &
Vis exp [φx and the fact that φx is causing this Vis exp])

Cren [(E! x) (você está vendo x] &
Exp vis [φx e o fato de que φx está causando esta Exp vis])

O fato de você e eu estarmos tendo uma experiência visual compartilhada do objeto não requer que o vejamos sob o mesmo aspecto. Portanto, na formulação acima, eu o vejo sob o aspecto φ, presumo que você vê o mesmo objeto, mas não presumo que você o veja sob φ.

VII

Há uma argumentação cética contra a teoria da percepção apresentada neste capítulo que prometi antes discutir. Eis a argumentação: "Aparentemente, a versão causal do realismo ingênuo que você está expondo leva ao ceticismo acerca da possibilidade de jamais se conhecer o mundo real com base nas suas percepções, pois não existe nenhum ponto de vista neutro do qual examinar as relações entre as suas experiências e seus supostos objetos Intencionais (ou condições de satisfação) para verificar se estes realmente causam as primeiras. Na sua exposição, só se pode ver o carro se este causar sua experiência visual, mas como se pode sequer saber ou descobrir se o carro causa a sua experiência visual? Se você tentar descobrir, apenas poderá ter outras experiências, visuais ou outras, e exatamente o mesmo problema surgirá no caso destas. Aparentemente, o máximo que se poderia jamais obter seria alguma coerência interna ao sistema de suas experiências, mas não existe nenhum meio de sair desse sistema para descobrir se há, de fato, objetos do outro lado dele. O mesmo tipo de incognoscibilidade do mundo real que você acusou a teoria representativa de implicar também é implicada por sua teoria, pois, a menos que você possa saber que os objetos causam a sua experiência, não haverá como saber que você percebe objetos; e, na sua interpretação, é impossível saber que os objetos causam as experiências porque não é possível observar os dois termos independentemente para saber se há uma relação causal entre eles. Cada vez que você acredita estar observando um objeto, deve pressupor a própria relação causal que está tentando verificar."

Para verificarmos o que há de errado (e o que há de certo) com essa objeção, teremos de desmembrá-la em uma série de etapas.

1. Para que ocorra realmente que eu esteja vendo o carro, minhas experiências visuais devem ser causadas pelo carro.

2. Portanto, para que eu realmente saiba que há um carro presente, com base em minhas experiências visuais, devo saber que o carro causou as experiências visuais.

3. Mas a única maneira pela qual eu poderia conhecer uma tal alegação causal seria mediante uma inferência causal; infiro, da presença e da natureza das experiências como efeito, a existência e as características do carro como causa.

4. Entretanto, uma inferência causal como esta nunca poderia ser justificada, pois não há meios de verificá-la, uma vez que o único acesso que tenho ao carro é através de outras experiências, tanto visuais como de outros tipos. Não posso verificar a inferência da experiência visual para o objeto material do mesmo modo como posso verificar a inferência causal do vapor liberado para a água fervente na chaleira. Portanto, não posso ter justificativa alguma para aceitar a inferência.

5. Portanto, jamais poderei saber realmente que o carro causou minha experiência.

6. Com base em 2, portanto, jamais posso saber realmente que há um carro presente com base em minhas experiências visuais.

Usando abreviações óbvias, a forma do argumento é a seguinte:

1. Ver X → X causou E.V.
2. Saber ver X com base na E.V. → Saber que X causou E.V.

3. Saber que *X* causou E.V. → Inferência causal válida de E.V. para *X*
4. Inferência causal válida → verificação da inferência, mas ~ verificação da inferência, ∴ ~ inferência causal válida.
5. ∴ ~ saber que *X* causou E.V.
6. ∴ ~ saber ver *X*, com base em E.V.

Os passos em que esta argumentação tropeça são os de números 2 e 3. Não *infiro* (afirmo, ou descubro) que o carro está causando a minha experiência visual. Simplesmente vejo o carro. Do fato de que a experiência visual deve ser causada pelo carro para que eu possa vê-lo (etapa 1) não decorre que a experiência visual seja a "base" ou a comprovação de meu conhecimento de que vejo o carro (etapa 2) nem que haja alguma inferência causal envolvida (etapa 3), da experiência visual como efeito para o objeto material como causa. Não infiro que o carro é a causa de minha experiência visual mais do que infiro que é amarelo. Ao ver o carro, posso ver que é amarelo e tenho uma experiência, parte de cujo conteúdo é ser causada pelo carro. O conhecimento de que o carro causou minha experiência visual deriva do conhecimento de que o vejo, e não o contrário. Dado que não infiro que há um carro presente, mas simplesmente o vejo, e dado que não infiro que o carro causou minha experiência visual, mas esta é, antes, parte do conteúdo da experiência causada pelo carro, não é correto dizer que a experiência visual é a "base", no sentido de *comprovação* ou *fundamento* para se saber que há um carro presente. A "base" é, antes, o fato de que eu vejo o carro e o meu ato de ver o carro não tem nenhuma base prévia nesse sentido. Eu apenas vejo. Um dos componentes do evento de ver o carro é a experiência visual, mas não se faz uma inferência causal da experiência visual para a existência do carro.

Em minha interpretação do caráter causal autorreferente do conteúdo Intencional da percepção, a causação Intencional atravessa a distinção que existe entre o conteúdo Intencional e o mundo natural que contém os objetos e estados de coisas que satisfazem esse conteúdo Intencional, pois este tanto representa como é um termo da relação causal e, contudo, a causação é parte do mundo natural. A distinção entre a causação e as demais condições de satisfação é a seguinte: Se tenho uma experiência visual de um objeto amarelo e essa experiência é satisfeita, embora tal experiência não seja literalmente *amarela*, ela é literalmente *causada*. Além disso, é experimentada *como* causada, seja ou não satisfeita; mas não é experimentada *como* amarela, e sim como *de* alguma coisa amarela.

A objeção cética só seria válida se eu não pudesse experimentar diretamente o impacto causal dos objetos em mim nas percepções que tenho deles, mas tivesse de certificar-me da presença do objeto, como causa, através de algum outro processo de inferência e validação da inferência. Em minha abordagem, a experiência visual não representa a relação causal como algo que existe independentemente da experiência, mas, antes, parte desta é a experiência de ser causada. Ora, o leitor pode considerar, justificadamente, que essa noção de causação não se adapta confortavelmente à sua teoria humeana da causação, e terá nisso toda a razão, sendo a teoria humeana precisamente o que está sendo desafiado. Além disso, devo ao leitor uma explicação da minha ideia de causação, ideia que suponho ser de fato a que todos temos; tal explicação terá lugar no capítulo 4.

O que acredito ser inteiramente correto na objeção cética é que, uma vez tratada a experiência enquanto evidência com base na qual se infere a existência do objeto, o ceticismo torna-se inevitável. A inferência careceria de toda justificativa. E é nesse ponto que a metáfora do interior e do exterior nos prepara uma armadilha, pois leva-nos a pensar que estamos tratando de dois fenômenos estanques, uma experiência "interior", acerca da qual podemos ter uma espécie de certeza cartesiana, e uma coisa "exterior" para a qual o interior deve prover a base, evidência ou fundamento. O que venho propondo neste capítulo é uma versão não inferencial, ou seja, realista ingênua, da teoria causal da percepção, segundo a qual não estamos lidando com duas coisas, uma das quais é a evidência da outra, mas que percebemos uma única coisa e, ao percebê-la, temos uma experiência perceptiva.

Obviamente, dizer que parte da experiência é a experiência de ser causado não equivale a dizer que ela seja, em nenhum sentido, autovalidativa. Tal como assinala o cético clássico, eu poderia estar tendo exatamente essa experiência e, mesmo assim, ela poderia não ser causada por seu objeto Intencional; poderia ser, como dizem, uma alucinação. E, assim, o cético clássico argumentaria que nos encontramos na conhecida situação em que, qualquer que seja nosso fundamento para o conhecimento, é coerente supor que tal fundamento poderia existir e, todavia, a proposição que alegamos conhecer poderia ser falsa. Do enunciado de que a experiência ocorre não se segue que o objeto existe. Mais uma vez, porém, este argumento é uma fusão de duas teses totalmente diferentes.

(1) Eu poderia estar tendo uma experiência "qualitativamente indistinguível" desta e, mesmo assim, poderia não haver um carro presente.

(2) Para se saber, nessa situação perceptiva, que há um carro presente, tenho de inferir a sua existência através de uma inferência causal desta experiência.

A tese (1) é totalmente verdadeira e, com efeito, é uma consequência trivial de minha explicação da Intencionalidade. O estado Intencional determina o que conta como suas condições de satisfação, mas é possível que esse estado não seja satisfeito. Mas (2) não se segue de (1) e busquei provar que (2) é falsa.

Há no entanto mais uma consequência da análise que requer menção especial: os conceitos que demarcam as características reais do mundo são conceitos causais. O vermelho, por exemplo, é aquela característica do mundo que faz com que as coisas pareçam (e também passem pelas provas de ser), sistematicamente, e nas condições apropriadas, vermelhas. E o mesmo acontece com as chamadas propriedades fundamentais. As coisas quadradas são aquelas capazes de causar certos tipos de efeitos sobre os nossos sentidos e aparatos de medição. E essa característica causal é também característica das propriedades do mundo não imediatamente acessíveis aos sentidos, tais como o ultravioleta e o infravermelho, pois, a menos que fossem capazes de ter alguns efeitos – por exemplo em nossos aparatos de medição ou sobre outras coisas que por sua vez afetassem os nossos aparatos de medição, que, por sua vez, afetassem os nossos sentidos – não poderíamos ter conhecimento algum da existência delas. Ora, isso implica que nossos conceitos empíricos para a descrição de características do mundo são aplicados em relação à nossa capacidade de receber *inputs* causais dessas mesmas características; e isso, por sua vez, parece levar a uma forma de ceticismo: não podemos saber como o mundo de fato é, pois só podemos saber como é em relação à nossa própria constituição empírica e às formas em que exerce um impacto causal sobre essa constituição. Mas esse ceticismo não procede; o que procede é, antes, que podemos saber como o mundo é, mas a nossa própria noção de como ele é está relacionada a nossa constituição e com as nossas transações causais com ele.

Talvez essa forma de ceticismo seja um tanto parecida ao ceticismo de Kant acerca da possibilidade de conhecimento das coisas-em-si, em oposição à mera aparência das coisas-em-si. Acredito que a resposta a ambos esteja em deslocar o eixo da questão para o ponto em que se possa ver que a própria noção de como as coisas são em si mesmas é relativa à nossa capacidade de receber os *inputs* causais de um mundo que, em sua maior extensão, existe independentemente do modo como o representamos e que, no entanto, esse relativismo causal é compatível com o mais ingênuo dos realismos ingênuos. Meu objetivo, nesta seção, não foi o de responder ao ceticismo em geral, mas responder às versões deste especificamente dirigidas às teorias causais da percepção.

VIII

Todavia, nossa abordagem da percepção visual parece levar a um resultado paradoxal. Se as condições de satisfação da experiência visual que se tem quando se vê uma construção como uma casa completa são distintas das que se tem quando se a vê meramente como a fachada de uma casa, e se essas diferentes condições de satisfação são determinadas por experiências visuais diferentes, começa a parecer que quase toda qualidade pode ser a condição de satisfação de uma experiência visual. Pois não dizemos apenas "Parece uma casa", enquanto diferente de "Parece a fachada de uma casa", mas também dizemos coisas como "Ele parece embriagado" e "Ela parece inteligente", e, em cada caso, a sentença é empregada de modo bastante literal. Mas como é possível que a experiência puramente visual possa conter, como condições de satisfação, características tais como ser inteligente ou estar embriagado? Ou então, para colocar o problema de modo mais geral: se a Intencionalidade da experiência visual tem as características que afirmei, isto é, se envolve uma apresentação causalmente autorreferente, essas próprias características pareceriam impor limites muito rígidos àquilo que pode figurar como as condições de satisfação de experiências visuais. Pois, aparentemente, isso teria como consequência que apenas os objetos e estados de coisas capazes de causar determinados tipos de experiências visuais podem ser parte das condições de satisfação destas. Em minha abordagem, porém, os objetos, estados de coisas e características em questão devem incluir não apenas características tais como ser vermelho ou ser quadrado, mas também ser uma casa, estar embriagado e ser inteligente. É é difícil perceber de que maneira seria sequer possível que essas características figurassem causalmente na produção de experiências visuais. Se a inteligência deve figurar como condição de satisfação da experiência visual, a inteligência, em minha abordagem, deve ser capaz de causar experiências visuais. Mas ela com certeza não é, em nenhum sentido ordinário, capaz de causar experiências visuais desse modo e, mesmo assim, dizemos coisas como "Ela parece inteligente" e dizemo-las com tanta literalidade quanto em "parece vermelho".

Creio que a saída para esse impasse está em distinguir entre as propriedades cuja presença podemos aferir única ou fundamentalmente através da visão e aquelas em que são necessários outros testes. Dizemos de fato, literalmente, "Ela parece inteligente" e "Ele parece embriagado", mas não podemos descobrir se ela é realmente inteligente ou se ele está de fato embriagado apenas atra-

A INTENCIONALIDADE DA PERCEPÇÃO

vés da visão. É preciso realizar outros tipos de testes. A relação entre "Ela parece inteligente" e "Ela é inteligente" é bem diferente da que há entre "Parece vermelho" e "É vermelho". Tal ocorre porque, no caso do vermelho, as condições visuais de satisfação são relatadas em ambas as emissões, mas, no caso da inteligência, as condições de satisfação já não são mais puramente visuais. Ou, para o dizer de outro modo, é possível que alguém pareça inteligente para qualquer observador normal em condições normais e, ainda assim, não ser inteligente, em um sentido em que não é possível que algo pareça vermelho para observadores normais em condições normais e não seja vermelho. Parecer inteligente é independente de ser inteligente de um modo que parecer vermelho é não independente de ser vermelho.

Portanto, é possível que as condições de satisfação de uma experiência visual sejam a de que alguém seja inteligente, mas disso não decorre que a inteligência deva ser capaz de causar certos tipos de experiências visuais. Antes, em um caso assim, as características visuais em questão são a concatenação de características que constitui o parecer inteligente e parecer inteligente é, com efeito, o nome de uma característica visual possível. De modo mais geral, a sentença na forma "x parece φ" relata a presença de uma característica puramente visual na medida em que "x é realmente φ" possa ser estabelecido por uma averiguação visual. Até onde "x é realmente φ" não puder ser estabelecido por averiguação visual, φ não será, nessa medida, o nome de uma característica visual. E a sentença na forma "x parece φ" pode, de fato, relatar uma característica puramente visual independente de φ.

CAPÍTULO 3
INTENÇÃO E AÇÃO

I

No decurso de nossa discussão da Intencionalidade de estados mentais como a crença e o desejo, e de eventos mentais como as experiências visuais, desenvolvemos um aparato conceitual bastante extenso para analisar os problemas da Intencionalidade, aparato este que inclui as noções de conteúdo Intencional, modo psicológico, condições de satisfação, direção do ajuste, autorreferencialidade causal, direção de causação, Rede, Background e a distinção entre apresentações e outros tipos de representação. A explicação da Intencionalidade em termos dessas noções não pretende ser redutiva, uma vez que cada uma delas é uma noção Intencional. Não estamos tentando demonstrar que a Intencionalidade seja na verdade algo diverso, mas sim explicá-la em termos de uma família de noções, cada uma das quais é explicada independentemente, em geral por meio de exemplos. Repetindo, não há nenhum ponto de vista não intencional do qual possamos examinar as relações entre os estados Intencionais e suas condições de satisfação. Qualquer análise deve ter lugar a partir, e no âmbito, do círculo de conceitos Intencionais.

O propósito deste capítulo é, com o uso desse aparato, examinar as relações entre intenções e ações. À primeira vista, intenções e as ações parecem encaixar-se muito bem no sistema. Somos inclinados a dizer: Assim como minha crença é satisfeita se o estado de coisas representado pelo conteúdo da crença de fato se verificar e meu desejo é satisfeito se o estado de coisas representado pelo conteúdo do desejo vier a ocorrer, minha intenção é satisfeita se a *ação* representada pelo conteúdo da intenção de fato vier a ser realizada. Se acredito que votarei em Jones, minha crença será *verdadeira* se eu votar em Jones; se desejo votar em Jones, meu desejo será *realizado* se eu votar em Jones; e se pretendo votar em Jones minha intenção será *levada a cabo* se eu votar em Jones. Além desses paralelos "semânticos", há também paralelos sintáticos nas sentenças que relatam estados Intencionais. Deixando de lado os problemas de tempo verbal, a "estrutura profunda" das três sentenças que relatam minha crença, meu desejo e minha intenção é, respectivamente:

I believe + I vote for Jones
(Eu acredito + eu voto em Jones)

I want + I vote for Jones
(Eu quero + eu voto em Jones)

I intend + I vote for Jones
(Eu tenho a intenção + eu voto em Jones).

Devemos ficar profundamente impressionados com a aparente justeza do ajuste entre a sintaxe e a semântica: cada sentença representa um estado Intencional; cada estado representa suas condições de satisfação e estas são representadas pela sentença "eu voto em Jones", que é exatamente aquela encaixada nas sentenças que representam os estados Intencionais. As duas últimas sentenças, mas não a primeira, permitem um apagamento de SN igual do "eu" repetido e uma inserção do infinitivo na estrutura superficial, assim:

I want to vote for Jones
(Eu quero votar em Jones)

I intend to vote for Jones.
(Eu tenho a intenção de votar em Jones.)

Além disso, a maneira pela qual a ação e a intenção se enquadram nesta abordagem geral da Intencionalidade permite-nos apresentar uma formulação simples (mas provisória) das relações entre as intenções e as ações: uma ação intencional equivale simplesmente às condições de satisfação de uma intenção. Desde esse ponto de vista, tudo quanto pode constituir a satisfação de uma intenção pode ser uma ação intencional. Assim, por exemplo, derramar cerveja não costuma ser a condição de satisfação de uma intenção, pois as pessoas normalmente não derramam cerveja intencionalmente; mas algo assim pode ser uma ação intencional, pois pode ser a condição de satisfação de uma intenção.

Em sua configuração atual, a presente interpretação resultará ineficaz, pois parece admitir um excesso de situações. Por exemplo, se eu tenho a intenção de estar pesando 70 quilos até o Natal e for bem-sucedido, não se poderá dizer que realizei a ação intencional de estar pesando 70 quilos no Natal, nem dizer que pesar 70 quilos no Natal possa ser uma ação intencional. O que se quer dizer é que, se cumpri a minha intenção de estar pesando 70 quilos no Natal, devo ter realizado *certas ações por meio das quais* vim a pesar 70 quilos; e isso requer mais explicações. Além disso, a interpretação nada diz acerca das intenções gerais. Pior ainda, a interpretação parece ter um poder explicativo muito reduzido; o que queremos saber é: o que é uma intenção? O que é uma ação? E qual o caráter da relação entre elas, que se descreve dizendo que uma é condição de satisfação da outra? Apesar disso, acredito que essa interpretação provisória está no rumo certo e voltarei a ela posteriormente.

Uma de suas vantagens, a propósito, é corresponder à nossa intuição da existência de uma íntima ligação entre as ações intencionais e aquilo que se pode determinar que as pessoas façam. Uma vez que, quando se dá uma ordem, ordena-se a alguém que realize uma ação intencional, apenas é possível ordenar às pessoas que façam coisas que possam fazer intencionalmente e, como efeito, não faz o menor sentido dizer "Ordeno-lhe que realize *A* não intencionalmente". (Ao contrário de, digamos, "Ordeno-lhe que se coloque em uma situação em que seja provável que realize A não intencionalmente".) Um bom teste aproximativo para se saber se um verbo ou frase denota ou não um tipo de ação é verificar se o mesmo pode ou não ocorrer no imperativo. "Caminhar", "correr" e "comer" aceitam o imperativo, mas "acreditar", "pretender" e "querer" não designam ações e portanto não possuem uma forma natural do modo imperativo. O teste é apenas aproximativo porque algumas frases verbais no imperativo indicam mais a maneira pela qual determinadas ações devem ser realizadas do que nomeiam ações, como, por exemplo, "Seja honesto!", "Seja bom!".

II

Até aqui temo-nos movimentado com relativa facilidade em nossos esforços para incorporar a ação e a intenção a uma teoria da Intencionalidade. Neste ponto, contudo, têm início nossas dificuldades. Há diversas assimetrias entre, por um lado, a relação da intenção com a ação e, por outro lado, a relação entre os demais estados Intencionais e suas condições de satisfação, assimetrias essas que uma teoria da ação e da intenção deve ter meios de explicar.

Em primeiro lugar, deve parecer-nos estranho que tenhamos um nome especial como "ação" e "ato" para as condições de satisfação das intenções. Por exemplo, não temos nenhum nome especial para as condições de satisfação de crenças e desejos. Além disso, a ligação entre o que é nomeado e o estado Intencional que esse nome satisfaz é muito mais íntima no caso das intenções do que nos de outros estados tais como as crenças e os desejos. Já vimos que minha crença será satisfeita se o estado de coisas que eu acredito existir realmente se verifica e que meu desejo será satisfeito se o estado de coisas que eu desejo que exista de fato se verifica e, do mesmo modo, que minha intenção de realizar uma ação será satisfeita se a ação que tenho a intenção de realizar for de fato realizada. Observe-se, porém, que, enquanto há uma enorme quantidade de estados de coisas cuja existência não é desejada ou na qual não se acredita, não há ação sem intenção. Mesmo quando há uma ação não intencional como, por exemplo, Édipo casar-se com a mãe, tal apenas ocorre porque existe um evento idêntico, que é uma ação que ele realizou intencionalmente, a saber, casar-se com Jocasta. Há muitos estados de coisas sem crenças correspondentes e há muitos estados de coisas sem desejos correspondentes, mas, em geral, não há ações sem intenções correspondentes[1]. Qual o motivo para a existência dessa assimetria?

Em segundo lugar, embora um evento representado no conteúdo da minha intenção ocorra, não se trata necessariamente da satisfação da minha intenção. Tal como observaram muitos filósofos, isso deve ocorrer "da maneira certa" e, mais uma vez, não há nada análogo a isso nas crenças e nos desejos. Assim, se eu acredito que está chovendo e está chovendo, minha crença é verdadeira, seja qual for a maneira pela qual a chuva ocorreu. E, se meu desejo é enriquecer e enriqueço, esse desejo é satisfeito, seja como for que eu tenha ficado rico. Mas uma variante do exemplo de Chisholm[2] mostrará que tal condição não é válida para as ações. Suponhamos que Bill tenha a intenção de matar o tio; pode acontecer que ele mate o tio e, mesmo assim, as condições de satisfação de sua intenção não se realizem. Podem não se realizar até em alguns casos em que sua intenção de matar o tio levem-no efetivamente a matar o tio. Suponhamos que ele esteja dirigindo e pensando em como vai matar o tio, e suponhamos que sua intenção de matá-lo o deixe tão nervoso que ele, acidentalmente, atropela e mata um pedestre que, casualmente, é o tio. Ora, neste caso, é correto dizer que ele matou o tio e é correto dizer que sua intenção de o matar foi (parte da) causa de o ter matado, mas não é correto dizer que ele levou a cabo sua intenção de matar o tio, nem que sua intenção foi satisfeita, pois ele não matou *intencionalmente* o tio.

Há na literatura muitos exemplos desconcertantes como esse. Consideremos o seguinte, de Davidson[3], que, segundo ele, ilustra as fontes do seu desespero de decifrar (...) a maneira pela qual as atitudes devem causar a ação se a forem racionalizar (...) Um alpinista pode querer livrar-se do fardo e do perigo de suster outro alpinista por uma corda e pode saber que, se soltar a corda, conseguirá livrar-se do peso e do perigo. Essa crença e esse querer podem deixá-lo tão nervoso que ele solta a corda; no entanto, pode se dar que ele nunca tivesse optado por soltá-la e nem que o tivesse feito intencionalmente.

E também, poderíamos acrescentar, ele poderia até formar a intenção de soltar a corda e essa intenção poderia tê-lo deixado tão nervoso que ele a tenha soltado não intencionalmente. Em um tal caso, ele tem a intenção de soltar a corda e sua intenção faz com que a solte, mas não a solta intencionalmente nem realiza a intenção de soltá-la. Por que não?

Outro exemplo (igualmente homicida) é fornecido por Dan Bennett[4]. Um homem pode tentar matar uma pessoa atirando nela. Suponhamos que erre o tiro, mas que este faça estourar uma manada de porcos selvagens que pisoteiam até a morte a vítima escolhida. Nesse caso, a intenção do homem tem a morte da vítima como parte de suas condições de satisfação e a vítima morre em decorrência disso, mas, mesmo assim, relutamos em dizer que tenha sido uma morte intencional.

III

Nesta seção e na seguinte quero desenvolver um estudo das relações entre intenção e ação que revele de que modo essas relações se encaixam na teoria geral da Intencionalidade esboçada nos capítulos 1 e 2 e que, além disso, explique as características paradoxais da relação entre ação e intenção discutidas na seção anterior. Com vistas à simplicidade, começarei com ações bem simples, tais como levantar o próprio braço. Mais adiante, considerarei os casos de maior complexidade.

Precisamos, antes de mais nada, distinguir as intenções que são formadas antes das ações e as que o não são. Os casos que consideramos até agora são casos em que o agente tem a intenção de realizar a ação antes da realização da ação em si, quando, por exemplo, ele sabe o que vai fazer porque já tem a intenção de fazer tal coisa. Mas nem todas as intenções são assim; suponhamos que me perguntem: "Quando você repentinamente bateu naquele homem, formou antes a intenção de bater nele?" Minha resposta poderia ser: "Não, só bati nele". Mas mesmo em um caso assim bati nele intencionalmente e minha ação foi executada com a intenção de bater nele. O que quero dizer, acerca de um caso como este, é que a intenção estava *na ação* mas não havia *intenção prévia*. A forma de expressão linguística característica de uma intenção prévia é "Farei *A*" ou "Vou fazer *A*". A forma característica de expressão de uma intenção na ação é "Estou fazendo *A*". Diz-se de uma intenção prévia que o agente age com base em sua intenção, ou que leva a cabo a sua intenção, ou que busca levá-la a cabo; em geral, porém, não se pode dizer o mesmo da intenção na ação, pois esta é apenas o conteúdo Intencional da ação; ação e intenção são inseparáveis, de um modo que em breve tentarei explicar.

Há pelo menos dois modos de se deixar mais clara a distinção entre uma intenção na ação e uma intenção prévia. A primeira, tal como sugere nosso exemplo anterior, é observar que muitas das ações que realizamos são realizadas espontaneamente, sem que formemos, consciente ou inconscientemente, nenhuma intenção prévia de fazermos tais coisas. Por exemplo, suponhamos que eu esteja sentado em uma poltrona refletindo sobre um problema filosófico e de repente levanto-me e começo a caminhar pela sala. Levantar-me e pôr-me a caminhar são claramente ações intencionais, mas, para realizá-las, não é necessário formar antes uma intenção. De modo algum é necessário que eu tenha um plano de levantar-me e pôr--me a caminhar. Tal como muitas das coisas que fazemos, eu simplesmente realizo essas ações; apenas ajo. Um segundo modo de se perceber a mesma distinção é observar que, mesmo nos casos em que tenho uma intenção prévia de realizar determinada ação, haverá normalmente uma grande quantidade de ações subsidiárias, não representadas na intenção prévia, mas que, mesmo assim, são realizadas intencionalmente. Por exemplo, suponhamos que eu tenha a intenção prévia de ir dirigindo até o escritório e suponhamos que, enquanto estou levando a cabo essa minha intenção prévia, mudo da segunda para a terceira marcha. Não tive nenhuma intenção prévia de mudar de segunda para terceira. Quando formei minha intenção de ir dirigindo até o escritório eu nem havia pensado nisso. No entanto, minha ação de mudar a marcha foi intencional. Em tal caso, tive uma intenção na ação ao mudar de marcha, mas nenhuma intenção prévia de o fazer.

Todas as ações intencionais têm intenções na ação, mas nem todas têm intenções prévias. Posso fazer algo intencionalmente sem ter formado uma intenção prévia de o fazer e posso ter uma intenção prévia de fazer algo e todavia não fazer nada no sentido dessa intenção. Mesmo assim, nos casos em que o agente está agindo com base em uma intenção prévia, deve haver uma estreita ligação entre a intenção prévia e a intenção na ação, e também teremos de explicar essa ligação.

Tanto as intenções prévias como as intenções na ação são causalmente autorreferentes no mesmo sentido em que o são as experiências perceptivas e as lembranças. Isto é, tal como as experiências perceptivas e as lembranças, suas condições de satisfação requerem que os próprios estados Intencionais guardem certas relações causais com o resto de suas condições de satisfação. Mais adiante examinaremos em detalhe essa característica, mas ela pode ser ilustrada pela consideração da autorreferencialidade das intenções prévias. Suponhamos que eu pretenda erguer o braço. O conteúdo de minha intenção não pode ser que o meu braço se erga, pois este não pode erguer-se sem que eu o faça. Tampouco pode se dar simplesmente que minha intenção seja a causa de meu braço se erguer, pois vimos, em nossa discussão sobre os exemplos de Chisholm, Davidson e Bennett, que uma intenção prévia pode causar um estado de coisas representado pela intenção sem que esse estado de coisas seja a ação que satisfaria a intenção. Nem, por estranho que pareça, pode se dar

(que eu realize a ação de erguer o braço)

pois posso realizar a ação de erguer o braço de maneiras que nada tenham a ver com essa intenção prévia. Posso esquecer completamente essa intenção e mais tarde erguê-lo por alguma outra razão independente. O conteúdo Intencional de minha intenção deve ser pelo menos

(que eu realize a ação de erguer o braço através da realização *dessa intenção*).

Mas o que se entende por "realização" nessa formulação? Pelo menos o seguinte: Se estou realizando essa intenção, a mesma deve desempenhar um papel causal na ação e o argumento em favor disso é simplesmente que, se rompermos a conexão causal entre intenção e ação, deixamos de ter um caso de realização da intenção. Suponhamos que eu me esqueça completamente da intenção prévia de erguer o braço, de tal modo que ela não mais desempenha nenhum papel causal, consciente ou inconsciente, na ação subsequente. Nesse caso, a ação não é um caso em que se realiza uma intenção. Apesar disso, tal formulação dá origem a uma série de perguntas a que teremos de responder mais tarde. O que se entende por "ação" e qual, exatamente, o papel da autorreferência causal?

Nesse ínterim, tal caráter causal autorreferente das intenções parecerá menos misterioso se o compararmos a um fenômeno semelhante no domínio dos atos de fala (a propósito, é sempre uma boa ideia, quando se chega a um impasse na teoria da Intencionalidade, voltar aos atos de fala, pois o fenômeno dos atos de fala é muito mais acessível). Suponhamos que eu lhe ordene que saia da sala. E suponhamos que você responda dizendo: "Vou sair da sala, mas não porque você me ordenou e sim porque de qualquer modo eu ia sair. Mas não teria saído da sala só porque você me ordenou." Se, depois disso, você sair da sala, terá *obedecido à minha ordem*? Bem, você com certeza não a terá *desobedecido*, mas há um sentido no qual você tampouco a obedeceu, pois ela não funcionou como uma razão para o que você fez. Por exemplo, com base em uma série de casos assim, não poderíamos descrevê-lo como uma pessoa "obediente". Mas o que o caso exemplifica é que o conteúdo de minha ordem não é simplesmente que você saia da sala, mas que saia em obediência a *essa ordem*; ou seja, a forma lógica da ordem não é apenas

Ordeno-lhe (que saia da sala),

mas é causalmente autorreferente na forma

Ordeno-lhe (que saia da sala em obediência a essa ordem)[5].

Até este ponto da presente seção, tenho defendido a necessidade de uma distinção entre intenções prévias e intenções na ação e também aleguei, embora ainda não tenha fundamentado plenamente essa ideia, que ambas são causalmente autorreferentes, no mesmo sentido em que o são as experiências visuais e as lembranças. Quero agora estender a analogia entre percepção e ação, examinando as experiências características das ações. Antes de mais nada, lembremo-nos das características relevantes das percepções. Quando você vê uma mesa à sua frente, há, na situação perceptiva, dois elementos: a experiência visual e a mesa, mas as duas não são independentes, pois a experiência visual tem a presença e as características da mesa como suas condições de satisfação. Agora, o que se dá com ações simples como erguer o braço? O que se dá quando você realiza a ação intencional de erguer o braço? Assim como há experiências características de ver uma mesa, argumentarei que há experiências características de erguer o braço. Erguer o braço, tal como ver uma mesa, consiste caracteristicamente de dois componentes: a experiência de se erguer o braço e o movimento físico do braço, mas ambos não são independentes, pois, assim como a experiência visual da mesa tem Intencionalidade, também a tem a experiência de se erguer o braço; ela tem suas condições de satisfação. Se eu tiver exatamente essa experiência, sem que meu braço se erga, estarei em uma situação análoga àquela em que estaria se tivesse exatamente essa experiência sem que houvesse uma mesa diante de mim. Teria uma experiência com uma Intencionalidade cujas condições de satisfação não foram satisfeitas.

Podemos examinar mais profundamente o paralelo entre ação e percepção considerando a pergunta de Wittgenstein: Se eu erguer o braço, o que restará se eu subtrair o fato de que meu braço se levantou?[6] A pergunta parece-me exatamente análoga a esta outra: Se eu vir uma mesa, o que restará se eu subtrair a mesa? E, em ambos os casos, a resposta é que o que resta é uma certa forma de Intencionalidade presentacional; o que resta, no caso da percepção visual, é uma experiência visual; e, no caso da ação, uma experiência de agir. Quando ergo o braço tenho uma determinada experiência e, tal como a minha experiência visual da mesa, essa experiência de erguer o braço tem um conteúdo Intencional. Se eu tiver essa experiência sem que o meu braço se levante, esse conteúdo não será satisfeito. Além disso, ainda que meu braço se erga, mas que o faça sem essa experiência, não terei erguido o braço, ele simplesmente se terá levantado. Ou seja, assim como o caso de ver a mesa envolve dois componentes correlatos, um componente Intencional (a experiência visual) e as condições de satisfação desse componente (a presença e as características da mesa), também o ato de erguer o braço envolve dois componentes, um componente Intencional (a experiência de agir) e as condições de satisfação desse componente (o movimento do braço). No que diz respeito à Intencionalidade, as diferenças entre a experiência visual e a experiência de agir estão na direção do ajuste e na direção da causação: a experiência visual está para a mesa em uma direção de ajuste mente-mundo. Se a mesa não estiver presente, dizemos que eu estava enganado ou estava tendo uma alucinação, ou algo do gênero. E a direção da causação é do objeto para a experiência visual. Para que o componente Intencional seja satisfeito, deve ser causado pela presença e pelas características do objeto. No caso da experiência de agir, porém, o componente Intencional tem a direção do ajuste mundo-mente. Se eu tiver essa experiência sem que o evento ocorra, dizemos coisas como "*Foi*-me impossível erguer o braço" e que eu "*tentei* levantá-lo, mas não consegui". E a direção de causação é da experiência de agir para o evento. Nos casos em que o conteúdo Intencional é satisfeito, ou seja, nos casos em que de fato consigo erguer o braço, a experiência de agir é a causa de o braço se erguer. Caso não levasse o braço a erguer-se, mas outra coisa o levasse, eu não teria erguido o braço: ele se teria erguido por algum outro motivo. E assim como a experiência visual não é uma representação de suas condições de satisfação, mas uma apresentação dessas condições, quero dizer que a experiência de agir é uma apresentação de suas condições de satisfação. No presente estudo, a ação, como a percepção, é uma transação causal e Intencional entre mente e mundo.

Ora, assim como não temos um nome para aquilo que nos fornece o conteúdo Intencional de nossa percepção visual, e precisamos inventar um termo da arte, "a experiência visual", tampouco temos um termo para aquilo que nos fornece o conteúdo Intencional de nossa ação intencional e precisamos também inventar um termo da arte, "a experiência de agir". Contudo, esse termo seria enganador se desse a impressão de que tais coisas são experiências ou sensações passivas que simplesmente nos afetam, ou que são como aquilo que alguns filósofos chamam volição, atos de vontade, ou coisa do gênero. Não são atos, absolutamente, pois não realizamos nossa experiência de agir, assim como não *vemos* nossas experiências visuais[7]. Tampouco estou afirmando que existe algum tipo de sensação especial pertinente a todas as ações intencionais.

A maneira mais simples de *argumentar* em favor da presença da experiência de agir como um dos componentes de ações simples como erguer o braço é mostrar que cada componente pode ser isolado dos demais. Consideremos, em primeiro lugar, o famoso caso descrito por William James[8], em que se ordena a um paciente com o braço anestesiado que o erga. Os olhos do paciente estão vendados e, sem que ele o saiba, seu braço está preso para impedir que se mova. Ao abrir os olhos, ele fica surpreso ao descobrir que não ergueu o braço; ou seja, fica surpreso ao descobrir que não houve movimento do braço. Em um caso assim, ele tem a experiência de agir e tal experiência teve claramente uma Intencionalidade; pode-se dizer do paciente que sua experiência foi *tentar*, mas *sem conseguir*, erguer o braço. E as condições de satisfação são determinadas pela experiência; ele sabe o que está tentando fazer e fica surpreso ao descobrir que não o conseguiu. Tal caso é análogo ao da alucinação na percepção, pois o componente Intencional ocorre na ausência das condições de satisfação. Consideremos agora os casos relatados por Penfield, em que temos os movimentos corporais, mas não os componentes Intencionais.

> Quando fazia com que um paciente consciente movesse a mão aplicando um eletrodo ao córtex motor de um hemisfério, perguntava-lhes com frequência a respeito disso. Invariavelmente, a resposta era: "Eu não fiz isso. Você fez." Quando fazia com que vocalizassem, diziam: "Eu não fiz aquele som. Você o arrancou de mim."[9]

Nesse caso, temos um movimento corporal, mas nenhuma ação; com efeito, temos um movimento corporal que pode ser exatamente o mesmo que o movimento corporal em uma ação intencional, mas com certeza o paciente tem razão ao negar ter realizado qualquer ação. Se os movimentos corporais são os mesmos em ambos os casos, o que está faltando no caso em que as mãos se mexem mas não há ação alguma? E de que modo o paciente sabe com tal segurança que em um caso está mexendo a mão e no outro não está fazendo nada? Como resposta a essas perguntas, sugiro, em primeiro lugar, que há uma diferença fenomênica óbvia entre o caso em que a pessoa mexe a mão e o caso em que ela a observa mexendo-se independentemente das próprias intenções; os dois casos, simplesmente, transmitem ao paciente uma sensação diferente. Em segundo lugar, que essa diferença fenomênica traz consigo uma diferença lógica, no sentido em que a experiência de mexer a própria mão tem certas condições de satisfação. Conceitos como "tentar", "conseguir" e "fracassar" aplicam-se à experiência de um modo que não pode ser aplicado às experiências que o paciente tem quando simplesmente observa sua mão a mexer-se. Ora, é a essa experiência, com suas propriedades fenomênicas e lógicas, que chamo experiência de agir. E não estou afirmando que exista uma experiência característica comum a todas as ações intencionais, mas sim que para cada ação intencional consciente existe a experiência de realizar a ação, e essa experiência tem um conteúdo Intencional. Uma última argumentação em favor da mesma conclusão: devemos permitir-nos ficar impressionados com as implicações do fato de, em qualquer altura da vida consciente de um homem, ele conhecer, sem observação, a resposta para a pergunta, "O que é que você está fazendo agora?". Muitos filósofos apontaram esse fato, mas, até onde eu saiba, nenhum examinou suas implicações para a Intencionalidade. Mesmo em um caso em que a pessoa esteja enganada sobre quais sejam os resultados de seus esforços, ela sabe o que está *tentando* fazer. Ora, o conhecimento daquilo que se está fazendo, nesse sentido, no sentido em que tal conhecimento não garante que o indivíduo saiba que está tendo êxito e não depende de nenhuma observação que faça acerca de si mesmo, deriva caracteristicamente do fato de uma experiência consciente de agir envolver uma consciência das condições de satisfação dessa experiência. E, mais uma vez, vale o paralelo com a percepção. Assim como em qualquer altura da vida consciente de um homem ele conhece a resposta à pergunta "O que está vendo agora?", também conhece a resposta para "O que está fazendo agora?". Em ambos os casos, o conhecimento em questão é simplesmente conhecimento das condições de satisfação de uma certa espécie de apresentação.

O paralelo entre a Intencionalidade da percepção visual e a Intencionalidade da ação intencional pode ser explicitado pelo quadro abaixo.

	percepção visual	ação intencional
Componente Intencional	experiência visual	experiência de agir
Condições de satisfação do componente Intencional	que haja objetos, estados de coisas etc., com certas características e certas relações causais com a experiência visual	que haja certos movimentos corporais, estados etc. do agente e que estes tenham certas relações causais com a experiência de agir
Direção do ajuste	mente-mundo	mundo-mente
Direção da causação	mundo-mente (ou seja, a presença de características do objeto causa a experiência)	mente-mundo (ou seja, a experiência causa os movimentos)
Características correspondentes do mundo	objetos e estados de coisas	movimentos e estados do agente

IV

Fiz até agora três afirmações: em primeiro lugar, que há uma distinção entre as intenções prévias e as intenções em ação; em segundo, que ambas são causalmente autorreferentes; e, por último, que a ação, por exemplo, de erguer o braço contém dois componentes, a experiência de agir (que tem uma forma de Intencionalidade ao mesmo tempo presentacional e causal) e o evento do braço a erguer-se. Em seguida, quero incluir essas conclusões em uma abordagem geral das relações entre intenções prévias, intenções em ação e ações.

O conteúdo Intencional da intenção em ação e a experiência de agir são idênticos. Com efeito, no que diz respeito à Intencionalidade, a experiência de agir é simplesmente a intenção em ação. Então para que precisamos dessas duas noções? Porque a experiência de agir é uma experiência consciente com um conteúdo Intencional e a intenção em ação é apenas o componente Intencional, esteja ou não contida em alguma experiência consciente de ação. Vez por outra realizamos ações intencionais sem a menor experiência consciente de o fazer; em um tal caso, a ação existe sem nenhuma experiência de ação. Logo, a única diferença entre elas é que a experiência pode ter certas propriedades fenomênicas que não são essenciais para a intenção. Exatamente do mesmo modo, a experiência visual tem a mesma Intencionalidade que seu conteúdo presentacional, mas a experiência tem certas propriedades fenomênicas que não são essenciais para essa Intencionalidade (tal como demonstrado pelos experimentos de Weiskrantz mencionados no capítulo 2).

Nosso problema consiste agora em desvendar as relações entre os quatro elementos seguintes: a intenção prévia, a intenção em ação, o movimento corporal e a ação. O método é tomar um exemplo simples e explicitar plenamente os conteúdos Intencionais das duas intenções. Ora, e por que é esse o método? Porque nossa meta é explicar as relações entre intenções e ações; e dado que uma ação é, ao menos em certo sentido, a condição de satisfação da intenção de a realizar qualquer tentativa de esclarecer tais relações deve elucidar completamente de que modo o conteúdo Intencional da intenção representa (ou apresenta) a ação (ou movimento) como suas condições de satisfação. Tal método difere um pouco dos métodos comuns da filosofia da ação porque não nos afastamos da ação para verificar, a uma grande distância, que *descrição* podemos fazer dela, mas temos de nos aproximar bastante dela e verificar o que essas descrições estão de fato descrevendo. O outro método produz, incidentalmente, resultados verdadeiros mas superficiais, como o que afirma que uma ação "pode ser intencional em uma descrição, mas não intencional em outra" – seria igualmente possível dizer que um carro de bombeiros pode ser vermelho em uma descrição, mas não vermelho em outra. O que se quer saber é: Quais fatos, exatamente, essas descrições descrevem? Que fato relativo à ação torna-a "intencional em uma descrição" e que fato acerca dela torna-a "não intencional em outra"?

Suponhamos que eu, recentemente, tenha tido a intenção prévia de erguer o braço e suponhamos que, agindo com base nessa intenção, eu agora erga o braço. Como é que isso funciona? O conteúdo representativo da intenção prévia pode ser expresso da seguinte maneira:

(Eu realizo a ação de levantar o braço através da realização dessa intenção).

Portanto, a intenção prévia faz referência à ação completa como uma unidade, não apenas ao movimento, e é causalmente autorreferente. Mas a ação, como vimos, contém dois componentes, a experiência de agir e o movimento, em que o conteúdo Intencional da experiência de agir e a intenção em ação são idênticos. O próximo passo, portanto, é especificar o conteúdo Intencional da intenção em ação e mostrar a relação de seu conteúdo Intencional com o da intenção prévia. Lembremos que o método para se identificar um conteúdo Intencional com uma direção de ajuste é sempre interrogar o que deve ocorrer para que o conteúdo Intencional seja satisfeito: identifica-se a Intencionalidade por suas condições de satisfação. Usando esse teste, o conteúdo presentacional de intenção em ação é

(Meu braço se ergue como resultado dessa intenção em ação).

Ora, à primeira vista, o conteúdo da intenção prévia e o da intenção em ação parecem bem diferentes, pois, embora ambos sejam causalmente autorreferentes, a intenção prévia representa a ação completa como o resto de suas condições de satisfação, mas a intenção em ação apresenta, e não representa, o movimento físico e não a ação completa como o resto de suas condições de satisfação. No primeiro caso, a ação completa é o "objeto Intencional"; no segundo, o movimento é o "objeto Intencional". A intenção em ação, tal como a intenção prévia, é autorreferente no sentido de que seu conteúdo Intencional determina que seja satisfeito apenas se o evento que constitui sua condição de satisfação for ocasionado por ele. Outra diferença é que, em qualquer situação da vida real, a intenção em ação terá muito mais determinantes que a intenção prévia, incluindo não só que meu braço se erga, mas também que se erga de um certo modo, a uma certa velocidade etc.[10]

Bem, se o conteúdo da intenção prévia e a intenção em ação diferem de tal modo como se dá que ambos consigam – por assim dizer – se reunir? Na verdade, a relação é bem simples, tal como podemos ver ao desvendar o conteúdo da intenção prévia e tornar explícita a natureza da autorreferência causal da intenção prévia. Uma vez que a ação completa é representada como uma unidade pela intenção prévia, e uma vez que a ação consiste em dois componentes, a experiência de agir e o movimento físico, podemos representar cada componente separadamente a fim de explicitar na íntegra o conteúdo da intenção prévia. Além disso, como tanto a autorreferência da intenção prévia como a da intenção em ação são causais[11], a intenção prévia ocasiona a intenção em ação causadora do movimento corporal. Em virtude da transitividade da causação Intencional, podemos dizer que a intenção prévia causa tanto a intenção em ação como o movimento e, uma vez que tal combinação equivale simplesmente à ação, podemos dizer que a intenção prévia causa a ação. A imagem que se apresenta é a seguinte:

$$\text{intenção prévia} \xrightarrow{\text{causa}} \overbrace{\text{intenção em ação} \xrightarrow{\text{causa}} \text{movimento corporal}}^{\text{ação}}$$

O esquema também nos permite identificar o que havia de errado nos contraexemplos ao estilo de Chisholm que apresentei antes. Por exemplo, Bill tinha a intenção prévia de matar o próprio tio e essa intenção fez com que Bill o matasse, mas sua intenção prévia não causou uma intenção em ação que apresentasse a morte do tio como objeto Intencional, limitando-se a apresentar sua condução do carro ou algo assim. (Ver mais sobre essa questão adiante.) Uma vez que, como vimos, a forma de autorreferência da intenção prévia é causal e, uma vez que a representação da ação pode ser dividida em dois componentes, o conteúdo Intencional da intenção prévia pode agora ser expresso da seguinte maneira:

> (Essa intenção prévia causa uma intenção em ação que é uma apresentação de meu braço a erguer-se e que faz com que meu braço se erga.)

E, assim, a intenção prévia causa a intenção em ação. Em virtude da transitividade da causação Intencional, a intenção prévia representa e causa a ação completa, mas a intenção em ação apresenta e causa apenas o movimento corporal.

Creio que é possível elucidar mais a fundo essas questões se avançarmos um pouco mais em nossa analogia com a percepção. *Grosso modo*, a intenção prévia de erguer o braço está para a ação de erguer o braço assim como a lembrança de ver uma flor está para a visão de uma flor; ou, antes, as relações formais entre a lembrança, a experiência visual da flor e a flor são o espelho das relações formais entre a intenção prévia, a intenção em ação e o movimento corporal. O ver tem dois componentes, a experiência visual e a flor, onde a presença (e as características) da flor causa(m) a experiência visual e esta tem a presença e as características da flor como o resto de suas condições de satisfação. O conteúdo da experiência visual é que haja uma flor presente e é autorreferente no sentido em que, a menos que o fato de haver uma flor presente cause essa experiência, as condições de satisfação não se realizam, ou seja, eu não vejo realmente que há uma flor presente, nem vejo a flor. A lembrança de ver a flor representa tanto a experiência visual como a flor, e é autorreferente no sentido em que, a menos que a lembrança tenha sido causada pela experiência visual, que, por sua vez, foi causada pela presença (e pelas características) da flor, não me lembro realmente de ter visto a flor. Do mesmo modo, a ação tem dois componentes, a experiência de agir e o movimento, onde a experiência de agir causa o movimento e tem o movimento (juntamente com suas características) como o resto de suas condições de satisfação. O conteúdo da experiência de agir é que haja um movimento de meu braço, e é autorreferente no sentido em que, a menos que o movimento seja causado por essa experiência, as condições de satisfação não se realizam, ou seja, não ergo realmente o braço. A intenção prévia de erguer o braço representa tanto a experiência de agir como o movimento, e é autorreferente no sentido em que, a menos que essa intenção cause a experiência de agir, que, por sua vez, causa o movimento, eu não levo efetivamente a cabo minha intenção prévia. Tais relações podem ser explicitadas pela expansão de nosso quadro anterior (p. 134). (Os quadros costumam ser aborrecidos, mas, como este contém um resumo de grande parte da teoria da Intencionalidade, peço ao leitor que o examine com muita atenção.)

Alguns aspectos desse novo quadro merecem destaque. Em primeiro lugar, nem a lembrança nem a intenção prévia são essenciais para a percepção visual ou para a ação intencional, respectivamente. Posso ver uma porção de coisas que não me lembro de ter visto e posso realizar muitas ações intencionais sem a menor intenção prévia de as realizar. Em segundo lugar, a assimetria da direção do ajuste e da direção da causação é perfeita demais para ser acidental. *Grosso modo*, a explicação intuitiva é a seguinte: quando tento fazer com que o mundo

Comparação das formas de Intencionalidade envolvidas em, por um lado, ver uma flor e lembrar-se de uma flor e, por outro, ter a intenção (prévia) de erguer o braço e erguer o braço

	percepção visual	lembrança	ação intencional	intenção prévia
Como é relatado	Vejo a flor	Lembro-me de ver a flor	Estou erguendo o braço	Tenciono erguer o braço
Natureza do componente Intencional	experiência visual	lembrança	intenção em ação (= experiência de agir)	intenção prévia
Apresentação ou representação	apresentação	representação	apresentação	representação
Condições de satisfação do componente Intencional	que haja um *estado de coisas* em que a flor está presente e que esse estado de coisas cause essa *experiência visual*	que haja um *evento* de ver a flor com dois componentes, o *estado de coisas* em que a flor está presente e a *experiência visual*, e que o evento cause essa *lembrança*	que haja um *evento* do braço a erguer-se e que *essa* intenção em ação cause tal *evento*	que haja uma *ação de* erguer o braço com dois componentes, o *evento do* braço a erguer-se e a *intenção em ação*, e que tal *intenção prévia* cause a ação
Direção do ajuste	mente-mundo	mente-mundo	mundo-mente	mundo-mente
Direção da causação	mundo-mente	mundo-mente	mente-mundo	mente-mundo
Natureza da auto-referência do componente Intencional	como parte das condições de satisfação da experiência visual, deve ser causada pelo resto de suas próprias condições de satisfação	como parte das condições de satisfação da lembrança, deve ser causada pelo resto de suas próprias condições de satisfação	como parte das condições de satisfação da intenção em ação, deve causar o resto de suas próprias condições de satisfação	como parte das condições de satisfação da intenção prévia, deve causar o resto de suas próprias condições de satisfação
Objetos e eventos correspondentes no mundo (objetos Intencionais)	flor	flor evento de ver a flor	movimento do braço	movimento do braço ação de erguer o braço

seja do modo como pretendo que seja, terei êxito se o mundo passar a ser do modo que pretendo que *seja* (direção de ajuste mundo-mente) somente se eu *fizer* com que ele seja desse modo (direção de causação mente-mundo). Analogamente, vejo o mundo do modo que ele de fato *é* (direção de ajuste mente-mundo) apenas se o modo como o mundo é *fizer* com que eu o veja desse modo (direção de causação mundo-mente). Em terceiro lugar, para simplificar, deixei fora do quadro o fato de que as condições de satisfação dos componentes Intencionais conterão vários detalhes sobre a aparência da flor e o modo como é realizado o ato de erguer o braço. Não busquei incluir tudo. Em quarto lugar, a estrutura formal do quadro não pretende sugerir que a percepção e a ação funcionam independentemente uma da outra. Na maior parte das ações complexas, tais como guiar um carro ou comer uma refeição, tenho de ser capaz de perceber o que estou fazendo para o poder fazer; e, do mesmo modo, há um elemento intencional na maior parte das percepções complexas, como quando observo um quadro ou sinto a textura de um tapete. Em quinto lugar, por causa da transitividade da causação, permiti-me oscilar entre dizer que a lembrança de ver a flor é causada pelo evento de ver a flor e que a lembrança de ver a flor é causada pela experiência visual, que, por sua vez, quando satisfeita, é causada pela presença da flor. Do mesmo modo, oscilo entre dizer que a intenção prévia causa a ação e que a intenção prévia causa a intenção em ação causadora do movimento. Uma vez que em cada caso o evento complexo tem um componente que é, ao mesmo tempo, Intencional e causal, e uma vez que em cada caso o componente Intencional está em certas relações causais com outro estado Intencional que representa o evento complexo inteiro, não me parece ser importante qual dos dois modos de falar adotaremos.

V

Até este ponto, falamos sobretudo acerca de casos bem simples, como erguer o braço; passarei agora a esboçar rapidamente de que modo a teoria poderia ser estendida de modo a poder explicar as intenções complexas e as relações entre intenções complexas, o efeito sanfona[12] e as ações básicas[13].

Consideremos Gavrilo Princip e seu assassinato do arquiduque Ferdinando em Sarajevo. Dizemos de Princip que

> puxou o gatilho
> disparou o revólver
> atirou no arquiduque
> matou o arquiduque
> assestou um golpe contra a Áustria
> vingou a Sérvia

Além disso, cada elemento dessa listagem está sistematicamente relacionado aos que o precedem e aos que o sucedem: Princip, por exemplo, disparou o revólver por meio de apertar o gatilho e atirou no arquiduque por meio de disparar o revólver. Algumas dessas relações, mas não todas, são causais. Puxar o gatilho causa o disparo do revólver; mas matar o arquiduque não é a causa do golpe assestado contra a Áustria: nas circunstâncias dadas, matá-lo é assestar simplesmente um golpe contra a Áustria. Os elementos da listagem, juntamente com as relações causais (ou de outro tipo) entre eles constituem as condições de satisfação de uma única intenção em ação complexa por parte de Princip. Prova disso é que a especificação de qualquer um deles, ou de todos, pode ser tida como uma autêntica resposta à pergunta "O que você está fazendo agora?", em que essa pergunta quer saber

"Qual ação intencional você está realizando ou tentando realizar agora?". E o teste que demonstra que fazem parte do conteúdo da intenção em ação, repetindo, é: "O que é tido como êxito ou fracasso?", ou seja, quais são as condições de satisfação do conteúdo Intencional? Havia toda sorte de fatores diferentes em curso naquela época, muitos deles do conhecimento de Princip, que não faziam parte das condições de satisfação e, portanto, não faziam parte da intenção complexa. Intenções complexas são aquelas em que as condições de satisfação incluem não apenas o movimento corporal *a*, mas também alguns componentes adicionais da ação, *b*, *c*, *d*... que pretendemos realizar por meio da (ou através da, ou na) realização de *a*, *b*, *c*... e tanto a representação de *a*, *b*, *c*... quanto as relações entre eles estão incluídas no conteúdo da intenção complexa. É um fato notável e pouco observado da evolução humana e animal o de termos a capacidade de executar movimentos corporais em que as condições de satisfação de nossas intenções ultrapassam os movimentos corporais. Princip moveu apenas o dedo, mas sua Intencionalidade cobria todo o Império Austro-Húngaro. Essa capacidade de ter condições de satisfação adicionais além de nossos movimentos corporais é uma chave para a compreensão do significado e da causação, como veremos nos capítulos subsequentes.

Nossa capacidade de ampliar as autênticas descrições de ações nos moldes exemplificados por essa listagem é por vezes chamada de efeito sanfona. Começando pelo meio, podemos estender a sanfona para cima e para baixo com elementos anteriores ou posteriores da sequência de ações. Observe-se, porém, que não se pode fazer isso indefinidamente. No que toca à história causal, há muitas coisas que ocorreram bem acima do topo da lista e abaixo do fim e para o lado, que não fazem parte da sanfona da ação intencional. Assim, podemos ampliar a listagem como se segue:

> Ele produziu uma série de descargas de neurônios
>   no cérebro
> contraiu certos músculos do braço e da mão
>
> puxou o gatilho
> disparou o revólver
> atirou no arquiduque   moveu uma porção de
> matou o arquiduque   moléculas de ar
> assestou um golpe contra a Áustria
> vingou a Sérvia
> arruinou as férias de verão de Lord Grey
> convenceu o imperador Francisco José de que Deus
>   estava punindo sua família
> deixou Guilherme II irado
> deflagrou a Primeira Guerra Mundial

Mas nenhum desses fatores acima, abaixo ou ao lado são ações intencionais de Princip e inclino-me a dizer que nenhum deles é uma ação de sua parte. Trata-se apenas de ocorrências não pretendidas que se dão como resultado de sua ação. No que diz respeito às ações *intencionais*, os limites da sanfona são os limites da intenção complexa; e, na verdade, o efeito sanfona está presente nas ações intencionais porque temos intenções complexas do tipo que descrevi. Mas a intenção complexa não fixa exatamente os limites da *ação*, em virtude da possibilidade de ações não intencionais.

Se o conceito de uma ação básica tem alguma utilidade para nós, podemos dizer que o elemento mais alto de qualquer sanfona desse tipo é uma ação básica e podemos definir um tipo de ação básica do seguinte modo:

A é um tipo de ação básica para um agente *S* se *S* for capaz de realizar atos do tipo *A* e *S* puder pretender a execução de um ato do tipo *A* sem pretender a execução de nenhuma outra ação por meio da qual pretenda fazer *A*. Observe-se que uma tal definição tornaria básica a ação apenas em relação ao agente e suas capacidades; o que é básico para um agente pode não o ser para outro. Contudo, talvez seja esta uma forma útil de descrever os fatos. Para um bom esquiador, virar à esquerda pode ser uma ação básica. Ele apenas tenciona fazê-lo e o faz. Para virar à esquerda, um principiante deverá apoiar seu peso sobre o esqui que estiver mais abaixo, ao mesmo tempo que o impele na direção da encosta, frear o esqui que estiver mais acima, em seguida transferir o peso da esquerda para a direita etc., etapas que descrevem, todas, o conteúdo das intenções em ação do esquiador. Para dois agentes, os movimentos físicos podem ser indiferenciáveis, mesmo que um esteja realizando o que seria – para ele – uma ação básica, enquanto o outro está realizando as mesmas ações como meio para realizar uma ação básica. Além disso, essa definição teria como consequência que, para qualquer agente dado, não haveria uma linha divisória nítida entre suas ações básicas e as não básicas. Novamente, contudo, talvez seja esta a maneira correta de descrever os fatos.

VI

Nesta seção, quero reunir alguns fios soltos antes de proceder à demonstração de como a presente exposição soluciona os paradoxos da seção II.

Ações não intencionais. O que se entende pela afirmação de que uma ação pode ser "intencional em uma descrição e não intencional em outra"? E, a propósito, o que é uma ação não intencional? Uma ação intencional tem dois componentes, um componente Intencional e um evento que é o seu objeto Intencional; a intenção em ação é o componente Intencional e apresenta o objeto Intencional como suas condições de satisfação. Mas o evento complexo que constitui a ação também terá todo tipo de outras características não apresentadas pelo conteúdo Intencional da intenção em ação. Édipo tencionava casar-se com Jocasta, mas, ao casar-se com ela, casou-se com sua própria mãe. "Casar-se com a mãe" não fazia parte do conteúdo Intencional da intenção em ação, mas de qualquer modo aconteceu. A ação era intencional na descrição "casar-se com Jocasta" e não intencional na descrição "casar-se com a mãe". Mas tudo o que isso quer dizer é que a ação completa tinha elementos que faziam parte das condições de satisfação da intenção em ação e outros que não faziam. É enganador declarar esse fato acerca das ações em termos de descrições de ações, pois sugere que o que conta não é a ação, mas o modo como a descrevemos; ao passo que, segundo minha exposição, o que conta são os fatos que as descrições descrevem. Essa distinção ficará mais clara se considerarmos as ações intencionais realizadas por animais; a propósito, não é mais estranho atribuir ações intencionais aos animais que atribuir-lhes percepções visuais. Suponhamos que o meu cão esteja correndo atrás de uma bola pelo jardim; ele está realizando a ação intencional de perseguir a bola e a ação não intencional de estraçalhar as lobélias, mas isso não tem nada a ver com as descrições de quem quer que seja. O próprio cão com certeza não pode descrever os fatos e estes permaneceriam os mesmos, ainda que nenhum ser humano jamais os descrevesse. O sentido em que um e o mesmo evento ou sequência de eventos pode ser ao mesmo tempo uma ação intencional e uma ação não intencional não tem a menor relação intrínseca com a representação linguística, mas sim com uma apresentação Intencional. Alguns aspectos do evento podem ser condições de satisfação do conteúdo Intencional, enquanto outros podem não o ser; e no primeiro conjunto de aspectos a ação é intencional, no segundo não é; mesmo assim, não é preciso haver nada de linguístico no modo como o conteúdo Intencional apresenta suas condições de satisfação.

Como é possível distinguir entre os aspectos do evento complexo sob os quais este constitui uma ação não intencional e aqueles tão afastados da intenção que, sob eles, o evento nem sequer é uma ação? Quando Édipo se casou com a própria mãe, mobilizou uma porção de moléculas, causou algumas alterações neurofisiológicas em seu próprio cérebro e alterou sua relação espacial com o Polo Norte. Tudo isso ele fez sem intenção, e nenhuma delas é uma ação de sua autoria. Contudo, sinto-me inclinado a dizer que, ao desposar a mãe, embora o tenha feito sem intenção, foi, ainda assim, uma ação – uma ação não intencional. Qual é a diferença? Não conheço nenhum critério claro para distinguir, entre os aspectos das ações intencionais, aqueles sob os quais elas são intencionais e aqueles sob os quais o evento nem sequer é uma ação. Um possível critério aproximado, sugerido por Dascal e Gruengard[14], é que consideremos a ação não intencional sob aqueles aspectos que, embora não pretendidos, situam-se, por assim dizer, no campo das possibilidades de ações intencionais do agente sob nosso ponto de vista. Assim, casar-se com a mãe situa-se no campo da possibilidade de constituir uma ação intencional por parte de Édipo, mas mobilizar moléculas, não.

Atos mentais e abstenção. Até aqui discuti apenas casos em que a ação envolve um movimento corporal, mas creio não ser difícil estender a interpretação para as ações em que não há movimento corporal algum ou em que apenas um ato mental é realizado. Se, por exemplo, ordenam-me que fique parado e obedeço, o conteúdo relevante da minha intenção em ação será

> (que essa intenção em ação faça com que se verifique a não ocorrência de movimento corporal algum).

Portanto, a ausência de movimento corporal tanto pode ser parte das condições de satisfação de uma intenção em ação causalmente autorreferente quanto um movimento corporal. Considerações semelhantes aplicam-se às ações negativas. Se me ordenam que pare de fazer tanto barulho ou me abstenha de insultar Smith e obedeço, a intenção em ação deve causar a ausência de um fenômeno para ser satisfeita.

Os atos mentais são formalmente isomórficos aos casos dos atos físicos que estivemos considerando. A única diferença é que, em vez de um movimento corporal como condição de satisfação, temos um evento puramente mental. Se, por exemplo, pedem-me que forme uma imagem mental da Torre Eiffel e acedo, a porção relevante da intenção em ação será

> (que essa intenção em ação me leve a ter uma imagem mental da Torre Eiffel).

Intenções e precognição. Uma confusão comum é supor que, se alguém sabe que uma ação sua terá uma determinada consequência, esse alguém deva pretender tal consequência. Em minha exposição, contudo, é fácil ver por que isso é falso. Podemos ter conhecimento de que determinada coisa ocorrerá como resultado de nossa ação, mesmo que tal ocorrência não se inclua nas condições de satisfação da intenção. Se, por exemplo, um dentista tem conhecimento de que uma consequência de cavoucar o dente de um paciente será a dor, não se segue que ele pretenda essa consequência, o que é demonstrado pelo fato de que, se a dor não ocorre, não será preciso que diga "Fracassei", mas sim "Estava enganado". No meu jargão, isso equivale a dizer que as condições de satisfação de sua crença não foram satisfeitas e não as de sua intenção. Um engano correlato é supor a existência de uma relação íntima, talvez até uma identidade, entre intenção e responsabilidade. Mas consideramos as pessoas responsáveis por muitas coisas que elas não pretendem e não as julgamos responsáveis por muitas coisas que efetivamente pretendem. Um exemplo do primeiro caso é o do motorista que, por imprudência, atropela uma criança. Ele não pretendia fazer isso, mas é considerado responsável. E um exemplo do segundo caso é o do homem que é forçado a assinar um contrato sob a mira de uma arma. Ele pretendeu assinar o contrato, mas não é considerado responsável.

A redução das intenções a crenças e desejos. Podemos reduzir as intenções prévias a crenças e desejos? Duvido, e a razão tem a ver com a autorreferencialidade causal especial das intenções. Mas é elucidativo averiguar até onde conseguimos chegar. Se eu tiver a intenção prévia de realizar a ação *A*, devo acreditar ser possível realizar *A* e devo ter um desejo de realizar *A*. O desejo de realizar *A* pode ser "secundário" e não "primário", como quando, por exemplo, quero realizar *A* enquanto meio para um determinado fim e não "por si mesmo". Observe-se ainda que não é preciso que eu acredite que vou realmente conseguir realizar *A*, mas devo pelo menos acreditar ser possível que o consiga. Incidentalmente, essa condição explica por que alguém pode, coerentemente, ter desejos que sabe serem incoerentes, mas não pode, coerentemente, ter intenções que sabe serem incoerentes. Mesmo que eu saiba ser impossível estar nos dois lugares ao mesmo tempo, posso querer passar a quarta-feira toda em Sacramento e querer passar a quarta-feira toda em Berkeley. Mas não posso, coerentemente, pretender passar a quarta-feira toda em Sacramento e pretender passar a quarta-feira toda em Berkeley. Uma vez que as intenções, como os desejos, são fechados com respeito à conjunção, as duas intenções implicariam uma intenção que sei ser impossível de realizar.

Até aqui, portanto, temos

Int (farei *A*) → Cren ($\Diamond$ farei *A*) & Des (farei *A*)

A isso devemos acrescentar a característica autorreferente de que eu desejo que o estado em questão cause suas próprias condições de satisfação e que acredito que o estado funcionará causalmente no sentido de produzir suas próprias condições de satisfação. Tal como observei antes, não preciso acreditar que terei êxito em minha intenção, mas apenas que o êxito é possível. Portanto, o estado completo tem as seguintes implicações:

Int (farei *A*) →
Há um estado intencional *x* tal que *x* contém
Cren ($\Diamond$ farei *A*) &
Des (farei *A*) &
Cren (*x* funcionará causalmente no sentido da produção de: farei *A*) &
Des (*x* causará: farei *A*)

Ora, isso tudo somado forma uma intenção? Não creio. Para conceber um contraexemplo, precisaríamos apenas conceber um caso em que alguém satisfizesse todas essas condições, mas, ainda assim, não houvesse efetivamente formado a intenção de realizar *A*. Com efeito, o que a análise deste capítulo e do capítulo 2 sugere é que é um erro pensar na crença e no desejo como formas primárias da cognição e da volição. É errado porque ambos carecem da autorreferencialidade causal interna que liga a cognição e a volição a suas condições de satisfação. Biologicamente falando, as formas primárias da Intencionalidade são a percepção e a ação, pois estas, por seu próprio conteúdo, envolvem o organismo em relações causais diretas com o ambiente do qual depende a sua sobrevivência. A crença e o desejo são o que sobra quando se subtrai a autorreferencialidade causal dos conteúdos Intencionais dos estados Intencionais representacionais cognitivo e volitivo. Ora, uma vez subtraída essa característica, os estados resultantes são muito mais flexíveis. A crença, ao contrário da lembrança, pode referir-se a qualquer coisa e não apenas àquilo que poderia tê-la causado; o desejo, ao contrário da intenção, pode referir-se a qualquer coisa e não apenas àquilo que pode causar.

Por que estão as minhas intenções restritas a conteúdos proposicionais que fazem referência a outras ações minhas? Por que não posso, por exemplo, pretender que chova? A resposta a essas perguntas decorre imediatamente de nossa interpretação: devido à autorreferencialidade causal das intenções, só posso pretender o que minha intenção puder causar. Se eu pudesse causar a chuva como uma ação básica, tal como posso, por exemplo, causar que meu braço se erga, poderíamos dizer, por exemplo, "Pretendo chover", do mesmo modo que dizemos "Pretendo erguer o braço", e poderíamos dizer "Chovi", assim como dizemos "Ergui o braço".

Intenções e explicações da ação. Se as intenções realmente causam as ações do modo descrito, por que não podemos explicar normalmente uma ação declarando a sua intenção? Se me perguntam "Por que razão ele ergueu o braço?", soa estranho responder "Porque ele pretendeu erguer o braço". A razão pela qual isso soa estranho é que, ao identificar a ação como "erguer o braço", já a identificamos em termos de uma intenção em ação. Já revelamos um conhecimento implícito de que a causa pela qual o braço subiu foi o componente Intencional na ação de erguê-lo. Observe-se, porém, que não soa nem um pouco estranho especificar a intenção em ação como a causa do movimento: por que razão o braço dele se levantou? Ele o ergueu. Tampouco soa estranho especificar alguma *outra* intenção como causa da ação. Por que razão ele ergueu o braço? Ele estava votando / acenando em despedida / alcançando o livro / exercitando-se / tentando tocar o teto. É isso que as pessoas estão tentando dizer quando afirmam que muitas vezes podemos explicar uma ação redescrevendo-a. Porém, se a redescrevermos verdadeiramente, deverá haver, entre os fatos redescritos, alguns que foram deixados de fora em nossa primeira descrição e esses fatos são que a ação tem um componente Intencional que foi deixado de fora na primeira descrição e que causa o outro componente, ou seja, a intenção prévia do indivíduo de votar erguendo o braço causa sua intenção em ação de erguer o braço, que causa a elevação do braço. Lembremo-nos de que, nesta interpretação, todas as ações têm um componente Intencional e um componente objeto Intencional "físico" (ou de outro tipo). Sempre é possível explicar esse componente não Intencional pelo componente Intencional e este pode ser tão complexo quanto se desejar. Por que razão aquele homem está se remexendo daquela forma? Está afiando um machado. Mas dizer que ele está afiando um machado é dizer que sua ação tem pelo menos dois componentes, uma intenção em ação de afiar o machado e a série de movimentos que essa intenção causa. Mas não podemos responder à pergunta "Por que razão ele está afiando o machado?" através da identificação dessa intenção, pois já identificamos a intenção de afiar o machado quando fizemos a pergunta. Mas podemos dizer, por exemplo, "Porque está se preparando para cortar uma árvore".

Uma discussão mais detalhada da explicação do comportamento talvez seja tema para outro livro, mas já está implícita em minha interpretação a seguinte restrição à explicação do comportamento: na explicação Intencional das ações, o conteúdo proposicional da explicação deve ser idêntico ao conteúdo proposicional de um estado Intencional que funcione causalmente, via causação Intencional, na produção do comportamento. Tais estados que funcionam causalmente podem ser ou intenções ou estados antecedentes tais como desejos, crenças, esperanças, temores etc., que causam as intenções através da razão prática. Qualquer que seja o caso, porém, se a explicação de fato explica, o seu conteúdo proposicional deve ser idêntico ao conteúdo proposicional do estado Intencional que funciona via causação Intencional.

O que você está fazendo agora? O conteúdo da intenção em ação faz referência a si próprio. É por isso que faz perfeitamente sentido dizer, em resposta à pergunta "O que você está fazendo agora?", "Estou erguendo o braço", e não "Estou causando a subida de meu braço", embora esta última expressão articule o componente não autorreferente da intenção em ação. Mas a ação completa é uma intenção em ação mais um movimento corporal causado pela intenção em ação e que é o resto das condições de satisfação dessa intenção em ação. Desse modo, aquele que fala declara o conteúdo da intenção de maneira bastante precisa quando diz "Estou erguendo o braço"; ou, se quiser separar o conteúdo Intencional de sua satisfação, pode dizer "Estou tentando erguer o braço".

VII

Nesta seção, tentarei mostrar de que modo essa teoria da ação explica os paradoxos da seção II.

Em primeiro lugar, a razão pela qual há entre as ações e as intenções uma ligação mais íntima que entre, digamos, as crenças e os estados de coisas, é que as ações contêm intenções em ação como um de seus componentes. Uma ação é uma entidade composta da qual um dos componentes é uma intenção em ação. Se a entidade composta contiver também elementos que constituem as condições de satisfação do componente Intencional do modo descrito acima, o agente tem êxito na realização de uma ação intencional. Do contrário, ele tenta mas não consegue. Assim, em nosso exemplo fartamente utilizado: minha ação de erguer o braço tem dois componentes, a intenção em ação e o movimento do braço. Tire-se o primeiro e não se tem uma ação, mas apenas um movimento; tire-se o segundo e não se tem êxito, mas apenas um esforço frustrado. Não há ações, nem mesmo não intencionais, sem intenção, pois toda ação tem uma intenção em ação como um de seus componentes.

O sentido em que podemos dizer que uma ação intencional é causada por uma intenção ou simplesmente é a condição de satisfação de uma intenção pode agora ser expresso com mais precisão. Parte das condições de satisfação de uma intenção prévia é, de fato, a realização de uma ação, mas nem todas as ações são realizadas como resultado de intenções prévias. Tal como vimos, pode haver ações sem as correspondentes intenções prévias, como quando eu tiro o carro da vaga e atropelo uma pessoa sem qualquer intenção prévia de a atropelar. Mas não pode haver nenhuma ação, nem mesmo não intencional, sem intenções em ação. Portanto, as ações necessariamente contêm intenções em ação, mas não necessariamente são causadas por intenções prévias. Todavia, o conteúdo Intencional da intenção em ação não é que ela deva causar a ação, mas sim que deva causar o movimento (ou estado) do agente que é sua condição de satisfação; e os dois em conjunto, intenção em ação e movimento, constituem a ação. Assim, não foi de todo correto dizer que uma ação intencional é simplesmente a condição de satisfação de uma intenção; foi errado por duas razões: as ações não requerem intenções prévias e, embora requeiram efetivamente intenções em ação, a condição de satisfação da intenção em ação não é a ação, mas sim o movimento ou estado do agente tal como é causado pela intenção em ação. Repetindo, uma ação é qualquer evento ou estado composto que contenha a ocorrência de uma intenção em ação. Se essa intenção em ação causa o resto de suas condições de satisfação, o evento ou estado é uma ação intencional realizada com sucesso; do contrário, é malsucedida. Uma ação não intencional é uma ação não intencional, seja ela bem ou malsucedida, que tem em si aspectos não tencionados, ou seja, que não foram apresentados como condições de satisfação da intenção em ação. Contudo, muitas coisas que faço sem intenção, como espirrar, não são ações, pois, embora sejam coisas que causo, não contêm intenções em ação.

Em segundo lugar, temos agora uma explicação bem simples para os contraexemplos ao estilo de Chisholm à concepção de que as ações causadas por intenções são ações intencionais. No exemplo do tio, a intenção prévia causou a morte do tio, mas esta morte foi não intencional. Por quê? Em nossa análise, vimos que há três estágios: a intenção prévia, a intenção em ação e o movimento físico. A intenção prévia causa o movimento através do causar a intenção em ação, que causa e apresenta o movimento como sua condição de satisfação. No exemplo do tio, porém, esse estágio intermediário ficou à margem. Não tivemos a morte do tio como a condição de satisfação de nenhuma intenção em ação e é por isso que ele foi morto não intencionalmente.

Do ponto de vista formal, o exemplo de Davidson é idêntico ao de Chisholm: a razão pela qual o fato de o alpinista soltar a corda é não intencional, no caso apresentado, é que ele não teve nenhuma intenção em ação de soltar a corda. Não houve nenhum momento em que ele pudesse ter dito: "Estou agora soltando a corda", como meio de articular o conteúdo de sua intenção em ação, ou seja, como meio de explicitar as condições de satisfação de sua intenção, embora ele pudesse dizer precisamente isso como meio de descrever o que lhe estava acontecendo. Mesmo que, com base em sua crença e seu desejo, ele formasse um desejo secundário de soltar a corda e esse desejo o levasse a soltar a corda, ainda assim não seria uma ação intencional se ele não tivesse uma intenção em ação de soltar a corda. Em uma ação intencional, por outro lado, o modo padrão pelo qual funcionaria a sequência de estados Intencionais seria o seguinte:

INTENÇÃO E AÇÃO

Quero (livrar-me do peso e do perigo)
Acredito (que o melhor meio de me livrar do peso e do perigo é soltar a corda).

E, pela razão prática, isso leva a um desejo secundário

Quero (soltar a corda).

E isso leva, com ou sem uma intenção prévia, a uma intenção em ação: o alpinista diz a si mesmo, "Agora!", e o conteúdo de sua intenção em ação é

Estou agora soltando a corda.

Isto é,

Essa intenção em ação faz com que minha mão afrouxe sua pressão sobre a corda.

A estrutura inteira é ao mesmo tempo Intencional e causal; a sequência de estados Intencionais causa o movimento corporal. O exemplo de Bennett é genuinamente diverso dos outros dois, pois o pretenso assassino tem de fato uma intenção em ação de matar a vítima e tal efetivamente causa sua morte. Por que, então, relutamos todos em dizer que a condição de satisfação foi satisfeita? Creio que a razão é óbvia: presumimos que o assassino tinha uma intenção complexa que envolvia séries específicas de relações do tipo por-meio-de. Tencionava matar a vítima por meio de alvejá-la com uma arma etc., e tais condições de satisfação não foram satisfeitas. Em vez disso, a vítima foi morta pelo estouro não intencional de uma manada de porcos selvagens.

Consideram alguns que o problema em todos esses casos está relacionado à estranheza das sequências causais, mas a estranheza da sequência causal só importa se for parte do conteúdo Intencional da intenção em ação que essa sequência não seja estranha. Para verificarmos esse aspecto, podemos estabelecer a seguinte variante do exemplo acima: O assistente do assassino, sabendo de antemão tudo sobre os porcos selvagens, avisa ao assassino: "Atire naquela direção e assim o matará". O assassino segue as instruções, com a morte da vítima como consequência última; neste caso, a morte é intencional, embora tenhamos a mesma sequência causalmente bizarra que no exemplo original de Bennett.

Será possível encontrarmos contraexemplos semelhantes em que algo se interpõe entre a intenção em ação e o evento, de tal modo que, embora possamos dizer que a intenção em ação causou o evento, a ação não seja intencional? Uma classe de possíveis contraexemplos são os casos em que outra intenção em ação qualquer intervém para provocar o evento. Assim, suponhamos que, sem que eu o saiba, meu braço está aparelhado de tal modo que, sempre que eu tento levantá-lo, outra pessoa faz com que ele se erga; neste caso a ação não é minha, mesmo que eu tenha tido a intenção em ação de erguer o braço e, em um certo sentido, minha intenção o tenha levado a erguer-se. (O leitor reconhecerá nisso, essencialmente, a solução ocasionalista para o problema mente-corpo. Deus realiza todas as nossas ações por nós.)

Mas essa classe de contraexemplos possíveis é eliminada ao simplesmente conceber-se a relação entre a intenção em ação e sua condição de satisfação como um obstáculo à interferência de outros agentes ou outros estados Intencionais. E que esta é a maneira correta de se conceber as intenções em ação é ao menos indicado pelo fato de que, quando minhas intenções em ação fazem referência explícita às intenções de outros agentes, em geral as ações tornam-se ações desses outros agentes. Assim, suponhamos que eu saiba que meu braço está aparelhado e que eu queira que ele se erga. Neste caso, minha intenção em ação *é fazer com que o outro agente o erga* e não *erguê-lo*. Minha ação é fazer com que ele o erga, a ação *dele* é erguê-lo.

Todavia, enquanto não houver Intencionalidade alguma a intervir e enquanto seu funcionamento for regular e confiável, não importa o quão estranho seja o aparato físico. Mesmo que, sem que eu saiba, o meu braço esteja ligado a uma profusão de fios que passam por Moscou e retornam via San Diego e quando tento erguer o braço isso ative todo esse aparato de modo a que o braço se erga, ainda assim eu ergo o braço. E, com efeito, em alguns tipos de ação complexa, chegamos a conceder que se possa realizar uma ação fazendo com que outros a realizem. Desse modo, dizemos, "Luís XIV construiu Versalhes", mesmo que a construção de fato não tenha sido realizada por ele.

Os contraexemplos que discutimos até aqui, portanto, são facilmente explicáveis por uma teoria da Intencionalidade da intenção e da ação, e especialmente por um estudo das intenções em ação. Entretanto, o presente estudo ainda está incompleto, pois há uma classe de possíveis contraexemplos que ainda não foi discutida, casos em que a intenção prévia causa uma outra coisa que causa a intenção em ação. Suponhamos, por exemplo, que a intenção de Bill de matar o tio lhe cause uma dor de estômago e que essa dor de estômago o deixe tão irado que ele se esqueça de sua intenção original, mas, em sua ira, ele mata o primeiro homem que vê, o qual reconhece como o tio. A eliminação desses contraexemplos, juntamente com mais alguns contraexemplos acerca da Intencionalidade das experiências perceptivas, terá de esperar até que possamos apresentar um estudo da causação Intencional no capítulo 4.

CAPÍTULO 4
CAUSAÇÃO INTENCIONAL

I

Há na filosofia da mente uma incômoda relação entre Intencionalidade e causalidade. A causalidade é geralmente considerada uma relação natural entre eventos no mundo; a Intencionalidade é considerada de diversos modos, mas, em geral, não como um fenômeno natural a integrar a ordem natural tanto quanto qualquer outro fenômeno biológico. A Intencionalidade é muitas vezes considerada algo transcendente, algo situado acima ou além, mas apartado do mundo natural. O que dizer, então, da relação entre Intencionalidade e causalidade? Podem os estados Intencionais agir causalmente? E onde reside sua causa? Tenho diversos objetivos neste capítulo, mas um dos principais é dar um passo no sentido de Intencionalizar a causalidade e, portanto, no sentido de naturalizar a Intencionalidade. Começarei esse empreendimento por examinar algumas das raízes da moderna ideologia da causação.

No exemplo filosófico adotado à exaustão (e a recorrência desses mesmos exemplos na filosofia deveria despertar nossas suspeitas), a bola de bilhar *A* cumpre seu inevitável trajeto através do pano verde até colidir com a bola *B*, ponto em que *B* começa a mover-se e *A* imobiliza-se. Essa pequena cena, recontada vezes infindas, é o paradigma da causalidade: o evento de *A* colidindo com *B* causou o evento de *B* entrar em movimento. E, segundo a visão tradicional, quando testemunhamos essa cena não vemos realmente, nem observamos de forma alguma, quaisquer conexões causais entre o primeiro e o segundo evento. O que de fato observamos é um evento seguido de outro. Podemos, contudo, observar a repetição de pares semelhantes de eventos e essa repetição constante autoriza-nos a dizer que os dois membros dos pares estão causalmente relacionados, mesmo que não possamos observar relação causal alguma.

Há uma teoria metafísica profundamente arraigada nessa breve interpretação e, embora as teorias de causação variem muito de um filósofo para outro, certas propriedades formais desfrutam tão ampla aceitação enquanto características da relação causal que constituem o núcleo da teoria; seus princípios básicos merecem um enunciado à parte.

1. O nexo causal em si não é observável. É possível observar regularidades causais; ou seja, é possível observar certos tipos de sequências regulares em que eventos de um certo tipo são seguidos de eventos de outro tipo; no entanto, além das regularidades, não se pode observar uma relação de causação entre eventos. Não posso ver literalmente que um evento causou outro do mesmo modo que posso ver literalmente que o gato está no capacho, ou que um evento se seguiu a outro. No exemplo da bola de bilhar, vejo eventos que estão de fato causal-

mente relacionados, mas não percebo relação causal alguma além da regularidade.

2. Sempre que há um par de eventos relacionados como causa e efeito, esse par deve exemplificar alguma regularidade universal. Para cada caso individual em que um evento causa outro, deve haver alguma descrição do primeiro evento e alguma descrição do segundo tais que haja uma lei causal que correlacione os eventos que se enquadram na primeira descrição com os que se enquadram na segunda.

A ideia de que toda relação causal particular exemplifica uma regularidade universal é, acredito, o cerne da moderna teoria da regularidade da causação. Ao enunciá-la, é importante distinguir entre suas versões metafísica e linguística. Na versão metafísica, toda relação causal particular é, de fato, exemplo de uma regularidade universal. Na versão linguística, faz parte do *conceito* de causação que cada enunciado causal singular implique a existência de uma *lei*[1] causal que relacione os eventos dos dois tipos em uma descrição ou outra. A alegação linguística é mais forte que a metafísica, no sentido de que implica a alegação metafísica, mas não é implicada por ela.

As versões contemporâneas da tese da regularidade não afirmam que um enunciado causal singular implica alguma lei *particular*, mas simplesmente *que há uma lei*. E, naturalmente, a lei não precisa ser enunciada nos mesmos termos em que o enunciado foi expresso. Assim, por exemplo, o enunciado "O que Sally fez causou o fenômeno visto por John", pode ser verdadeiro mesmo que não haja nenhuma lei causal relativa ao que Sally faz e ao que John vê nessas descrições. Desse modo, suponhamos que Sally tenha acendido o fogo debaixo da chaleira cheia d'água e que John tenha visto a água fervendo. O enunciado causal original pode ser verdadeiro e pode exemplificar uma lei, ou leis, causal(is) mesmo que essa lei seja enunciada em termos da energia cinética das moléculas de água na atmosfera e não em termos dos feitos de Sally e das percepções visuais de John[2].

Além disso, algumas versões dessa teoria da regularidade da causação exigem que as leis causais justifiquem as alegações contrafatuais que normalmente consideramos associadas aos enunciados causais. A alegação de que, em uma instância particular, se a causa não houvesse ocorrido não teria ocorrido o efeito, desde que as demais circunstâncias permanecessem as mesmas, precisa ser justificada por uma correlação universal entre eventos do primeiro tipo e eventos do segundo tipo, em uma ou outra descrição.

3. As regularidades causais são distintas das lógicas. Há muitas regularidades que nem sequer são possíveis candidatas a regularidades causais porque os fenômenos em questão encontram-se logicamente relacionados. Assim, por exemplo, ser um triângulo está sempre associado a possuir três lados, mas o fato de alguma coisa ser um triângulo nunca poderia ser a causa dessa coisa ter três lados, dado que essa correlação ocorre por necessidade lógica. Os aspectos sob os quais um evento causa outro evento devem ser logicamente independentes. Mais uma vez, essa tese metafísica tem um correlato linguístico no modo formal. A lei causal deve enunciar regularidades em descrições logicamente independentes e, portanto, deve enunciar uma verdade contingente[3].

A presente abordagem da causação está sujeita a muitas objeções, algumas notórias. Apresento a seguir várias delas. Em primeiro lugar, tal abordagem é uma afronta à nossa convicção, baseada no senso comum, de que percebemos efetivamente as relações causais o tempo todo. A experiência de perceber um evento em seguida a outro evento é, na verdade, bem diferente da experiência de perceber o segundo evento enquanto causado pelo primeiro, e as investigações de Michotte[4] e Piaget[5] parecem sustentar nossa concepção baseada no senso comum. Em segundo lugar, é difícil perceber de que modo esta abordagem pode diferenciar as regularidades causais de outros tipos de regularidades contingentes. Por que, para usar um exemplo famoso, não dizemos que a noite causa o dia? Em terceiro lugar, é difícil ajustar esta interpretação ao fato aparente de que, ao realizarmos ações humanas, parecemos ter consciência de estarmos afetando causalmente o nosso ambiente. Alguns filósofos de tal modo se deixaram impressionar pelas peculiaridades da ação humana que postularam um tipo especial de causação, próprio aos agentes. Segundo eles, há, na verdade, dois tipos de causação, um para os agentes e outro para o resto do universo; portanto, distinguem entre a causação "de agente" e a causação "de evento", ou causação "imanente" e "transitiva"[6]. Em quarto lugar, esta abordagem é ambígua acerca daquela que deve ser a questão crucial: estarão as causas de fato presentes no mundo externo ou não? Haverá quem queira responder que naturalmente sim, da mesma forma que as ocorrências de eventos podem realmente ser relacionadas umas às outras no espaço e no tempo de maneira a poderem ser relacionadas como causa e efeito, além de estarem relacionadas pela coocorrência regular de outras ocorrências dos tipos que exemplificam. Mas não é fácil perceber de que modo podem existir essas relações além das regularidades na teoria tradicional. Hume, que mais ou menos inventou essa teoria, teve a coerência de perceber que não era possível aceitá-la e continuar sendo um realista acerca da causação. Além da prioridade, contiguidade e conjunção constante, a causação não dispõe de mais nada no mundo real, a não ser de uma ilusão da mente. Kant achava que a questão nem sequer fazia sentido, uma vez que os princípios causais formam categorias necessárias do entendimento, sem as quais a experiência e o conhecimento do mundo seriam de todo impossíveis. Muitos filósofos pensaram que poderíamos alcançar a noção de causação observando as ações humanas, mas mesmo com estas há ainda um problema sério acerca de como podemos generalizar em seguida essa noção de modo a abranger coisas que não ações humanas e como podemos conceber a causação como uma relação real no mundo, independente de nossas ações. Von Wright, por exemplo, que acha que obtemos a ideia de necessidade causal "a partir de observações que empreendemos ao interferir ou nos abster de interferir na natureza", enfrenta o problema da seguinte maneira:

> Pode-se dizer que tanto na visão de Hume como na que é adotada aqui, a necessidade causal não pode ser encontrada "na natureza". A natureza oferece apenas sequências regulares.[7]

Prossegue afirmando que isso não torna nossa conversa sobre a causação puramente subjetiva, pois há, de fato, certas características da natureza que correspondem à nossa conversa causal, a saber, a recorrência regular de discretas exemplificações de estados de coisas genéricos, mas a interpretação de Von Wright, como a de Hume, acaba negando a visão baseada no senso comum de que as relações causais estão realmente "lá fora" na natureza, além das regularidades.

Em quinto lugar, o presente estudo não distingue entre os *causadores*, em que, por exemplo, um evento causa outro evento ou mudança, e outros tipos de *relações causais*, que podem existir entre os estados de coisas permanentes e as características de objetos. A bola de bilhar *A* a colidir com a bola *B* e causando, assim, seu movimento é um exemplo de um *causador*. Mas nem todas as relações causais são causadoras. Por exemplo, se as bolas permanecem imóveis na mesa de bilhar, o tempo todo estão sujeitas a forças causais, por exemplo a gravidade. Todos os enunciados envolvendo causadores são enunciados de relações causais, mas nem todos os enunciados de relações causais são enunciados envolvendo causadores. "O evento *x* causou o evento *y*" é uma forma característica de enunciado envolvendo um causador, mas de modo algum é a única forma de enunciar de uma relação causal. "A bola de bilhar é gravitacionalmente atraída para o centro da terra" enuncia uma relação causal, mas não é uma relação entre eventos e o enunciado não descreve nenhum causador. Creio que é por confundirem as relações causais com os causadores que os adeptos da visão tradicional são inclinados a tratar as relações causais como válidas apenas entre eventos, mas elas existem entre coisas que não eventos, como bolas de bilhar e planetas.

Além disso, embora seja comum distinguir entre os enunciados na forma "*x* causou *y*", que são *explicações causais*, e os demais, tanto quanto eu saiba não tem sido adequadamente enfatizado que o poder explicativo de um enunciado na forma *x* causou *y* depende da medida em que as especificações de *x* e *y* descrevem-nos sob *aspectos causalmente relevantes*. Em nosso exemplo anterior, a ação de Sally causou o fenômeno visto por John, mas que a ação fosse empreendida por Sally e vista por John não são aspectos sob os quais os dois eventos estão causalmente relacionados. Alguns dos aspectos causalmente relevantes, nesse caso, são que a água foi aquecida e que ferveu. Há pouco poder explicativo em dizer que a ação de Sally causou o fenômeno visto por John, pois que a ação fosse empreendida por Sally não é um aspecto causal responsável pelo evento a ser explicado, e ser visto por John não é um aspecto do evento sob o qual ele é explicado pelos aspectos causais do evento que o causou.

Desde o artigo de Føllesdal[8] sobre o tema, tem sido amplamente aceito o fato de que certas formas de enunciado causal são intensionais. Por exemplo, enquanto os enunciados na forma "x causou y" são extensionais, aquelas na forma "x causalmente explica y" são intensionais. Creio que a explicação para esse fato linguístico é que apenas certas características dos eventos são aspectos causalmente relevantes; portanto, como o enunciado reivindica um poder explicativo, a verdade não é preservada mediante a substituição por outras expressões que não especificam x e y sob aspectos causalmente relevantes. Por exemplo, se o fato de Jones ter comido peixe envenenado explica causalmente a sua morte e o evento de Jones ter comido peixe envenenado é idêntico ao evento de Jones ter comido truta ao molho bearnês pela primeira vez na vida, não se segue que o fato de haver ele comido truta ao molho bearnês pela primeira vez na vida explica causalmente sua morte. A noção de um aspecto causalmente relevante e sua relação com a explicação causal são cruciais para a argumentação do restante deste capítulo.

II

Quero agora chamar a atenção para o fato de que há certos tipos de *explicações* causais muito comuns relacionadas a estados, experiências e ações humanas que não se adaptam muito comodamente à interpretação ortodoxa da causação. Por exemplo, suponhamos que eu esteja com sede e tome um gole d'água. Se alguém me perguntar por que tomei um gole d'água, conheço a resposta sem nenhuma outra observação: estava com sede. Além disso, nesse tipo de caso, parece-me conhecer a verdade do contrafatual sem nenhuma observação adicional e nenhum apelo a leis gerais. Sei que se eu não estivesse com sede exatamente naquele momento e lugar não teria tomado aquele gole d'água específico. Ora, quando alego conhecer a verdade de uma explicação causal e de um contrafatual causal desse tipo, será porque sei existir uma lei universal que correlaciona os "eventos" do primeiro tipo, eu estar com sede, com os do segundo tipo, eu beber, em uma ou outra descrição? E quando disse que o fato de eu estar com sede causou meu ato de beber água, estará a existência de uma lei universal incluída no sentido de minhas palavras? Estarei *comprometido* com a existência de uma lei em virtude do próprio significado das palavras emitidas? Parte de minha dificuldade para dar respostas afirmativas a essas perguntas reside em eu ter muito mais confiança na verdade de meu enunciado causal original e no correspondente contrafatual causal do que tenho na existência de quaisquer regularidades universais que cobririam o caso. Parece-me bem pouco provável haver quaisquer leis pertinentes puramente psicológicas: suponhamos que todos os fatores psicológicos fossem repetidos exatamente (o que quer que isso queira dizer); suponhamos que eu tenha o mesmo grau de sede, que a água tenha o mesmo grau de disponibilidade conhecida etc. Será que minha alegação original me compromete com a posição de que, em uma situação exatamente semelhante, eu agiria do mesmo modo? Duvido. Na segunda vez eu poderia ou não tomar um gole d'água. Cabe a mim decidir. Talvez haja leis físicas no nível neurofisiológico ou até no molecular que descreveriam o caso, mas seguramente não tenho por certo que tais leis existam, muito menos que leis poderiam ser essas; e, ao fazer minha alegação causal original, não me comprometo com a perspectiva de que tais leis existam. Como filho da era moderna, acredito na existência de toda sorte de leis físicas, conhecidas e desconhecidas, mas não foi isso que eu quis dizer, nem parte do que eu quis dizer, quando disse que tomei um gole d'água porque estava com sede. Bem, e o que foi que eu quis dizer?

Consideremos alguns outros exemplos. Nos casos das percepções e das ações, há dois tipos de relações causais entre os estados Intencionais e seus objetos Intencionais. No caso da percepção, minha experiência visual é tipicamente causada pelo encontro com algum objeto no mundo e, por exemplo, se alguém me perguntasse "O que o levou a ter a experiência visual da flor?", a resposta natural seria com certeza "Eu vi a flor". E, no caso da ação, meu estado Intencional causa um movimento do meu corpo, de modo que, se alguém me perguntasse "O que levou seu braço a erguer-se?", a resposta natural seria "Eu o ergui". E observe-se que essas duas explicações causais bastante comuns parecem compartilhar as mesmas características desconcertantes do exemplo de beber água, se tentarmos assimilá-las à teoria oficial. Conheço, sem nenhuma outra observação, a resposta às perguntas "O que levou seu braço a mover-se e o que o levou a ter a experiência visual da flor?", e conheço, sem nenhuma outra observação, a verdade dos contrafatuais correspondentes; além disso, a verdade do enunciado causal e dos contrafatuais não parece depender da existência de leis universais abrangentes. E, embora eu de fato acredite na provável existência de leis universais da percepção e da ação intencional, de modo algum é óbvio que, ao fazer essas alegações causais isoladas, eu esteja comprometido com a existência de tais leis universais, que faz parte do significado das próprias alegações a existência de tais leis.

Um caso ligeiramente mais complexo pode ser o do tipo a seguir. Estou caminhando quando, de repente, um homem vindo no sentido contrário esbarra em mim sem querer, empurrando-me para a sarjeta. Ora, mais uma vez, excluindo as alucinações e coisas do gênero, sem nenhuma outra observação, a resposta à pergunta "O que o levou a cair na sarjeta?" seria "O homem chocou-se contra mim e empurrou-me para a sarjeta". Nesse caso, quer-se dizer, "Sei tudo isso porque me senti sendo empurrado para a sarjeta e vi o homem fazendo-me isso".

Os quatro casos acima envolvem a Intencionalidade sob uma ou outra forma e todas as explicações em questão parecem partir da teoria tradicional acerca do que presumivelmente é a explicação causal. Chamemos esses casos – e outros do gênero – casos de *causação Intencional* e examinemos de que modo, exatamente, a forma da explicação na causação Intencional difere daquela prescrita pela teoria tradicional da regularidade da causação.

Em primeiro lugar, conheço, em cada caso, tanto a resposta para a pergunta causal como a verdade do contrafatual correspondente sem nenhuma observação adicional além da experiência do evento em questão. Quando afirmo conhecer a resposta à pergunta causal sem nenhuma outra observação, não quero dizer que tais alegações de conhecimento sejam incorrigíveis. Eu poderia estar tendo uma alucinação quando disse que essa experiência visual foi causada pela visão de uma flor, mas a justificação da alegação original não depende de outras observações.

Em segundo lugar, essas alegações causais não me comprometem com a existência de nenhuma lei causal pertinente. Eu poderia adicionalmente – e, aliás, isso de fato acontece – acreditar na provável existência de leis causais correspondentes a esses quatro tipos de eventos, mas não era esse o *significado* de minhas palavras em cada caso, ao responder à pergunta causal. A alegação de que há leis causais correspondentes a esses eventos não é uma consequência lógica desses enunciados causais isolados. E o argumento em favor dessa independência é que é logicamente consistente insistir na verdade dessas explicações causais e todavia negar uma crença nas leis causais correspondentes. Sei, por exemplo, o que me levou a tomar o gole d'água: estava com sede; mas, ao dizer isso, não estou *comprometido* com a existência de nenhuma lei causal, mesmo que eu *de fato* acredite na existência de tais leis. Além disso, meu conhecimento da verdade dos contrafatuais, em cada caso, não deriva de meu conhecimento de nenhuma lei correspondente ou mesmo de meu conhecimento da existência de tais leis.

Se pensarmos nisso um pouco, parece que a visão tradicional, pelo menos em sua versão linguística, faz uma alegação extraordinariamente enfática e infundada, a saber, que qualquer enunciado do tipo

> Minha sede levou-me a beber

implica um enunciado na forma

> Há uma lei L tal que há uma descrição φ de minha sede e uma descrição ψ de meu ato de beber e L afirma a existência de uma correlação universal entre eventos do tipo φ e eventos do tipo ψ.

Com certeza, tal não é intuitivamente plausível e, então, qual será o suposto argumento em favor do enunciado? O único que jamais vi é o argumento humeano, segundo o qual, dado que a causação não tem nada além da regularidade, para cada enunciado causal verdadeiro deve haver uma regularidade. Se negarmos o realismo causal, a nada poderão se referir os enunciados causais exceto a regularidades. Se somos realistas causais, porém, se acreditamos, como eu, que o termo "causa" designa uma relação real no mundo real, o enunciado de que essa relação existe em uma instância particular não implica, em si mesmo, uma correlação universal de instâncias semelhantes.

Em terceiro lugar, em cada caso parece haver uma conexão lógica ou interna entre causa e efeito. E não me refiro apenas à existência de uma relação lógica entre a *descrição* da causa e a *descrição* do efeito (embora isso também fosse verdadeiro em nossos exemplos), mas sim a que a própria causa, independentemente de qualquer descrição, está logicamente relacionada ao próprio efeito, independentemente de qualquer descrição. Como é possível tal coisa? Em cada caso, a causa era ou uma apresentação ou uma representação do efeito, ou o efeito era uma apresentação ou representação da causa. Vejamos os exemplos: a sede, independentemente de como é descrita, contém um desejo de beber e tal desejo tem, como condições de satisfação, que se beba; uma intenção em ação de erguer o braço, independentemente de como é descrita, tem como parte de suas condições de satisfação que o braço se levante; a experiência visual de uma flor, independentemente de como é descrita, tem como condições de satisfação a presença de uma flor; experiências táteis e visuais de ser empurrado por um homem, independentemente de como são descritas, têm como parte de suas condições de satisfação o ser empurrado por um homem. A razão pela qual há uma relação lógica ou interna entre a descrição da causa e a descrição do efeito nos nossos exemplos é que em cada caso há uma relação lógica ou interna entre as próprias causas e efeitos, uma vez que em cada caso há um conteúdo Intencional causalmente relacionado com suas condições de satisfação. A especificação de causa e efeito sob esses aspectos causalmente relevantes, que envolvem a Intencionalidade e as condições de satisfação dessa Intencionalidade, nos oferecerá descrições logicamente relacionadas de causa e efeito precisamente porque as próprias causas e efeitos estão logicamente relacionados; não logicamente relacionados por vinculação, mas sim por conteúdo Intencional e por condições de satisfação. Acredito que supormos que os eventos só podem estar logicamente relacionados em uma descrição revela uma confusão fundamental, pois os próprios eventos podem ter conteúdos intencionais que os relacionem logicamente, independentemente de como são descritos.

Qual a noção de causação segundo a qual essas formas um tanto comuns de explicação são até mesmo possíveis? Como essas formas não parecem cumprir os requisitos humeanos clássicos quanto àquilo que se supõe ser a forma de uma explicação causal, devemos responder à pergunta sobre como tais formas de explicação são até mesmo possíveis. A estrutura formal do fenômeno da causação Intencional para os casos simples de percepção e de ação é a seguinte: há, em cada caso, um estado ou evento Intencional autorreferente e a forma da autorreferência (no caso da ação) é que seja parte do conteúdo do estado ou evento Intencional que suas condições de satisfação (no sentido de requisito) requeiram que cause o restante de suas condições de satisfação (no sentido de coisa requerida), ou (no caso da percepção) que o restante de suas condições de satisfação cause o próprio estado ou evento. Se ergo o braço, minha intenção em ação tem como suas condições de satisfação que essa própria intenção deva causar a elevação de meu braço; e, se vejo que há uma flor presente, o fato de haver uma flor presente deve causar exatamente aquela experiência visual cujas condições de satisfação são que haja uma flor presente. Em cada caso, causa e efeito estão relacionados enquanto apresentação Intencional e condições de satisfação. A direção do ajuste e a direção da causação são assimétricas. Ali onde a direção de causação é mundo-mente, como no caso da percepção, a direção do ajuste é mente-mundo; e ali onde a direção de causação é mente-mundo, como no caso da ação, a direção do ajuste é mundo-mente. Tal como vimos no capítulo 3, observações análogas se aplicam aos casos representacionais de autorreferência causal nas intenções prévias e nas lembranças de eventos. Contudo, nem todos os casos de causação Intencional envolvem conteúdos Intencionais autorreferentes: por exemplo, um desejo de realizar uma ação pode causar uma ação, mesmo que não faça parte do conteúdo Intencional do desejo que este deva causar a ação. Em cada caso de causação Intencional, porém, ao menos um termo é um estado ou evento Intencional e tal estado ou evento causa ou é causado por suas condições de satisfação.

Mais precisamente, se x causa y, x e y estão em uma relação de causação Intencional se

1. Ou (a) x é um estado ou evento Intencional e y é as condições de satisfação de x (ou faz parte delas)
2. ou (b) y é um estado ou evento Intencional e x é as condições de satisfação de y (ou faz parte delas)
3. se (a), o conteúdo Intencional de x é um aspecto causalmente pertinente sob o qual ele causa y
   se (b), o conteúdo Intencional de y é um aspecto causalmente relevante sob o qual ele é causado por x.

Em virtude do funcionamento do conteúdo Intencional como um aspecto causalmente pertinente, os enunciados de causação Intencional serão, em geral, intensionais.

A definição acima ainda nos deixa a noção de causa como um conceito inexplicado. Qual o suposto significado de "causa" quando digo que na causação Intencional um estado Intencional causa suas condições de satisfação ou que estas causam o estado? A noção básica de causação, aquela que ocorre nos enunciados de causadores e da qual dependem todos os demais usos do termo "causa", é a noção de fazer alguma coisa acontecer: no sentido mais rudimentar, quando C causa E, C determina a ocorrência de E. Ora, a peculiaridade da causação Intencional é que experimentamos diretamente essa relação em muitos casos em que determinamos a ocorrência de algo ou que outra coisa determina que algo nos ocorra. Quando, por exemplo, ergo o braço, parte do conteúdo da minha experiência é que seja esta que determine a subida de meu braço; e, quando vejo uma flor, parte do conteúdo da experiência é que esta seja causada pelo fato de haver uma flor presente. Nesses casos, experimentamos diretamente a relação causal, a relação de uma coisa a determinar a ocorrência de outra. Não preciso de uma lei de cobertura para dizer-me que, quando ergo o braço, causei a elevação de meu braço, pois quando ergui o braço experimentei diretamente o causador: não *observei* dois eventos, a experiência de agir e o movimento do braço, mas, ao contrário, parte do conteúdo Intencional da experiência de agir foi que esta própria experiência estava determinando a elevação de meu braço. Assim como posso experienciar diretamente um objeto vermelho ao vê-lo, posso experienciar diretamente a relação de uma coisa determinando a ocorrência de outra, seja por determinar a ocorrência de alguma coisa, como no caso da ação, seja por alguma coisa determinar a ocorrência de alguma coisa a mim, como no caso da percepção.

Poderíamos estabelecer uma diferença entre a teoria tradicional e a que estou a defender dizendo que, segundo a teoria tradicional, nunca se tem uma experiência de causação e, segundo a minha teoria, não apenas se verificam com frequência experiências de causação, como, inclusive, toda experiência de percepção ou ação é precisamente uma experiência de causação. Ora, esse enunciado seria enganador se sugerisse que a causação é o objeto Intencional dessas experiências; antes, a ideia subjacente a essa maneira de apresentar a questão é que sempre que percebemos o mundo ou agimos sobre ele temos estados Intencionais autorreferentes do tipo que descrevi, e a relação de causação é parte do *conteúdo*, não do objeto, dessas experiências. Se a relação de causação é uma relação de determinar a ocorrência de alguma coisa, trata-se de uma relação que todos experimentamos sempre que percebemos ou agimos, ou seja, mais ou menos o tempo todo[9].

Em minha interpretação, os humeanos estavam olhando para a direção errada. Buscavam a causação (força, poder, eficácia etc.) enquanto objeto da experiência perceptiva e não conseguiram encontrá-la. Minha sugestão é que ela estava presente o tempo todo como parte do conteúdo das experiências perceptivas e das experiências de ação. Quando vejo um objeto vermelho ou ergo o braço, não vejo causação nem ergo causação, mas simplesmente vejo a flor e ergo o braço. Nem a flor nem o movimento fazem parte do *conteúdo* da experiência; antes, cada qual é um *objeto* da experiência pertinente. Em cada caso, porém, a causação é parte do conteúdo da experiência daquele objeto.

Creio que essa concepção ficará mais clara se eu a comparar à concepção de diversos filósofos, de Reid a

Von Wright, de que a noção de causação deriva das observações que fazemos de nós mesmos ao realizarmos ações intencionais. Minha concepção difere desta em pelo menos três aspectos. Primeiro, não é na *observação*, mas na *realização* das ações que tomamos consciência da causação, pois parte do conteúdo Intencional da experiência de agir, quando realizo ações intencionais, é que essa experiência causa o movimento corporal. Observe-se que não estou apenas argumentando aqui que o conceito de causação participa da descrição da ação, mas sim que parte do fenômeno real da ação é a experiência de causação. Nesses casos não há problema algum referente ao modo como passamos da experiência à causação, a própria experiência é o causador; quando bem-sucedida, causa aquilo a que está direcionada. E isso não equivale a dizer que a experiência é infalível; eu poderia ter a experiência e imaginar ser ela a causa da elevação de meu braço e mesmo assim estar enganado – questão a que retornarei em breve.

Em segundo lugar, em minha abordagem somos tanto diretamente conscientes da causação na percepção quanto na ação. Não há nada de privilegiado na ação no que diz respeito à experiência de causação. Na ação, nossas experiências causam movimentos corporais e outros eventos físicos; na percepção, eventos e estados físicos causam nossas experiências. Em cada caso, contudo, estamos diretamente conscientes do nexo causal, pois, em cada caso, parte do conteúdo da experiência é tratar-se esta da experiência de alguma coisa a causar ou sendo causada.

A pergunta de Hume era como pode o conteúdo de nossas experiências indicar que estamos diante de uma relação de causa e efeito, e sua resposta era a de que não pode. Mas se parte de uma experiência é que ela própria causa algo ou é causada por algo não pode haver dúvidas quanto a como uma experiência nos pode dar uma consciência da causação, dado que tal consciência já faz parte da experiência. O nexo causal é interno à experiência e não objeto desta.

Em terceiro lugar, minha posição difere daquelas de Reid e de Von Wright no sentido em que estas não nos revelam exatamente de que modo a observação da ação faculta-nos o conhecimento da causação; e, na verdade, é difícil perceber como o poderiam, pois, se as ações em questão forem eventos e se eu obtiver o conhecimento da causação através da observação a esses eventos, parece que todos os argumentos humeanos contra a possibilidade de uma experiência de vínculo necessário seriam válidos, pois tudo o que eu poderia observar seriam dois eventos: a minha ação e o que quer que a precedesse ou seguisse. Em minha abordagem, não se observa um "vínculo necessário" entre eventos; antes, um evento, por exemplo minha experiência de agir, é uma apresentação Intencional causal do outro evento, por exemplo o movimento de meu braço; os dois juntos formam o evento composto, minha ação de erguer o braço.

Em pelo menos uma interpretação dos princípios da teoria tradicional com que dei início a este capítulo, desafiei esses três princípios. Pois, no caso da causação Intencional:

1. Tanto na percepção como na ação experimenta-se a relação causal. Ela não é inferida da regularidade.

2. Não é o caso de que cada enunciado causal isolado acarreta a existência de uma lei causal universal correspondente. Por exemplo, o enunciado de que minha sede causou o meu beber não implica que haja uma lei universal que relacione eventos dos tipos pertinentes em alguma descrição. Além disso, sabe-se amiúde que um enunciado causal isolado é verdadeiro sem que se saiba

da existência de lei correspondente alguma. E, finalmente, conhece-se com frequência a verdade de um contrafatual correspondente sem que esse conhecimento se baseie em nenhuma lei assim.

3. Há uma relação lógica de certo tipo (muito mais tênue que a relação de vinculação entre enunciados) entre causa e efeito nos casos de causação Intencional, porque, por exemplo, no caso da intenção prévia e da intenção em ação, a causa contém uma representação ou apresentação do efeito em suas condições de satisfação e, na percepção e na lembrança, o efeito contém uma representação ou apresentação da causa em suas condições de satisfação. Em todo caso de causação Intencional, onde o conteúdo Intencional é satisfeito, há uma relação interna entre causa e efeito sob aspectos causalmente relevantes. E, repetindo, não estou afirmando simplesmente que a *descrição* da causa está internamente relacionada à descrição do efeito, mas sim que as próprias causas e efeitos estão internamente relacionados desse modo, uma vez que um é representação ou apresentação do outro.

III

Mesmo presumindo que eu esteja correto até este ponto, há diversas perguntas e objeções sérias acerca do que expus acima. Antes de mais nada, de que modo, em minha abordagem, podemos jamais estar justificados ao supor que outras entidades além das nossas experiências podem ser causas e efeitos? Em segundo lugar, não teria minha abordagem o resultado absurdo de que a experiência de causação do agente é de certo modo autocomprobatória? Por último, qual o papel da regularidade em minha abordagem? Afinal de contas, em um certo sentido que até agora não expliquei, parece que a regularidade deve constituir uma parte essencial de nossa noção de causação. Apresentarei, a seguir, as duas primeiras dessas objeções e tentarei responder a elas; discutirei a terceira na próxima seção.

Primeira objeção: Admitamos, para os fins da discussão, que podemos tomar consciência das relações causais como parte dos conteúdos de nossas experiências; isso continuaria proporcionando-nos o conhecimento das relações causais apenas onde um dos termos é uma experiência, mas a maioria dos casos interessantes de causação são casos em que nenhum dos termos é uma experiência. E como se dá que minha abordagem chegue a admitir a simples possibilidade do conhecimento desse tipo de relação ou mesmo de sua existência? Como, por exemplo, é possível saber, em minha abordagem, que o evento da bola de bilhar *A* colidindo com a bola de bilhar *B* causou o evento da bola *B* mover-se? Como é possível, em minha abordagem, que haja nessa relação qualquer coisa além da recorrência regular de instâncias assemelhadas? Falando cruamente, será que eu ainda não deixei a causação como uma propriedade de sensações da mente e não como uma característica do mundo real, externo à mente?

Trata-se, aparentemente, de uma forte objeção e meu estudo deve agora estender-se, de modo a fazer frente a ela. Antes disso, porém, quero esclarecer algo. Falarei frequentemente, no que se segue, em termos ontogenéticos, mas o que se segue não se pretende uma hipótese empírica sobre como são adquiridos os conceitos causais. Considero provável que sejam adquiridos desse modo, mas é perfeitamente coerente com minha abordagem supor que não o sejam e, na verdade, tanto quanto eu saiba, podem ser ideias inatas. A questão não é como chegamos à crença de que a causa é uma relação real no mundo real, mas como poderíamos estar *justificados* ao alimentar essa crença, de que modo nós, enquanto empíricos, poderíamos racionalmente acreditar que a causação é uma característica do mundo real além da recorrência regular. Já vimos que podemos estar racionalmente justificados ao acreditarmos que nós, como agentes, agimos causalmente e, como percipientes, somos objeto de ação causal; agora, porém, a questão é: como podemos estar justificados em supor que algo desprovido de Intencionalidade pode compartilhar as mesmas relações que compartilham os nossos estados e eventos Intencionais?

Uma das teses que os experimentos de Piaget parecem fundamentar é a de que a criança adquire o conhecimento da relação por-meio-de (o que Piaget chama "transitividade")[10] já numa idade muito tenra. Até os bebês muito novos descobrem que por meio de empurrar um objeto suspenso com as mãos podem movê-lo para a frente e para trás. Ora, qual foi, exatamente, a descoberta da criança do ponto de vista da Intencionalidade? Tomemos um exemplo ligeiramente mais complexo. Suponhamos que uma criança um pouco mais velha tenha descoberto, como outras tantas, que ao bater em um vaso com uma pedra pode quebrá-lo. A criança descobriu que essa intenção em ação resulta nesse movimento da mão e do braço, que resulta nesse movimento da pedra que resulta no vaso quebrado. E aqui as regularidades entram em jogo, pois, com base nas ocorrências *repetidas*, a criança pode descobrir que por meio desse movimento pode mover a pedra e que por meio do movimento da pedra pode quebrar o vaso. E cada um desses vários estágios da relação por-meio-de torna-se parte das condições de satisfação da intenção em ação. A intenção é quebrar o vaso por meio dessas outras ações. Já vimos, porém, que a causação é parte do conteúdo da intenção em ação, pois se a intenção em ação não causa o resto das condições de satisfação a intenção não é satisfeita. A causalidade da intenção em ação pode levar até o último estágio, quebrar o vaso, pois passa por cada um dos estágios intermediários da relação por-meio-de. Cada estágio é um estágio causal e a transitividade da relação por-meio-de permite que a intenção em ação abranja todos eles. Faz parte do conteúdo da intenção em ação da criança que essa intenção cause o movimento do braço, mas também que esse movimento da pedra cause a quebra do vaso, porque é isso que a criança está tentando fazer: causar a quebra do vaso atingindo-o com uma pedra. A intenção da criança não é apenas mover o braço e depois observar o que acontece; este seria um tipo de caso totalmente diferente. O fato de o movimento da pedra causar a quebra do vaso é, portanto, parte da experiência da criança quando ela quebra o vaso, porque a causalidade da intenção em ação se estende para cada estágio da relação por--meio-de. Diz-se com frequência que a causalidade está intimamente ligada à noção de manipulação; isso é correto, mas a manipulação ainda pede uma análise. Manipular coisas é precisamente explorar a relação por-meio-de.

Um dos pontos de convergência da abordagem da causação a partir da regularidade e a abordagem Intencional da causação é a manipulação. Em relação ao mundo, é o fato que ele contém regularidades causais que podem ser descobertas. A regularidade dessas relações causais permite-nos descobri-las, pois, por ensaio e erro, a criança descobre o funcionamento da regularidade com pedras e vasos; mas o fato de essas relações serem manipuláveis permite-nos descobrir que são causais, pois o que a criança descobre em seus ensaios e erros com pedras e vasos é um meio de fazer as coisas acontecerem.

Uma vez adquirida a capacidade de abranger a relação causal por-meio-de como parte do conteúdo de sua intenção em ação, a criança adquire a capacidade de descobrir e não apenas projetar relações causais em um mundo natural em grande parte independente dela; na verdade, já descobriu instâncias da relação causal no mundo. Pois o que, exatamente, descobriu a criança quando descobriu que podia quebrar um vaso ao atingi--lo com um objeto rígido? Bem, parte do que ela descobriu é que, ao atingir um vaso, um objeto rígido pode causar sua quebra, mas essa relação continua a mesma, esteja ou não a criança atingindo o vaso com um objeto rígido ou se, por exemplo, o objeto rígido estiver caindo no vaso. Onde temos uma sequência de relações causais por-meio-de, cujo primeiro termo é a experiência de uma ação, o conteúdo Intencional pode incluir cada um dos vários estágios – a intenção pode ser, por exemplo, quebrar o vaso por meio de atingi-lo com um objeto rígido, por meio de mover o objeto rígido, por meio de mover a mão que segura o objeto rígido. Mas os estágios além do movimento da mão são, todos, estágios causais e a mesma causação que é parte do *conteúdo* da experiência em manipulação pode ser *observada* nos casos em que não há manipulação. A relação que o agente observa quando vê a pedra quebrar o vaso ao atingi-lo é – no que diz respeito à causação – a mesma relação que experimenta quando quebra o vaso com a pedra. Nos casos em que ele observa a causação de eventos independentes de sua vontade, não experimenta o nexo causal do mesmo modo que o experimenta na experiência de agir ou de perceber e, nesse sentido, os humeanos têm razão em afirmar que a causação entre eventos independentes de nós não é observável do modo que os próprios eventos são observáveis. Mas o agente observa efetivamente os eventos *como* causalmente relacionados e não apenas *como* uma sequência de eventos; e está ou pode estar justificado ao atribuir causalidade a uma tal sequência de eventos, pois o que atribui no caso da observação é algo que experimentou no caso da manipulação.

O problema de como é possível haver no mundo causas independentes de nossas experiências é um problema da mesma forma que o de como pode haver objetos quadrados no mundo independentemente de olharmos para eles; e o problema de como podemos perceber os eventos enquanto *causalmente relacionados* é um problema da mesma forma que o de como podemos ver uma casa como uma *casa completa* e não apenas como uma fachada, mesmo que só uma face da casa esteja visível para nós. Não estou afirmando que não haja problema algum nesses fenômenos – a existência de características do mundo em momentos em que não são observadas e a capacidade de ver coisas como algo além do que é visualmente apresentado –, mas afirmo efetivamente que a visão realista da causação, a visão de que as causas são relações reais no mundo real, não apresenta nenhum problema especial. Não existe um problema cético especial envolvido na existência de relações causais que não são experimentadas, além do problema geral da existência de características do mundo nos momentos em que não são observadas.

Segunda objeção: A experiência de agir ou a experiência de perceber não podem conter a experiência de causação porque, por exemplo, é sempre possível que na verdade outra coisa esteja causando o movimento corporal que imaginamos estar sendo causado pela experiência. É sempre possível que eu imagine estar erguendo o braço quando na verdade outra causa o está erguendo. Portanto, não há nada na experiência de agir que garanta de fato ser ela causalmente efetiva. A resposta para isso é que é verdade, mas irrelevante. Obtenho uma experiência direta de causação no fato de que parte do conteúdo Intencional de minha experiência de agir é causar o movimento corporal, ou seja, ela só é satisfeita se o movimento corporal for causado por ela; e obtenho uma experiência direta de causação no fato de parte do conteúdo Intencional de minha experiência perceptiva ser causada pelo objeto percebido, isto é, ela só é satisfeita se for causada pela presença e pelas características do objeto. Ora, o que se considera como condições de satisfação de meu evento Intencional é, na verdade, determinado pelo evento Intencional, mas o fato de tal evento ser efetivamente satisfeito não faz parte, em si, do conteúdo. Ações e percepções, em minha abordagem, são transações causais e Intencionais entre mente e mundo, mas o fato de as transações estarem efetivamente acontecendo não é uma decisão da mente. E, com efeito, esse fato é uma consequência do fato de não haver nada de subjetivo na causação. Sua presença é real. A objeção de que eu poderia ter a experiência e todavia a relação não ser de fato causal tem exatamente a mesma forma da objeção à posição de que obtenho a ideia de vermelho do fato de ver coisas vermelhas, segundo a qual eu poderia, em qualquer caso relativo à visão de uma coisa vermelha, estar tendo uma alucinação: uma objeção verdadeira, mas irrelevante. Que um objeto vermelho seja a causa de uma experiência visual minha faz parte das condições de satisfação da experiência e isso basta para me proporcionar uma experiência de algo vermelho. Se realmente há ou não, em qualquer instância dada, um objeto vermelho diante de mim é um problema separado, independente da questão de como me é possível adquirir o conceito de vermelho com base em minhas experiências. Um argumento exatamente análogo é o de que obtenho a ideia de causação experimentando a causação como parte de minha experiência de agir ou perceber. Mas a questão de se em qualquer caso dado essa experiência me está ou não enganando, se de fato estou ou não em uma relação causal com o objeto Intencional do conteúdo Intencional de minha experiência, é simplesmente irrelevante.

Mesmo assim, embora inválida, essa objeção assinala uma assimetria crucial entre a causação e outros conteúdos perceptivos. O vermelho não é uma característica de minha experiência visual, mas parte das condições de satisfação; a experiência é *de* alguma coisa vermelha, mas não é em si mesma uma experiência vermelha. Mas a causação faz parte do conteúdo da minha experiência. A experiência apenas é satisfeita se ela própria causar (no caso da ação) o restante de suas condições de satisfação ou for causada (no caso da percepção) pelo restante de suas condições de satisfação. A experiência de algo vermelho, quando satisfeita, não é literalmente *vermelha*, mas é literalmente *causada*. E o aspecto paradoxal da assimetria é o seguinte: em minha interpretação, o conceito de realidade é um conceito causal. Parte da nossa noção de como o mundo é realmente é que ele ser como é faz com que o percebamos desse modo. As causas são parte da realidade e, no entanto, o próprio conceito de realidade é um conceito causal.

Há uma variação a esta objeção que pode ser enunciada da seguinte maneira: se a experiência tem qualquer semelhança com o que a tradição empirista ou intelectualista nos diz, é difícil perceber de que modo as experiências poderiam ter as características que estou reivindicando. Se a experiência é uma sequência de impressões "todas em pé de igualdade", como afirma Hume, aparentemente ninguém poderia experimentar uma impressão como causal enquanto parte do conteúdo da impressão. Mas se Kant e os intelectualistas estão certos em considerar que as experiências já nos chegam como causais, é somente porque já temos o conceito de causação como um conceito *a priori*. Será óbvio, para o leitor que acompanhou a argumentação até aqui, que estou rejeitando essas duas visões da experiência. Nenhuma delas consegue descrever a Intencionalidade de nossas experiências de agir e perceber. Nenhuma delas consegue explicar o fato de as condições de satisfação serem determinadas pela experiência e que parte das condições de satisfação é que a experiência seja a de fazer com que seu objeto Intencional se efetive, ou de que seu objeto Intencional faça com que se efetive. Por essa razão, podemos experimentar a causação, mas não precisamos ter um conceito apriorístico de causa para tanto, assim como não precisamos de um conceito apriorístico de vermelho para experimentar o vermelho.

IV

Temos agora pelo menos dois elementos em nossa interpretação da causalidade: a experiência primitiva da causação na percepção e na ação e a existência de regularidades no mundo, sendo algumas delas causais e outras não. Podemos estender a experiência primitiva de causação para além dos limites de nossos corpos através da descoberta de regularidades causais manipuláveis no mundo. O que descobrimos quando descobrimos uma regularidade manipulável desse tipo é o que experimentamos na experiência primitiva de causalidade, a relação de um evento fazendo outro evento acontecer. Uma consequência desta abordagem é que um ser incapaz de ação e percepção não poderá ter a nossa experiência de causalidade.

Mas o enigma que ainda nos resta, nossa terceira objeção, é o seguinte: qual, exatamente, é a relação entre a experiência primitiva de causação e as regularidades do mundo? O enunciado de que determinada coisa causou outra, isto é, promoveu sua realização, e o enunciado de que alguém experimentou tais causações na ação e na percepção não acarretam por si mesmas a existência de regularidade alguma. Um mundo em que alguém promove a realização de algo mas no qual a sequência de eventos não exemplifica nenhuma relação geral de coocorrência é um mundo logicamente possível. Ao mesmo tempo, contudo, intuímos que deve haver alguma relação importante entre a existência de regularidades e nossa experiência de causação. Qual? Uma tentação é supor que, além da experiência real de causas e efeitos, sustentemos uma *hipótese* de regularidade geral no mundo. E, seguindo essa linha, somos inclinados a pensar que essa hipótese é desafiada por aquelas partes da física que negam o determinismo geral. Segundo essa visão, sustentamos uma *teoria* de que as relações causais exemplificam leis gerais e essa teoria é presumivelmente empírica como qualquer outra.

Essa concepção tem uma longa história na filosofia e é subjacente a algumas tentativas, por exemplo a de Mill, de enunciar um princípio geral de regularidade capaz de "justificar a indução". Tenho a impressão de que ela descreve erroneamente o modo pelo qual a suposição de uma regularidade influi em nosso uso do vocabulário causal e em nossas atividades de percepção e ação. Consideremos o exemplo seguinte. Suponhamos que, ao erguer o braço, eu descubra, para meu espanto, que a janela do outro lado da sala está subindo. E suponhamos que, ao abaixar o braço, a janela desça também. Em tal caso, ficarei imaginando se minha ação de erguer e abaixar o braço está determinando que a janela suba e desça. Para descobrir a resposta, tentarei novamente. Suponhamos que funcione pela segunda vez. Meu conteúdo Intencional ficará alterado nas ocasiões subsequentes. Já não estarei apenas erguendo o braço, mas sim *tentando* subir e descer a janela por meio da ação de erguer e abaixar o braço. Uma relação causal entre o movimento do braço e o movimento da janela faz agora parte do conteúdo Intencional da intenção em ação. Mas a única maneira pela qual posso determinar se esse conteúdo Intencional é de fato satisfeito, ou seja, a única maneira pela qual posso determinar se o movimento de meu braço tem de fato um efeito sobre a janela, é por ensaio e erro. Mas ensaio e erro só têm sentido sobre a suposição de um Background de regularidades gerais. Não sustento a *hipótese* de que o mundo é tal que as relações causais manifestam regularidades gerais, mas sim que uma condição da minha possibilidade de aplicar a noção de se determinar a ocorrência de determinada coisa é minha capacidade de estabelecer uma distinção entre os casos em que alguma coisa efetivamente determinou a ocorrência de alguma coisa e aqueles em que só pareceu determinar a ocorrência de alguma coisa. E uma condição da possibilidade dessa distinção é pelo menos a suposição de algum grau de regularidade. Ao investigar a distinção entre os casos aparentes e reais de relações causais, como em qualquer investigação, adoto um certo ponto de vista. A adoção desse ponto de vista não se resume a ter um conjunto de crenças: em parte, o ponto de vista é uma questão de capacidades de Background. Ao investigar o modo como o mundo efetivamente opera com causas e efeitos, a suposição da regularidades é parte do Background.

Uma questão semelhante surge quando examinamos casos em que há um aparente elemento aleatório. Quando tento fazer cestas da linha de lance livre, às vezes consigo e às vezes não, embora tente o mais que posso fazer a mesma coisa todas as vezes. Ora, em tais casos, é mais que justa uma hipótese de que efeitos diferentes provêm de causas diferentes, pois, se fosse meramente uma hipótese, as evidências sugeririam que é falsa. Até onde posso discernir, faço a mesma coisa, mas com resultados diferentes em ocasiões diferentes. A suposição de regularidade subjaz à minha tentativa de fazer uma cesta ou a fundamenta, não é uma hipótese invocada para explicar o sucesso ou o fracasso dessa tentativa. Simplesmente não posso aplicar a ideia de determinar a ocorrência de algo – enquanto oposta à simples aparência de efetivamente determinar a ocorrência de algo – sem que minhas capacidades de Background manifestem uma suposição de pelo menos algum grau de regularidade. Observe-se que, no presente exemplo, se a bola se movimentasse de maneira totalmente aleatória, eu teria literalmente perdido o controle sobre ela e não diríamos que minha intenção em ação havia causado a sua entrada na cesta, mesmo que eu tivesse a intenção de fazê-la entrar na cesta e ela efetivamente entrasse.

Para compreendermos esses pontos um pouco mais claramente, devemos distinguir entre a crença na existências de leis causais específicas e a suposição de algum nível geral de regularidade causal no mundo. São muitas as minhas crenças referentes a regularidades causais particulares, por exemplo aquelas referentes às propriedades líquidas da água, o comportamento de automóveis e máquinas de escrever, e a tendência dos esquis a mudarem de direção quando se lhes imprime um movimento lateral. Contudo, além das crenças em regularidades específicas, não tenho e não necessito de uma hipótese geral de regularidade. Da mesma forma, a tribo que armazena alimentos para o inverno não necessita possuir uma teoria da indução, embora necessite de determinadas concepções gerais acerca das condições de alimentação e alguma ideia quanto ao ciclo das estações.

Portanto, a resposta que estou propondo à pergunta "Qual a relação entre a experiência primitiva de causação na ação e na percepção e a existência de regularidades no mundo?" é a seguinte: nem as declarações que afirmam a existência da experiência de causação nem a existência de casos particulares de causação implicam que haja leis causais gerais. Não obstante, as leis causais efetivamente existem e uma condição da possibilidade de se aplicar a noção de causação em casos específicos é uma suposição geral de regularidade no mundo. A menos que eu suponha algum nível de regularidade – não necessariamente universal – não posso sequer começar a fazer a distinção entre o parecer que a minha experiência está em relações causais como parte de suas condições de satisfação e o ela estar efetivamente em tais relações. Só posso aplicar a noção de alguma coisa determinando a ocorrência de outra, enquanto oposta à aparência de que determina, sobre uma suposição de regularidades causais, pois é apenas em virtude do fracasso ou do sucesso das regularidades que posso avaliar o caso individual.

Após três séculos de fracassos na tentativa de se analisar o conceito de causação em termos de regularidades, deveríamos ser capazes de perceber por que essas tentativas malograram. A resposta breve é que a noção de determinar a ocorrência de alguma coisa é diferente da noção de uma regularidade, de modo que qualquer tentativa de analisar a primeira em termos da segunda está fadada ao fracasso. E, mesmo que concordemos que a regularidade é necessária para a aplicabilidade do conceito de causação, as únicas regularidades relevantes são as regularidades causais e qualquer tentativa de analisar a causação em termos de regularidades previamente identificadas como causais está condenada à circularidade.

Outra conclusão de nossa discussão da relação entre causação Intencional e regularidade é a seguinte: não há dois tipos de causação, a de regularidade e a Intencional. Há apenas um tipo, a causação eficiente; a causação é uma questão de coisas determinando a ocorrência de outras. Contudo, em uma subclasse especial da causação eficiente, as relações causais envolvem estados Intencionais; tais casos de causação Intencional são especiais em diversos aspectos: podemos estar diretamente conscientes do nexo causal em alguns casos, há uma relação "lógica" entre causa e efeito, e tais casos são a forma primitiva da causação no que diz respeito às nossas experiências. Os enunciados causais singulares não implicam que haja uma regularidade causal universal por eles exemplificada, mas o conceito de causação eficiente, Intencional ou não, só tem aplicabilidade em um universo no qual se supõe um alto grau de regularidade.

V

Neste ponto, nossa discussão da causação Intencional já preparou o caminho para um exame das chamadas cadeias causais desviantes na ação e na percepção, exame que começamos, mas não terminamos, no capítulo 3. Por mais cerradas que façamos as restrições entre os diferentes estágios na análise Intencional da percepção e da ação, parece, todavia, que ainda seremos capazes de produzir contraexemplos que envolvem "cadeias causais desviantes". Em cada um dos casos, os requisitos formais da autorreferência causal Intencional parecem ser satisfeitos e, no entanto, não diríamos, ou pelo menos relutaríamos em dizer, que o estado Intencional é satisfeito. No caso da percepção, há exemplos em que, não obstante a experiência visual seja causada pelo objeto, o agente não "vê" literalmente o objeto; e, no caso da ação, embora haja casos em que a intenção prévia causa a intenção em ação e casos em que a intenção em ação causa o movimento, não diríamos que a intenção prévia foi levada a cabo nem que a ação foi intencional. Consideremos alguns exemplos de cada caso.

Exemplo 1[11]. Suponhamos que um homem seja incapaz de erguer o braço porque seus nervos foram cortados. Por mais que tente, não consegue afastar o braço do corpo. Continua tentando e tentando sem sucesso; em uma ocasião, porém, tenta com tanto empenho que seu esforço o faz cair sobre um comutador que ativa um magneto no teto, o qual por sua vez atrai o metal do relógio que está em seu pulso, erguendo-lhe o braço. Ora, em um tal caso, sua intenção em ação foi a causa do erguimento do braço, mas não o causou "da maneira certa". Em tal caso, relutamos em dizer que ele ergueu intencionalmente o braço, ou sequer que tenha erguido o braço.

Exemplo 2. Bill tenciona matar o tio. Essa intenção prévia deixa-o de tal modo perturbado que lhe provoca uma dor de estômago e ele se esquece completamente da intenção, mas a dor de estômago deixa-o irado e, por causa dessa ira, ele mata o primeiro homem que vê, que casualmente é, e o qual ele reconhece como, seu tio. Nesse caso, a intenção prévia causou a intenção em ação por meio de causar a dor de estômago que causou a ira, e a intenção em ação causou suas próprias condições de satisfação. Não obstante se tenha tratado de uma morte intencional, não foi um caso em que se levou a cabo a intenção prévia.

Exemplo 3. Suponhamos que um homem olha para uma mesa e suponhamos que, sem que ele o saiba, não está de fato olhando para a mesa. Mas suponhamos que essa mesa exale um certo odor e que esse odor lhe cause uma alucinação visual qualitativamente indistinguível da experiência visual que ele teria tido se de fato tivesse visto a mesa. Em tal caso, a mesa causa a experiência visual e as condições de satisfação apresentadas na experiência visual são de fato satisfeitas, ou seja, há realmente uma mesa presente, mas, mesmo assim, o homem não vê a mesa.

Todos esses exemplos, como outros que vi de causação desviante, possuem certas características comuns: ou implicam alguma impossibilidade do conteúdo Intencional em ser o aspecto causal, ou envolvem uma *falta de regularidade planejável* nas relações causais do estado Intencional. O modo de eliminar esses exemplos é perceber que a causação Intencional deve funcionar sob aspectos Intencionais e, para que isso ocorra, é preciso haver regularidades planejáveis. Considere-se o exemplo 1. Suponhamos que o homem saiba da existência do magneto e saiba que pode erguer o braço simplesmente ativando o magneto ao apertar o botão. Se fizesse isso regularmente e soubesse o que estava acontecendo, não hesitaríamos em dizer que ele ergueu o braço intencionalmente, embora tal não pudesse definir uma ação básica. Sua intenção em ação seria a de mover o comutador e isso seria parte da pretendida relação por-meio-de que resultou na elevação de braço. Além disso, em outra variação desse exemplo, suponhamos que ligássemos o homem de tal modo que, sem que ele o soubesse, a cada vez que tentasse erguer o braço, tal ação ativasse magnetos suspensos acima dele que lhe ergueriam o braço. Diríamos simplesmente, em um caso tal, que ele ergueu o braço, embora a forma da sequência causal seja bem diferente da do caso base. Neste caso, com efeito, a elevação do braço seria uma ação básica. A característica do caso original que nos incomoda é o seu caráter acidental e inadvertido: quando o braço do indíviduo se ergue, as coisas não estão indo conforme o planejado. No exemplo dado, o fato de o braço do indíviduo ter-se erguido naquela ocasião específica é apenas acidental. Porém, se tivéssemos alguma forma de eficácia Intencional coerente, não hesitaríamos em dizer que o estado Intencional foi satisfeito.

Consideremos agora o exemplo 2. Para esse exemplo, era essencial que o indíviduo se esquecesse completamente de sua intenção original. Foi a ira dele e não a sua intenção prévia que o levou a matar o tio. Se não tivéssemos o aspecto do esquecimento da intenção, mas ele se lembrasse da intenção e agisse com base nela, mesmo que agisse com base nela apenas por estar tão irado, continuaria a ser um caso de levar a cabo essa intenção. O que está ausente nesse exemplo é a operação causal do estado Intencional sob seu aspecto intencional. A intenção prévia não funciona causalmente até o ponto da produção da intenção em ação e, consequentemente, quando o agente age, não o faz por meio de levar a cabo sua intenção prévia. Uma condição necessária para satisfazer o conteúdo Intencional de uma intenção prévia é que o conteúdo Intencional deve funcionar causalmente como o aspecto causal na produção de suas condições de satisfação e, em tal caso, essa característica foi perdida. O conteúdo Intencional original produziu apenas uma dor de estômago.

Consideremos agora o exemplo 3. Tal como o exemplo 1, trata-se do caso de uma sequência causal regular mais acidental que planejável, razão pela qual não é o caso de uma autêntica percepção visual da mesa. Isso ficará claro se alterarmos o exemplo de modo que manifeste uma regularidade planejável. Suponhamos que a "alucinação" do homem com a mesa não seja um evento único, mas suponhamos que ele possa obter constantemente de suas terminações nervosas olfativas o mesmo tipo de experiências visuais de mesas, cadeiras, montanhas, arco-íris etc. que nós obtemos do nosso aparato visual. Nesse caso, diríamos simplesmente que o homem viu tudo o que vimos, mas não de maneira normal. O que está errado no exemplo original, em resumo, é a falta de constância planejável.

Podemos agora enunciar as condições necessárias para corrigir a abordagem de modo a eliminar todas as cadeias causais desviantes que consideramos. Uma primeira condição é que haja uma eficácia contínua do conteúdo Intencional sob seus aspectos Intencionais. Isso elimina todos os casos de Intencionalidade interferente ou intermitente. Uma segunda condição é que haja um grau pelo menos razoável de constância ou regularidade planejável. Quando uso expressões como "constância" e "regularidade", não me refiro a elas no sentido estatístico. Por exemplo, nos exemplos comuns não desviantes, nem sempre temos uma constância *estatística*. Quando tento fazer cestas da linha de lance livre, apenas ocasionalmente serei bem-sucedido. Mas a questão é que, quando bem-sucedido, *as coisas caminham segundo o planejado*. Se a bola fosse levada para a cesta por uma lufada de vento circunstancial não planejada e não prevista, não atribuiríamos o meu sucesso às minhas intenções.

Ora, tanto no exemplo 1 como no exemplo 3, tal como enunciados originalmente, as coisas não caminham segundo o planejado e nos dois casos isso é devido a alguma característica acidental ou inadvertida, externa à Rede e ao Background de expectativas do agente. Tão logo revisamos essas características de modo que a característica estranha passe a estar sob controle ao ponto de poder tornar-se parte do plano, isto é, possa ser representada por nossa Rede de como as coisas funcionam quando percebemos ou agimos, os casos deixam de ser contraexemplos. Tal sugere que minha concepção é de fato pertinente: não existe uma cadeia causal desviante *per se*. Uma cadeia causal só é desviante em relação às nossas expectativas e em relação à nossa Rede e ao nosso Background da Intencionalidade em geral.

Embora essas duas condições – que a causação Intencional deve estar submetida a aspectos Intencionais e que deve manifestar regularidades planejáveis – sejam suficientes para eliminar os contraexemplos que consideramos, ainda não estou inteiramente satisfeito. As condições ainda estão enunciadas de maneira vaga e meu instinto me leva a pensar que podemos ainda ser capazes de forjar outros tipos de contraexemplos. Algo ainda pode estar furtando-se a nós. Acredito, porém, que possamos avaliar a força da resposta que venho dando até aqui se fizermos a pergunta de Peacocke[12]: Por que nos interessa saber como opera a cadeia causal? Se conseguimos o tipo certo de movimento corporal ou o tipo certo de experiência visual, o que nos interessa se foram ou não causados "da maneira certa"? Estou sugerindo que talvez possamos encontrar o começo de uma resposta a essa pergunta ao longo das linhas que se seguem. Nossas maneiras mais fundamentais de lidar com o mundo são através da ação e da percepção, as quais envolvem essencialmente a causação Intencional. Ora, quando se trata de formar conceitos para descrever essas relações Intencionais básicas, conceitos tais como *ver um objeto*, ou *levar a cabo uma intenção*, ou *tentar* e *obter êxito*, exigimos, para a aplicação do conceito, mais que a simples existência de uma correspondência correta entre o conteúdo Intencional e o estado de coisas que este causa ou que o causa. Fazemos mais uma exigência, que os filósofos expressaram dizendo que a correspondência deve ocorrer "da maneira correta". Mas por que fazemos tal exigência e em que consiste ela, exatamente? Fazemos a exigência porque queremos que nossos conceitos expressem a condição de que a Intencionalidade na ação e na percepção realmente funcione; portanto, insistimos em que a Intencionalidade não deve ser epifenomenal. E insistimos em que a Intencionalidade deve funcionar com suficiente regularidade e constância para enquadrar-se nos nossos planos e expectativas gerais. Expressei essas duas condições como meio de explicar o significado da expressão "da maneira certa", dizendo que o conteúdo Intencional deve ser um aspecto causalmente relevante e deve exemplificar uma regularidade planejável.

CAPÍTULO 5
O BACKGROUND

Os estados Intencionais com uma direção de ajuste têm conteúdos que determinam suas condições de satisfação. Mas não funcionam de maneira independente ou atomística, pois cada estado Intencional tem seu conteúdo e determina suas condições de satisfação apenas em relação a numerosos outros estados Intencionais[1]. Vimos isso no caso do homem que passa a ter a intenção de concorrer à presidência dos Estados Unidos. Normalmente ele acreditaria, por exemplo, que os Estados Unidos são uma República, que têm eleições periódicas, que nessas eleições os candidatos dos dois principais partidos concorrem pela Presidência e assim por diante. E ele normalmente desejaria receber a indicação de seu partido, desejaria que as pessoas trabalhassem por sua candidatura, que os eleitores votassem nele e assim por diante. Talvez nada disso seja essencial para as intenções do tal homem e, certamente, a existência de nada disso é acarretada pelo enunciado de que o homem tem a intenção de concorrer à Presidência dos Estados Unidos. Não obstante, sem uma

Rede de estados Intencionais dessa natureza, ele não poderia ter formado o que chamaríamos de "intenção de concorrer à Presidência dos Estados Unidos". Poderíamos dizer que essa intenção se refere a esses outros estados Intencionais, no sentido de que só pode ter as condições de satisfação que tem e, portanto, só pode ser a intenção que é, porque está situada em uma Rede de outras crenças e outros desejos. Além disso, em qualquer situação de vida real, as crenças e os desejos são apenas parte de um complexo mais amplo de outros estados psicológicos ainda; haverá intenções subsidiárias, bem como esperanças e temores, ansiedades e antegozos, sentimentos de frustração e de satisfação. Em resumo, estive chamando toda essa rede holística simplesmente "Rede".

Entendemos completamente o que seja, para um homem, pretender tornar-se Presidente dos Estados Unidos, mas não temos absolutamente nenhuma ideia clara acerca do que seria para um homem pretender tornar-se uma xícara de café ou uma montanha, pois – entre outras razões – não sabemos como adequar uma tal intenção à Rede. Mas suponhamos agora, tomando seriamente a hipótese da Rede, que começamos a tentar seguir os vários fios que ligam um estado Intencional a outro; suponhamos que tentamos nos livrar desses "e assim por diante" dos parágrafos anteriores, expondo detalhadamente cada um dos estados Intencionais da Rede. Logo descobriríamos ser impossível a tarefa por diversas razões. Em primeiro lugar, porque grande parte, talvez a maior parte, da Rede está submersa no inconsciente e não sabemos exatamente como trazê-la à tona. Em segundo, porque os estados da Rede não se individuam; não sabemos, por exemplo, como considerar as crenças. Mas, por último, se tentássemos de fato levar a cabo essa tarefa, logo nos veríamos formulando um conjunto de proposições que pareceriam improváveis se as incluíssemos em nossa lista de crenças na Rede; "improváveis" porque, em certo sentido, são demasiado fundamentais para serem qualificadas como *crenças*, mesmo inconscientes. Consideremos as seguintes proposições: as eleições são realizadas na superfície da terra ou em suas imediações; as coisas sobre as quais as pessoas pisam costumam ser sólidas; as pessoas só votam quando despertas; os objetos oferecem resistência ao toque e à pressão. Enquanto conteúdos de crenças, essas proposições não assentam muito com crenças como a de que os Estados Unidos realizam eleições presidenciais a cada quatro anos ou que os Estados maiores têm mais votos eleitorais que os menores. Um homem poderia de fato acreditar inconscientemente (e, nesse caso, isso significa apenas que ele nunca pensa sobre sua crença) que os Estados maiores têm mais votos eleitorais que os menores, mas parece errôneo dizer que eu, agora, nesse sentido, também acredito que a mesa em que estou trabalhando oferecerá resistência ao toque. Certamente eu ficaria surpreso se tal não ocorresse, e isso no mínimo sugere que temos algo semelhante a condições de satisfação. Além disso, um homem com certeza *poderia* ter a crença de que as mesas oferecem resistência ao toque, mas, no decorrer deste capítulo, argumentarei não ser essa a maneira correta de descrever a posição que eu, por exemplo, assumo agora em relação a esta mesa e a outros objetos sólidos. Para mim, a rigidez da mesa manifesta-se no fato de eu saber como sentar-me à mesa, poder escrever sobre uma mesa, colocar pilhas de livros em cima da mesa, usar a mesa como bancada de trabalho e assim por diante. E, ao fazer cada uma dessas coisas, não estou, além de minha ação, pensando inconscientemente comigo mesmo: "ela oferece resistência ao toque".

Acredito que quem quer que tente seriamente seguir os fios da Rede acabará chegando a um alicerce de capacidades mentais que, em si mesmas, não constituem estados Intencionais (representações), mas, não obstante, formam as precondições para o funcionamento dos estados Intencionais. O Background é "pré-intencional", no sentido de que, embora não seja uma forma ou formas de Intencionalidade, é, não obstante, uma precondição ou um conjunto de precondições de Intencionalidade. Não sei como demonstrar essa hipótese de modo conclusivo, embora neste capítulo eu pretenda examiná-la e apresentar alguns argumentos a seu favor.

I. O QUE SE ENTENDE, EXATAMENTE, POR "BACKGROUND"?

O Background é um conjunto de capacidades mentais não representacionais que permite a ocorrência de toda representação. Os estados Intencionais apenas têm as condições de satisfação que têm e, portanto, apenas são os estados que são sobre um Background de capacidades que, em si mesmas, não são estados Intencionais. Para que eu possa ter agora os estados Intencionais que tenho, preciso ter determinados tipos de saber prático (Know-how): preciso saber como as coisas são e preciso saber como fazer as coisas, mas esses tipos de "saber como" (Know-how) em questão não são, nesses casos, formas de "saber que" (Know-what).

Para esclarecer esse ponto, consideremos outro exemplo. Pensemos no que é necessário, no que deve ocorrer, para que eu possa agora passar a ter a intenção de ir até a geladeira e apanhar uma garrafa de cerveja gelada para beber. Os recursos biológicos e culturais a que devo apelar para essa tarefa, até para passar a ter a intenção de realizá-la, são (considerados sob uma determinada perspectiva) verdadeiramente estonteantes. Mas sem esses recursos eu não poderia, absolutamente, passar a ter a intenção: levantar-me, andar, abrir e fechar portas, manipular garrafas, copos, geladeiras, abrir, servir e beber. Normalmente, a ativação dessas capacidades envolveria apresentações e representações, por exemplo, preciso ver a porta para poder abri-la, mas a capacidade de reconhecer a porta e a capacidade de abri-la não são, em si mesmas, outras representações. São essas capacidades não representacionais que constituem o Background.

Uma geografia mínima do Background incluiria pelo menos o seguinte: precisamos distinguir aquilo que poderíamos chamar "Background de base", que incluiria no mínimo todas aquelas capacidades de Background comuns a todos os seres humanos normais em virtude de sua constituição biológica – capacidades tais como andar, comer, pegar, perceber, reconhecer e a atitude pré-intencional que leva em conta a solidez das coisas e a existência independente de objetos e outras pessoas –, com base no que poderíamos chamar "Background local", ou práticas culturais locais, que incluiriam coisas tais como abrir portas, beber cerveja em garrafa e a atitude pré-intencional que assumimos em relação a coisas como carros, geladeiras, dinheiro e reuniões sociais.

Ora, tanto no Background de base como no local precisamos distinguir entre os aspectos relacionados ao "modo como as coisas são" e os aspectos relacionados ao "modo como fazer as coisas", embora seja importante enfatizar que não há uma linha divisória nítida entre "o modo como as coisas são para mim" e "o modo como eu faço as coisas". Por exemplo, faz parte de minha atitude pré-intencional para com o mundo que eu reconheça graus de rigidez das coisas como parte do "modo como as coisas são" e que eu tenha certas habilidades físicas como parte do "modo como fazer as coisas". Mas não posso ativar minha capacidade pré-intencional de, digamos, descascar laranjas, independentemente de minha atitude pré-intencional para com a rigidez das coisas. Posso, por exemplo, pretender descascar uma laranja, mas não posso, desse mesmo modo, pretender descascar uma pedra ou um carro; e isso não se dá porque eu tenha uma crença inconsciente, "é possível descascar uma laranja, mas é impossível descascar uma pedra ou um carro", mas sim porque minha atitude pré-intencional para com laranjas (o modo como as coisas são) permite uma gama completamente diversa de possibilidades (o modo como fazer as coisas) da que tenho para com pedras ou carros.

II. QUAIS OS ARGUMENTOS EM FAVOR DA HIPÓTESE DO BACKGROUND?

Seja a "hipótese do Background" a alegação de que os estados Intencionais são fundamentados por capacidades não representacionais e pré-intencionais do modo que esbocei acima. Como demonstrar que tal hipótese é verdadeira? E, aliás, que diferença empírica acarretaria uma tal hipótese? Não conheço nenhum argumento demonstrativo que prove a existência do Background. Talvez a melhor maneira de argumentar a favor da hipótese do Background seja explicar ao leitor de que modo eu próprio me convenci dela. Tal convicção resultou de uma série de investigações mais ou menos independentes, cujo efeito acumulativo foi produzir uma crença na hipótese do Background.

(i) A compreensão do significado literal

A compreensão do significado literal das sentenças, das mais simples, como "O gato está no capacho", às mais complexas formuladas pelas ciências físicas requer um Background pré-intencional. Por exemplo, a sentença "O gato está no capacho" determina apenas um conjunto definido de condições de verdade sobre um Background de pressupostos pré-intencionais que não fazem parte do significado literal da sentença. Isso é demonstrado pelo fato de que, se alterarmos o Background pré-intencional, a mesma sentença com o mesmo significado literal determinará diferentes condições de verdade e diferentes condições de satisfação, mesmo sem nenhuma alteração no significado literal da sentença. A consequência disso é que a noção de significado literal de uma sentença não é uma noção independente do contexto; tem apenas uma aplicação relativa a um conjunto de pressupostos e práticas pré-intencionais de Background[2].

A melhor maneira de argumentar a favor desse ponto talvez seja mostrar de que modo, dados Panos de Fundo diferentes, o mesmo significado literal determina condições de verdade diferentes e, dados alguns Panos de Fundo, sentenças semanticamente perfeitas do ponto de vista clássico são simplesmente incompreensíveis, incapazes de determinar qualquer conjunto claro de condições de verdade. Consideremos a ocorrência do verbo "open" ("abrir") nas cinco sentenças seguintes, cada uma das quais uma substituição da sentença aberta "X opened Y" ("X abriu Y"):

Tom opened the door (Tom abriu a porta)
Sally opened her eyes (Sally abriu os olhos)
The carpenters opened the wall (Os carpinteiros abriram a parede)

> Sam opened the book to page 37 (Sam abriu o livro na página 37)
> The surgeon opened the wound (O cirurgião abriu a ferida).

Parece-me claro que a palavra "open" ("abrir") tem o mesmo significado literal em todas as cinco ocorrências. Qualquer um que negasse isso seria logo forçado a sustentar a posição de que "open" ("abrir") é indefinidamente, ou talvez até infinitamente, ambígua, uma vez que podemos prosseguir com esses exemplos. Além disso, os exemplos contrastam com outras ocorrências de "open" ("abrir") em que é pelo menos passível de discussão que o termo tenha um sentido ou significado diverso. Consideremos os exemplos seguintes:

> The chairman opened the meeting (O presidente abriu a sessão)
> The artillery opened fire (A artilharia abriu fogo)
> Bill opened a restaurant (Bill abriu um restaurante).

O ponto que quero enfatizar agora é: embora o conteúdo semântico transmitido pelo termo "abrir" seja o mesmo em cada elemento do primeiro conjunto, a maneira pela qual esse conteúdo semântico é entendido difere totalmente em cada caso. Em cada caso, as condições de verdade indicadas pelo termo "open" ("abrir") são diferentes, embora o conteúdo semântico seja o mesmo. O que constitui abrir um ferimento é totalmente diverso do que constitui abrir um livro, e compreender essas sentenças literalmente requer a compreensão diferenciada de cada uma, embora "open" ("abrir") tenha o mesmo significado literal em todos os casos. Poderemos perceber que as interpretações são diferentes se imaginarmos como se levaria a cabo diretivos literais que incluíssem o termo "open" ("abrir"). Suponhamos que, em resposta à ordem "Open the door" ("Abra a porta"), eu começasse a fazer incisões nela com um bisturi; terei aberto a porta, ou seja, terei "obedecido" literalmente à ordem literal, "Open the door" ("Abra a porta")? Creio que não. A emissão literal da sentença "Open the door" ("Abra a porta"), requer, para sua compreensão, mais que o conteúdo semântico de suas expressões componentes e as regras para a combinação destas em sentenças. Além disso, a interpretação correta não é forçada pelo conteúdo semântico das expressões que substituem "x" e "y", uma vez que seria fácil imaginar práticas de Background ali onde essas palavras mantivessem os mesmos significados mas nós entendêssemos as sentenças de modo totalmente diverso; se as pálpebras houvessem evoluído para portas com dobradiças de bronze e grandes cadeados de ferro, entenderíamos a sentença, "Sally opened her eyes" ("Sally abriu os olhos") de modo bastante diverso do que hoje a entendemos.

Tentei até aqui demonstrar que a compreensão é mais que a apreensão do significado, pois, falando em termo gerais, aquilo que se entende vai além do significado. Outra maneira de afirmar a mesma coisa é mostrar que é possível apreender todos os significados componentes e, mesmo assim, não entender a sentença. Consideremos as três sentenças seguintes, que também contêm o verbo "open" ("abrir"):

Bill opened the mountain (Bill abriu a montanha)
Sally opened the grass (Sally abriu a grama)
Sam opened the sun (Sam abriu o sol).

Não há nada incorreto, do ponto de vista gramatical, nessas três sentenças. São, todas, sentenças perfeitamente corretas e entendemos com facilidade cada uma das palavras que as compõem. Mas não temos absolutamente nenhuma ideia de como interpretar as sentenças. Conhecemos, por exemplo, o significado de "open" ("abrir") e conhecemos o significado de "mountain" ("montanha"), mas desconhecemos o significado de "open the mountain" ("abrir a montanha"). Se alguém me ordenar abrir a montanha, não terei a mais remota ideia do que se espera que eu faça. É claro que eu poderia inventar uma interpretação para cada uma das sentenças, mas, para tanto, seria preciso que eu ampliasse a compreensão para além do que é fornecido pelo significado literal.

Devemos, portanto, explicar dois conjuntos de fatos: em primeiro lugar, que compreendemos o *mesmo* significado literal *diferentemente* em cada caso do primeiro conjunto de exemplos e, em segundo, que na última série não compreendemos absolutamente as sentenças, embora não tenhamos nenhuma dificuldade em apreender os significados literais de seus componentes.

A explicação, acredito, é simples e óbvia, mas tem consequências de longo alcance para a teoria clássica do significado e do entendimento. Cada uma das sentenças do primeiro grupo é entendida no contexto de uma Rede de estados Intencionais e sobre um Background de capacidades e práticas sociais. Sabemos abrir portas, livros, olhos, feridas, paredes etc., e as diferenças na Rede e no Background de práticas produzem entendimentos diferentes do mesmo verbo. Além disso, simplesmente não temos práticas comuns de abrir montanhas, grama ou sóis. Seria fácil inventar um Background, ou seja, imaginar uma prática que desse um sentido claro à ideia de abrir montanhas, grama e sóis, mas, no momento, não dispomos desse Background comum.

Acerca da relação entre o Background e o significado literal, quero ainda considerar mais duas questões correlatas. A primeira é que, ainda que as porções pertinentes do Background já não sejam parte do conteúdo semântico, por que não poderiam, por decreto, passar a fazer parte desse conteúdo? A segunda, se o Background é uma precondição de representação, linguística ou de outras formas, por que não pode o Background também ser composto de estados Intencionais como as crenças inconscientes?

Em resposta à primeira questão, se tentássemos identificar as partes relevantes do Background como um conjunto de sentenças que expressam outros conteúdos semânticos, isso simplesmente exigiria mais Panos de Fundo para sua compreensão. Suponhamos, por exemplo, que relacionássemos todos os fatos acerca de portas e acerca de abrir que, no nosso entender, fixariam o entendimento correto de "Open the door" ("Abrir a porta"). Tais fatos serão enunciados em um conjunto de sentenças, cada qual com seu próprio conteúdo semântico. Agora, porém, essas próprias sentenças teriam de ser entendidas e tal entendimento exigiria ainda mais Background. Se tentássemos identificar o Background como parte do conteúdo semântico, não saberíamos quando nos deter e cada conteúdo semântico que produzíssemos necessitaria ainda mais Background para a sua inclusão. Sobre a segunda questão: Se a representação pressupõe um Background, este não pode, em si mesmo, consistir em representações sem gerar um regresso infinito. Sabemos que o regresso infinito é empiricamente impossível, dada a finitude das capacidades intelectuais humanas. A sequência de etapas cognitivas na compreensão linguística chega a um fim. Na concepção apresentada aqui, ela não chega a um fim com a apreensão do conteúdo semântico isolado ou mesmo com o conteúdo semântico juntamente com um conjunto de crenças pressupostas, mas, antes, o conteúdo semântico só funciona sobre um Background que consiste em um saber prático cultural e biológico; é esse saber de Background que nos permite entender os significados literais.

(ii) A compreensão das metáforas

É tentador pensar que deve existir algum conjunto definido de regras ou princípios que permita aos usuários de um idioma produzir e entender emissões metafóricas, e que essas regras ou princípios devem ter algo como um caráter algorítmico tal que, dada uma aplicação estrita das regras, ter-se-ia a interpretação correta de qualquer metáfora. Contudo, tão logo se tentam enunciar esses princípios de interpretação, descobrem-se alguns fatos interessantes. As regras que se podem aduzir razoavelmente não são, de modo algum, algorítmicas. Com efeito, existem princípios passíveis de ser descobertos que permitem aos usuários de um idioma descobrir que, quando um falante afirma metaforicamente que X é Y, quer dizer que X é como Y com respeito a certas características C. Mas essas regras não funcionam de forma mecânica: não há nenhum algoritmo para descobrir quando uma emissão é entendida metaforicamente e nenhum algoritmo para calcular os valores de C, mesmo quando o ouvinte já descobriu que a emissão deve ser entendida metaforicamente. Além disso – o que é talvez mais interessante para o presente caso – há muitas metáforas cuja interpretação não se apoia em nenhuma percepção de uma semelhança literal entre a extensão do termo Y e o referente do termo X. Consideremos, por exemplo, as metáforas de sabor para os traços de personalidade e as de temperatura para os estados emocionais. Assim, por exemplo, falamos de uma "pessoa doce", de uma "disposição azeda" e de uma "personalidade amarga". Também falamos de uma "recepção calorosa", de uma "recepção fria", de uma "amizade morna", de uma "discussão acalorada", de um "caso amoroso ardente" e de "frigidez sexual". Mas nem no caso das metáforas de sabor nem no das de temperatura há qualquer semelhança literal entre a extensão do termo Y e o referente do termo X que baste para explicar o significado de emissão metafórica. Por exemplo, o significado da emissão metafórica da expressão "recepção morna" não é baseado em nenhuma semelhança literal entre as coisas mornas e o caráter da recepção assim descrita. Há, de fato, princípios de semelhança sobre os quais funcionam algumas metáforas; mas o que os exemplos presentes querem demonstrar é que há também certas metáforas – e até classes inteiras destas – que funcionam sem nenhum princípio subjacente de semelhança. Parece simplesmente ser um fato de nossas capacidades mentais o podermos interpretar certos tipos de metáfora sem a aplicação de nenhuma "regra" ou "princípio" subjacentes além da pura capacidade de fazer determinadas associações. Não conheço nenhum modo melhor de descrever essas capacidades do que dizer que se trata de capacidades mentais não representacionais.

Tanto o caráter não algorítmico das regras quanto o fato de algumas das associações não serem de modo algum determinadas por regras sugerem o envolvimento de capacidades não representacionais, mas tal alegação seria enganadora caso se considerasse que implica o fato de um conjunto completo e algorítmico de regras para a metáfora demonstrar a inexistência de um tal Background, pois mesmo essas regras exigiriam um Background para serem aplicadas, tal como veremos.

(iii) Habilidades físicas

Consideremos como é aprender a esquiar. O esquiador principiante recebe um conjunto de instruções verbais sobre o que deve fazer: "incline-se para a frente", "dobre os joelhos", "apoie o peso no esqui que estiver mais à frente" etc. Cada uma delas é uma representação explícita e, na medida em que o esquiador esteja tentando aprender seriamente, cada uma delas funcionará causalmente como parte do conteúdo Intencional que determina o comportamento. O esquiador tenta manter o peso sobre o esqui que estiver mais à frente por meio de obedecer à instrução de apoiar o peso sobre o esqui que estiver mais à frente. Temos aqui um caso perfeitamente modelar de causação Intencional: as instruções têm uma direção de ajuste mundo-palavra e uma direção de causação palavra-mundo. Esquiar é uma dessas habilidades que se aprendem com a ajuda de representações explícitas. Depois de algum tempo, porém, o esquiador se aprimora; já não precisa lembrar-se das instruções, mas apenas se põe a esquiar. Segundo a visão cognitivista tradicional, as instruções foram internalizadas e passaram a funcionar inconscientemente, mas ainda como representações. Com efeito, segundo alguns autores – Polanyi[3], por exemplo – é essencial para seu funcionamento que esses conteúdos Intencionais funcionem inconscientemente, pois, quando se pensa neles ou se tenta trazê-los à consciência, eles se interpõem no caminho e o indivíduo não consegue mais esquiar tão bem como antes. Um tanto como a proverbial centopeia que pensa sobre qual perna deve mover a seguir e fica paralisada, o esquiador ficará paralisado, ou pelo menos bloqueado, se tentar lembrar-se das regras do instrutor; o melhor para ele é deixá-las funcionar inconscientemente.

Considero essa interpretação do que se dá quando o esquiador se aprimora implausível, e quero sugerir uma hipótese alternativa. À medida que o esquiador se aprimora, não internaliza melhor as regras, mas, antes, estas vão se tornando progressivamente irrelevantes. As regras não ficam "embutidas" como conteúdos Intencionais inconscientes, mas as experiências repetidas criam aptidões físicas, presumivelmente realizadas como trilhas neurais, que tornam as regras simplesmente irrelevantes. "A prática faz a perfeição", não por resultar em uma perfeita memorização das regras e sim porque a prática repetida permite que o corpo assuma o comando e que as regras recuem para o Background.

É possível dar conta dos dados com um aparato explicativo mais econômico se não tivermos de supor que cada habilidade física está apoiada em um grande número de representações mentais inconscientes, mas sim que a prática e o treinamento repetidos em uma variedade de situações acaba tornando o funcionamento causal da representação desnecessário no exercício da habilidade em questão. O esquiador avançado não segue melhor as regras, mas esquia de um modo totalmente diferente. Seus movimentos são fluentes e harmoniosos, ao passo que o esquiador principiante, ao se concentrar consciente ou inconscientemente nas regras, realiza movimentos espasmódicos, bruscos e ineptos. O esquiador experimentado é flexível e reage diferentemente a diferentes condições de terreno e neve; o principiante é inflexível e, diante de situações diferentes e incomuns, simplesmente tende a cair. Encosta abaixo, o competidor de uma corrida move-se com extrema rapidez, a mais de 100 quilômetros por hora, sobre um terreno irregular e acidentado. Seu corpo realiza milhares de ajustes rapidíssimos às variações do terreno. Ora, o que é mais plausível: quando seu copro realiza tais ajustes, tal se dá somente porque o esquiador está empreendendo uma série velocíssima de cálculos inconscientes para aplicar regras inconscientes ou será porque o corpo dele está treinado de tal modo que essas variações do terreno são enfrentadas automaticamente? Em minha opinião, o corpo assume o comando e a Intencionalidade do competidor concentra-se em vencer a corrida. Isso não equivale a negar a existência de formas de Intencionalidade envolvidas no exercício de habilidades físicas nem que parte dessa Intencionalidade seja inconsciente.

Nenhum desses três conjuntos de considerações é, em sentido algum, conclusivo e seguramente nenhum argumento formal foi apresentado para demonstrar a hipótese do Background. Não obstante, um certo quadro começa a formar-se: temos efetivamente estados Intencionais, alguns conscientes, muitos inconscientes; tais estados formam uma Rede complexa. A Rede dissolve-se em um Background de capacidades (que incluem diversas habilidades, aptidões, suposições e pressuposições pré-intencionais, atitudes não representacionais e posturas). O Background não está na *periferia* da Intencionalidade, mas *permeia* toda a Rede de estados Intencionais; uma vez que sem o Background os estados não poderiam funcionar, estes não podem determinar condições de satisfação. Sem Background não poderia haver percepção, ação, ou memória, ou seja, esses estados Intencionais não poderiam existir. Dado esse quadro como hipótese de trabalho, as evidências em favor do Background começam a acumular-se por toda parte. Por exemplo, as regras para a realização de atos de fala ou para a interpretação dos atos de fala indiretos têm uma aplicação dependente do Background como as "regras" da metáfora.

Em última instância, essas considerações sugerem um argumento de caráter mais tradicional em favor do Background (embora eu confesse achar as "considerações" mais convincentes que o "argumento"): Suponhamos que o contrário da hipótese do Background fosse verdade, isto é, suponhamos que toda a vida mental Intencionalista e todas as capacidades cognitivas pudessem ser reduzidas inteiramente a representações: crenças, desejos, regras internalizadas, conhecimento de que determinada coisa é verdadeira etc. Cada uma dessas representações seria exprimível como um conteúdo semântico explícito (embora, é claro, muitos deles sejam inconscientes e, portanto, inacessíveis à introspecção do agente) e os processos mentais consistiriam em passar de um desses conteúdos semânticos para outro. Contudo, há certas dificuldades nesse quadro. Os conteúdos semânticos que a concepção nos fornece não podem ser aplicados por si mesmos. Ainda que dados os conteúdos semânticos, temos de saber o que *fazer* com eles, como aplicá-los, e esse conhecimento não pode consistir em outros conteúdos semânticos sem um regresso infinito. Suponhamos, por exemplo, que minha aptidão para andar consistisse de fato em eu haver internalizado uma série de regras para andar. Como poderiam ser essas regras? Bem, para começar, experimentemos a seguinte regra para andar: "Primeiro, ponha o pé esquerdo para a frente, depois o direito, depois o esquerdo e siga em frente desse modo". Como já vimos, porém, qualquer conteúdo semântico do tipo que acabamos de expressar está sujeito a uma variedade de interpretações. O que, exatamente, se entende por "pé", "movimento", "para a frente" e "seguir em frente desse modo"? Dados diferentes pressupostos de Background, poderíamos interpretar essa regra em um número indefinido de maneiras, muito embora, nas atuais circunstâncias, todos saibamos qual a interpretação "correta". Ora, esse conhecimento não pode ser representado como mais um conteúdo semântico, pois, nesse caso, o mesmo problema tornaria a se apresentar na íntegra: precisaríamos de outra regra para a correta interpretação da regra de interpretação para a regra de andar. A saída desse paradoxo é perceber que, em primeiro lugar, não precisamos de uma regra de andar: nós simplesmente andamos[4]. E nos casos em que de fato agimos segundo uma regra, em que seguimos uma regra, como nas regras dos atos de fala, simplesmente agimos com base nelas, sem precisarmos de outras regras para interpretá-las. Existem de fato representações, algumas das quais funcionam causalmente na produção de nosso comportamento, mas, na sequência de representações, acabamos por chegar a um fundamento último de capacidades. Como sugere Wittgenstein, nós simplesmente agimos.

Suponhamos que você escrevesse em um gigantesco rolo de papel todas as coisas em que acredita. Suponhamos que você incluísse todas as crenças que são, na verdade, axiomas que lhe permitem gerar mais crenças, e que escrevesse quaisquer "princípios de inferência" de que tivesse necessidade para derivar mais crenças de suas crenças anteriores. Assim, não seria necessário escrever que "7 + 1 = 8" e que "8 + 1 = 9"; um enunciado dos princípios da aritmética *à la* Peano daria conta da infinita capacidade gerativa de suas crenças matemáticas. Suponhamos agora que você escrevesse desse modo até a última de suas crenças. Quero dizer, no tocante a essa lista, que se tudo o que temos é uma expressão verbal do conteúdo de nossas crenças não temos absolutamente nenhuma Intencionalidade por enquanto. E isso não se dá porque aquilo que você escreveu são sinais gráficos "sem vida", sem significação, mas porque mesmo que as concebamos como expressões de entidades semânticas fregeanas, ou seja, como conteúdos proposicionais, as proposições não são autoaplicáveis. Ainda é preciso saber o que fazer com os elementos semânticos antes que possam funcionar; devemos ser capazes de aplicar os conteúdos semânticos para que estes possam determinar condições de satisfação. Ora, é essa capacidade de aplicar ou interpretar conteúdos Intencionais que estou afirmando ser uma função característica do Background.

III. EM QUE SENTIDO O BACKGROUND É MENTAL?

É possível argumentar, como já vi argumentarem, que aquilo que estivemos chamando Background é na verdade um fator social, um produto da interação social, ou que é fundamentalmente biológico, ou mesmo que consiste de objetos reais no mundo, tais como cadeiras e mesas, martelos e pregos – "a totalidade referencial do equipamento à mão", em uma veia heideggeriana. Quero afirmar que há pelo menos um elemento de verdade em todas essas concepções, mas que isso não nos desvia do sentido crucial em que o Background consiste de fenômenos mentais.

Cada um de nós é um ser biológico e social em um mundo de outros seres biológicos e sociais, rodeados por artefatos e objetos naturais. Ora, o que venho chamando de Background na verdade é derivado de toda a congérie de relações que todo ser biológico-social guarda com o mundo à sua volta. Sem minha constituição biológica e sem o conjunto de relações sociais em que estou envolvido, não poderia ter o Background que tenho. Mas todas essas relações biológicas, sociais e físicas, todos esses envolvimentos, só são relevantes para a produção do Background em virtude dos efeitos que este tem sobre mim, especificamente os efeitos que tem sobre meu cérebro-mente. O mundo só é relevante para o meu Background por causa de minha interação com o mundo; e para esclarecer essa questão podemos apelar para a conhecida fábula do "cérebro-na-cuba". Ainda que eu fosse um cérebro em uma cuba – ou seja, mesmo que todas as minhas percepções e ações no mundo fossem alucinações e as condições de satisfação de todos os meus estados Intencionais externamente referentes fossem, na verdade, não satisfeitos – não obstante eu teria o conteúdo Intencional que tenho e, assim, por força, teria exatamente o mesmo Background que teria se não fosse um cérebro em uma cuba e não tivesse esse conteúdo Intencional particular. O *fato* de que tenho um certo conjunto de estados Intencionais e o *fato* de que tenho um Background não exigem logicamente que eu esteja efetivamente em certas relações com o mundo à minha volta, embora eu não pudesse, por uma questão de fato empírico, ter o Background que tenho sem uma história biológica específica e um conjunto específico de relações sociais com outras pessoas e relações físicas com objetos naturais e artefatos. O Background, portanto, não é um conjunto de coisas nem um conjunto de relações misteriosas entre nós e as coisas, mas simplesmente um conjunto de habilidades, suposições e pressuposições pré-intencionais, posturas, práticas e hábitos. Tudo isso, até onde se sabe, é realizado nos cérebros e corpos humanos. Não há absolutamente nada de "transcendental" ou "metafísico" acerca do Background, no sentido em que estou empregando o termo.

IV. QUAL A MELHOR FORMA DE ESTUDARMOS O BACKGROUND?

Creio que o mais proveitoso é estudar o Background em casos de pane, casos em que os estados Intencionais não conseguem alcançar suas condições de satisfação devido a alguma falha no conjunto de condições pré-intencionais de Background referentes à Intencionalidade. Consideremos dois tipos de exemplos. Suponhamos que, ao entrar em meu escritório, eu depare subitamente com um enorme abismo do outro lado da porta. Meus esforços para entrar no escritório seriam com certeza frustrados, o que constitui uma falha na realização das condições de satisfação de um estado Intencional. Mas a razão para essa falha está relacionada a uma pane em minhas pressuposições de Background. Não se trata de eu sempre ter tido uma crença – consciente ou inconsciente – de que não há abismos do outro lado de minha porta, ou mesmo de eu sempre ter acreditado que meu piso era "normal"; antes, o conjunto de hábitos, práticas e suposições pré-intencionais que tenho acerca de meu escritório quando tento intencionalmente entrar nele falharam nesse caso e, por esse motivo, minha intenção foi frustrada. Um segundo tipo de caso diz respeito ao exercício de habilidades físicas. Suponhamos que, ao tentar nadar, eu descubra subitamente que sou incapaz de o fazer. Sempre capaz de nadar desde a infância, descubro-me subitamente incapaz de dar uma única braçada. Nesse caso, pode-se dizer que dois estados Intencionais foram frustrados. Em primeiro lugar, minha intenção de nadar foi frustrada e, em segundo, minha crença de que sou capaz de nadar foi falseada. A efetiva capacidade de nadar, porém, não é nem uma intenção nem uma crença. A efetiva capacidade de nadar, minha capacidade de realizar determinados movimentos físicos, nesse caso simplesmente faltou-me. Pode-se dizer que o que temos, no primeiro caso, é uma falha no "modo como as coisas são" e o que temos no segundo caso é uma falha no "modo como fazer as coisas". Em ambos temos uma pane, que se manifesta na falha em realizar as condições de satisfação de algum estado Intencional; contudo, a razão para essa falha, em ambos os casos, não é mais uma falha referente à Intencionalidade, mas sim uma pane no funcionamento das capacidades pré-intencionais subjacentes aos estados intencionais em questão.

V. POR QUE ESTAMOS TENDO TANTAS DIFICULDADES EM DESCREVER O BACKGROUND OU MESMO EM ENCONTRAR UMA TERMINOLOGIA NEUTRA PARA O DESCREVER? E POR QUE NOSSA TERMINOLOGIA SEMPRE PARECE "REPRESENTACIONAL"?

O leitor já deve ter notado que há uma dificuldade real em encontrar termos da linguagem comum para descrever o Background: fala-se vagamente de "practices" ("práticas"), "capacities" ("capacidades") e "stances" ("atitudes") ou se fala sugestivamente, mas de maneira passível de induzir a erro, de "assumptions" ("suposições") e "presuppositions" ("pressuposições"). Estes últimos termos devem ser literalmente errôneos, pois implicam o aparato da representação com seus conteúdos proposicionais, suas relações lógicas, valores de verdade, direções do ajuste etc.; e é por isso que, normalmente, prefacio os termos "assumption" ("suposição") e "presupposition" ("pressuposição") com o termo aparentemente oximorônico "preintentional" ("pré-intencional"), uma vez que o sentido de "assumption" ("suposição") e "presupposition" ("pressuposição") em questão não é representacional. Minhas expressões favoritas são "capacities" ("capacidades") e "practices" ("práticas"), uma vez que estas podem ter êxito ou fracassar sem serem em si mesmas representações. Contudo, mesmo elas são inadequadas, pois não conseguem transmitir uma implicação apropriada de que se trata de fenômenos explicitamente mentais. O fato de não termos nenhum vocabulário natural para discutir os fenômenos em questão e o fato de tendermos a cair em um vocabulário Intencionalista deveria chamar a nossa atenção. Por que ocorre isso?

A principal função da mente é, em nossa acepção especial da palavra, representar. E, o que não é de estranhar, as línguas como o inglês proporcionam-nos um vocabulário bastante rico para descrever essas representações, um vocabulário de memory (memória) e intention (intenção), belief (crença) e desire (desejo), perception (percepção) e action (ação). Mas, assim como a língua não está muito bem aparelhada para falar de si mesma, a mente não é bem aparelhada para refletir sobre si mesma: ficamos bem à vontade com estados Intencionais de primeira ordem e bem à vontade com um vocabulário de primeira ordem para esses estados: por exemplo, *acreditamos* (*believe*) que parou de chover, *desejamos* (*desire*) beber uma cerveja gelada e *sentimos muito* (*are sorry*) que as taxas de juro tenham caído. Quando chega o momento de fazer investigações de segunda ordem de nossos estados de primeira ordem, não temos vocabulário algum à disposição, exceto o de primeira ordem. Nossas investigações de segunda ordem dos fenômenos de primeira ordem adotam, muito naturalmente, o vocabulário de primeira ordem, de modo que se pode dizer, muito naturalmente, que *refletimos* (*reflect*) sobre a reflexão (reflection), temos *crenças* (*beliefs*) sobre a crença (believing) e até *pressupomos* (*presupose*) a pressuposição (presupposition). Mas quando se trata de examinar as condições da possibilidade do funcionamento da mente, nós simplesmente temos um vocabulário muito exíguo à nossa disposição, afora o vocabulário dos estados Intencionais de primeira ordem. Simplesmente não existe vocabulário de primeira ordem para o Background, porque este não tem Intencionalidade. Como precondição da Intencionalidade, o Background é tão invisível para a Intencionalidade quanto o olho que vê é invisível a si mesmo.

Além disso, como o único vocabulário de que dispomos é o dos estados mentais de primeira ordem, quando efetivamente refletimos sobre o Background a tentação é representar os seus elementos segundo o modelo de outros fenômenos mentais e pensar que nossas representações são de representações. Que outra coisa poderiam ser? Almoçando em um restaurante, ergo minha caneca de cerveja e me surpreendo por sua leveza. Uma inspeção revela que a grossa caneca não é de vidro e sim de plástico. Diríamos, naturalmente que eu *acreditava* que a caneca era de vidro e que *esperava* que ela fosse pesada. Mas está errado. No sentido em que eu realmente acredito, sem ter jamais pensado explicitamente sobre isso, que as taxas de juros vão cair e que de fato espero uma interrupção da atual onda de calor, eu não tinha tais crenças e expectativas acerca da caneca de cerveja, mas simplesmente agi. O uso comum convida-nos a tratar – e podemos tratar e tratamos – os elementos do Background como se fossem representações, mas não decorre disso, nem se verifica, que, ao funcionarem, tais elementos funcionem como representações. O preço que pagamos por ir deliberadamente contra a linguagem comum é a metáfora, o oximoro e o neologismo sem rodeios.

VI. COMO FUNCIONA O BACKGROUND?

O Background proporciona um conjunto de condições capacitantes que possibilitam o funcionamento de formas particulares de Intencionalidade. Assim como a Constituição dos Estados Unidos permite que um certo candidato em potencial passe a ter a intenção de ser Presidente e assim como as regras de um jogo permitem a execução de certos movimentos, o Background nos capacita a ter formas particulares de Intencionalidade. Tais analogias, no entanto, passam a ser insatisfatórias quando refletimos em que as regras do jogo e a Constituição são conjuntos de representações; especificamente, são conjuntos de regras constitutivas. O Background, repetindo, não é um conjunto de representações, mas, tal como a estrutura do jogo ou a da Constituição, proporciona não obstante um conjunto de condições capacitantes. O Background funciona causalmente, mas a causação em questão não é determinante. Em termos tradicionais, o Background proporciona condições necessárias, mas não suficientes, para entender, acreditar, desejar, tencionar etc. e, nesse sentido, é capacitante e não determinante. Nada me força ao entendimento correto do conteúdo semântico da sentença "Open the door" ("Abra a porta"), mas, sem o Background, o entendimento que tenho não seria possível e qualquer entendimento requer um Background qualquer. Portanto, seria incorreto pensar no Background como algo que forma uma ponte entre o conteúdo Intencional e a determinação das condições de satisfação, como se o próprio conteúdo Intencional não fosse capaz de alcançar as condições de satisfação. Seria ainda mais incorreto pensar no Background como um conjunto de funções que tomam conteúdos Intencionais como argumentos e determinam condições de satisfação como valores. Ambas essas concepções interpretam o Background como mais um conteúdo Intencional que se prende ao conteúdo Intencional primário. Na concepção que estou apresentando, é, antes, o conjunto de práticas, habilidades, hábitos e atitudes que permitem que os estados Intencionais funcionem nas diversas maneiras que funcionam e é nesse sentido que o Background funciona causalmente, ao fornecer um conjunto de condições capacitantes para a operação dos estados Intencionais.

Muitos problemas filosóficos se originam da dificuldade em se compreender a natureza e a operação do Background. Mencionarei apenas uma fonte desses problemas: tal como observei anteriormente, é sempre possível tomar um elemento do Background e tratá-lo como uma representação mas não decorre do fato de ser possível tratar um elemento do Background como uma representação, que este funcione, quando funciona, como uma representação. Bom exemplo disso é a disputa filosófica corrente e recorrente acerca de algo denominado "realismo". O realismo, quero dizer, não é uma hipótese, crença ou tese filosófica, mas faz parte do Background na seguinte maneira: meu compromisso com o "realismo" fica patente no fato de eu viver do modo como vivo, dirigir meu carro, beber minha cerveja, escrever meus artigos, fazer minhas conferências e esquiar em minhas montanhas. Ora, além de todas essas atividades, cada uma delas manifestação de minha Intencionalidade, não há uma "hipótese" complementar de que o mundo real existe. Meu compromisso com a existência do mundo real se manifesta toda vez que realizo praticamente qualquer atividade. É um erro tratar esse compromisso como se fosse uma hipótese, como se, além de esquiar, beber, comer etc., eu sustentasse uma crença – a de que existe um mundo real independente de minhas representações do mesmo. Depois de concebermos o funcionamento do Background desse modo equivocado, ou seja, uma vez tratado aquilo que é pré-intencional como se fosse uma espécie de Intencionalidade, a questão torna-se imediatamente problemática. Fica parecendo que eu nunca poderia mostrar ou demonstrar a existência de um mundo real independente de minhas representações do mesmo. Mas é claro que eu nunca poderia mostrar ou demonstrar isso, uma vez que qualquer *mostra* ou *demonstração* pressupõe o Background, e este é a corporificação de meu compromisso com a realidade. As discussões contemporâneas do realismo são, em sua maior parte, estritamente desprovidas de sentido, pois a própria formulação da pergunta, na verdade qualquer pergunta, pressupõe o realismo pré-intencional do Background. Não pode haver uma pergunta plenamente significativa na forma "Existe um mundo real independente de minhas representações do mesmo?", pois o próprio fato de termos representações só pode existir sobre um Background que confira às representações o caráter de "representar alguma coisa". Isso não quer dizer que o realismo seja uma hipótese verdadeira, mas, antes, que não se trata absolutamente de uma hipótese, e sim da precondição para se ter hipóteses.

CAPÍTULO 6
SIGNIFICADO

I. SIGNIFICADO E INTENCIONALIDADE

A abordagem à Intencionalidade adotada neste livro é resolutamente naturalista: penso nos estados, processos e eventos Intencionais como parte da história de nossa vida biológica, do mesmo modo que a digestão, o crescimento e a secreção de bílis fazem parte da história de nossa vida biológica. De um ponto de vista evolucionário, da mesma forma como há uma ordem de prioridade no desenvolvimento de outros processos biológicos, há uma ordem de prioridade no desenvolvimento dos fenômenos Intencionais. Nesse desenvolvimento, a linguagem e o significado, ao menos no sentido que lhes é atribuído pelos seres humanos, surgiram bem tardiamente. Muitas outras espécies além da humana têm percepção sensorial e ação intencional, e algumas, os primatas com certeza, têm crenças, desejos e intenções, mas muito poucas espécies, talvez apenas a humana, têm uma forma de Intencionalidade não só peculiar, como também biologicamente baseada, que associamos à linguagem e ao significado.

A intencionalidade difere de outros tipos de fenômenos biológicos por ter uma estrutura lógica e, assim como há prioridades evolucionárias, há também prioridades lógicas. Uma consequência natural da abordagem biológica advogada neste livro é considerar o significado, no sentido em que os falantes significam alguma coisa por suas emissões, como um desenvolvimento especial de formas mais primitivas de Intencionalidade. Assim concebido, o significado do falante deve ser inteiramente definível em termos de formas mais primitivas de Intencionalidade. E a definição é não trivial nesse sentido: definimos o significado do falante em termos de formas de Intencionalidade não intrinsecamente linguísticas. Por exemplo, se pudermos definir o significado em termos de intenções, teremos definido uma noção linguística em termos de uma noção não linguística, embora muitas das intenções humanas, talvez a maioria, sejam de fato linguisticamente realizadas.

Nesta abordagem, a filosofia da linguagem é um ramo da filosofia da mente. Em sua forma mais geral, filia-se à concepção segundo a qual certas noções semânticas fundamentais, como o significado, são analisáveis em termos de noções psicológicas ainda mais fundamentais, como a crença, o desejo e a intenção. Tais concepções são bastante comuns na filosofia, mas há uma discordância considerável entre os adeptos da abordagem segundo a qual a linguagem está subordinada à mente quanto à aparência que deve ter a análise de noções semânticas. Uma das versões mais influentes dessa concepção (derivada de Grice)[1] é que, para um falante, significar alguma coisa por uma emissão é ter um certo conjunto de intenções direcionadas para uma audiência real ou possível:

para o falante, significar alguma coisa por uma emissão é fazer essa emissão com a intenção de produzir certos efeitos sobre sua audiência. Característicamente, os adeptos dessa concepção julgam as noções de intenção e ação, bem como outras noções mentais, como a crença e o desejo, como não analisadas.

Neste capítulo, quero retomar a discussão da análise do significado em termos das intenções do falante. A abordagem que adotarei difere da tradicional, inclusive daquela de meus trabalhos anteriores, em dois aspectos importantes. Primeiro, adotarei a interpretação das ações e dos estados Intencionais apresentada nos capítulos anteriores para fundamentar as noções de significado e de atos de fala em uma teoria mais geral da mente e da ação. O significado é um tipo de Intencionalidade; o que o distingue dos outros tipos? Os atos de fala são tipos de ato; o que os distingue dos outros tipos? Segundo, rejeitarei a ideia de que as intenções relevantes para os significados são aquelas que produzem *efeitos* sobre terceiros. A questão fundamental que abordarei é simplesmente esta: Quais as características das intenções do falante em emissões significativas que fazem com que o falante signifique alguma coisa por sua emissão? Quando um falante faz uma emissão, produz um evento físico; em termos muito simples, pergunta-se: O que sua intenção acrescenta ao evento físico para que este se caracterize na instância de um falante que significa alguma coisa por seu intermédio? Como passamos, por assim dizer, da física para a semântica?

Esta pergunta, "Quais são as características das intenções do falante que as tornam conferidoras de significação?", deve ser distinguida de diversas outras perguntas na filosofia da linguagem que, na minha opinião, são totalmente irrelevantes para ela. Por exemplo, o problema de como os falantes são capazes de produzir e entender um número potencialmente infinito de sentenças é importante, mas não tem nenhum vínculo especial com o problema do significado. Este, ao menos na forma em que o estou formulando, permaneceria exatamente o mesmo para o falante de um idioma que permitisse apenas um número finito de sentenças.

Outra pergunta correlata é: Que conhecimento deve ter um falante para que possa ser tido como conhecedor de um idioma, como o francês ou o inglês? O que um falante sabe quando sabe francês, por exemplo? Esta também é uma pergunta interessante, mas não tem vínculo especial algum com o problema do significado, ao menos não da forma como o estou concebendo. O problema do significado surgiria até para duas pessoas que estivessem se comunicando sem utilizar um idioma comum. Às vezes, por exemplo, em um país estrangeiro, acontece-me tentar comunicar-me com pessoas com as quais não tenho nenhum idioma comum. Em uma situação tal, o problema do significado surge de forma aguda, e minha pergunta é: O que há em minhas intenções em tal situação que as torna especialmente significativas? Nessa situação, significo alguma coisa por meus gestos, ao passo que em outra, fazendo os mesmos gestos, posso não significar coisa alguma. Como funciona isso nos casos significativos?

Em nossa discussão da estrutura da ação no capítulo 3, analisamos ações simples como erguer o braço em seus componentes correlatos: uma ação intencional levada a cabo com êxito consiste em uma intenção-em-ação e em um movimento corporal. A intenção-em-ação tanto causa como apresenta o movimento corporal. Causado por ela, o movimento corporal equivale às condições de satisfação da intenção-em-ação. Em uma sequência que envolve uma intenção prévia e uma ação que consiste em levar a cabo essa intenção, a intenção prévia representa a ação toda, causa a intenção-em-ação, que, por sua vez, causa o movimento corporal e, pela transitividade da causação, pode-se dizer que a intenção prévia causa a ação completa.

Na vida real, contudo, muito poucas intenções e ações são simples assim. Um tipo de ação complexa envolve uma relação causal por-meio-de. Assim, por exemplo, tal como vimos no capítulo 3, seção V, um homem pode tencionar apertar o gatilho de uma arma para atingir seu inimigo. Cada passo da sequência – apertar o gatilho, disparar a arma, atingir o inimigo – é uma etapa causal, e a intenção-em-ação abrange as três etapas. O assassino tenciona atirar no inimigo por meio de disparar a arma e tenciona disparar a arma por meio de apertar o gatilho. Mas nem todas as ações complexas são causais dessa forma. Se um homem recebesse a ordem de erguer o braço, poderia erguê-lo com a intenção de obedecer à ordem. Teria, assim, uma intenção complexa: a intenção de erguer o braço para obedecer à ordem. Mas a relação entre erguer o braço e obedecer à ordem não é causal do mesmo modo que apertar o gatilho e disparar a arma é uma relação causal. Nesse caso, há condições de satisfação relacionadas ao movimento corporal que não tencionam causar o movimento ou ser causadas por ele: o homem tenciona erguer o braço por meio de obedecer à ordem, mas não tenciona que a elevação do braço cause mais algum fenômeno além de ele obedecer à ordem. Nesse contexto, erguer o braço é apenas obedecer à ordem e nisso se resume sua intenção. Tais condições de satisfação não causais adicionais são também características das intenções significativas, tal como veremos em breve.

Para podermos esclarecer as intenções significativas, precisamos entender essas várias noções: a distinção entre as intenções prévias e as intenções em ação, o caráter causal e autorreferente de ambas, e a presença de condições tanto causais como não causais nas intenções complexas, sejam estas intenções prévias ou intenções em ação.

II. A ESTRUTURA DAS INTENÇÕES DE SIGNIFICAÇÃO

Com este aparato em mãos, dirijamo-nos para a questão central deste capítulo: qual a estrutura das intenções de significação? O problema é: quais as condições de satisfação das intenções em ação dos enunciados que lhes conferem propriedades semânticas? Produzo um ruído com a boca ou fixo sinais gráficos em um papel. Qual a natureza da intenção complexa em ação que faz com que a produção desses sinais gráficos ou desses sons seja algo mais que a simples produção de sinais gráficos e sons? A resposta breve é que eu tenho a intenção de que a produção dos sinais e dos sons seja a realização de um ato de fala. A resposta longa é caracterizar a estrutura dessa intenção.

Antes de atacar de frente esta questão, gostaria de mencionar mais algumas características peculiares que devemos explicar. Quero especificar mais algumas condições de adequação para a análise.

Afirmei anteriormente que há um nível duplo de Intencionalidade na realização de atos ilocucionários, um nível do estado Intencional expresso na realização do ato e o grau da intenção de realizar o ato. Quando, por exemplo, faço a afirmação de que está chovendo, ao mesmo tempo em que expresso a *crença* de que está chovendo, realizo o *ato intencional* de afirmar que está chovendo. Além disso, as condições de satisfação do estado mental expresso na realização do ato de fala são idênticas às condições de satisfação do próprio ato de fala. Um enunciado será verdadeiro se a crença expressa for verdadeira; uma ordem será realizada se o desejo expresso for atendido; uma promessa será cumprida se a intenção expressa for levada a cabo. Esses paralelos não são acidentais e qualquer teoria do significado deve explicá-los. Ao mesmo tempo, porém, temos de ter em mente a distinção entre fazer um enunciado e fazer um enunciado verdadeiro, entre dar uma ordem e dar uma ordem que é obedecida, entre fazer uma promessa e fazer uma promessa que é cumprida. Em cada caso, a intenção de significação é uma intenção de realizar apenas a primeira metade – fazer um enunciado, dar uma ordem, fazer uma promessa – e, no entanto, de um certo modo essa intenção já tem uma relação interna com a segunda metade, dado que a intenção de fazer um enunciado específico deve determinar o que passa por verdade do enunciado; a intenção de dar uma ordem deve determinar o que passa por obediência à ordem etc. O fato de as condições de satisfação do estado Intencional expresso e as do ato de fala serem idênticas sugere que a chave do problema do significado é perceber que, na realização do ato de fala, a mente impõe intencionalmente à expressão física do estado mental expresso as mesmas condições de satisfação do próprio estado mental. A mente impõe Intencionalidade à produção de sons, sinais gráficos etc., pela imposição das condições de satisfação do estado mental à produção dos fenômenos físicos.

Pelo menos as seguintes são condições de adequação para a nossa análise:

1. Há um nível duplo de Intencionalidade na realização do ato de fala, um nível do estado psicológico expresso na realização do ato de fala e um nível da intenção com que o ato é realizado e que faz dele o ato que é. Chamemo-los, respectivamente, de "condição de since-

ridade" e "intenção de significação". Em sua forma mais geral, nossa tarefa é caracterizar a intenção de significação e uma condição de adequação dessa caracterização é que explique esse duplo nível de Intencionalidade.

2. As condições de satisfação do ato de fala e as condições de satisfação da condição de sinceridade são idênticas. Ora, nossa abordagem da intenção de significação deve mostrar de que maneira isso ocorre, mesmo que as condições de satisfação da intenção de significação sejam diferentes tanto das condições de satisfação do ato de fala quanto das condições de sinceridade. A intenção de fazer um enunciado, por exemplo, difere daquela de fazer um enunciado verdadeiro, mas, mesmo assim, a intenção de fazer um enunciado deve comprometer desde logo o falante a fazer um enunciado verdadeiro e a expressar a crença na verdade do enunciado que está fazendo. Em resumo, nossa segunda condição de adequação é que nosso estudo da intenção de significação deve explicar por quê, embora as condições de satisfação da intenção de significação não sejam as mesmas que as condições de satisfação do ato de fala ou do estado psicológico expresso, o conteúdo da intenção de significação deve determinar que o ato de fala e as condições de sinceridade tenham as condições de satisfação que têm e que tenham as mesmas condições de satisfação. Por que, por exemplo, minha intenção de enunciar que está chovendo, que pode ser satisfeita mesmo se não estiver chovendo, não obstante determina que o meu ato de fala será satisfeito se estiver chovendo e será a expressão de uma crença que será satisfeita se estiver chovendo?

3. Precisamos estabelecer uma clara distinção entre representação e comunicação. Caracteristicamente, um homem que faz um enunciado tenciona ao mesmo tempo representar um fato ou estado de coisas e comunicar

essa representação a seus ouvintes. Mas sua intenção de representação não é a mesma que sua intenção de comunicação. Comunicar é uma questão de produzir certos efeitos em nossos ouvintes, mas pode-se ter a intenção de representar algo sem a menor preocupação quanto aos efeitos sobre os ouvintes. Pode-se fazer um enunciado sem ter a intenção de produzir convicções ou crenças nos ouvintes ou sem ter a intenção de fazer com que acreditem que o falante acredita no que diz ou mesmo sem ter sequer a intenção de fazê-los entender alguma coisa. Há, portanto, dois aspectos nas intenções de significação, a intenção de representar e a intenção de comunicar. A discussão tradicional desses problemas, meu próprio trabalho inclusive, sofre de uma falha em distinguir entre ambas as intenções e em partir da suposição de que o significado pode ser totalmente descrito em termos de intenções de comunicação. Na presente abordagem, a representação é anterior à comunicação e as intenções de representação são anteriores às intenções de comunicação. Parte daquilo que comunicamos é o conteúdo das nossas próprias representações, mas podemos ter a intenção de representar algo sem ter a intenção de comunicar. E o contrário não é válido para os atos de fala com conteúdo proposicional e direção do ajuste. Pode-se ter a intenção de representar sem ter a intenção de comunicar, mas não se pode ter a intenção de comunicar sem ter a intenção de representar. Não posso, por exemplo, ter a intenção de informar-lhes que está chovendo sem ter a intenção de que minha emissão represente, verdadeira ou falsamente, as condições do tempo[2].

4. Já argumentei alhures[3] que há cinco, e apenas cinco, categorias básicas de atos ilocucionários: assertivos, quando dizemos aos ouvintes (verdadeira ou falsamente) como as coisas são; diretivos, quando tentamos fazer

com que realizem coisas; compromissivos, quando nos comprometemos a fazer alguma coisa; declarações, quando provocamos mudanças no mundo através de nossas emissões; e expressivos, quando expressamos nossos sentimentos e atitudes. Ora, encontramos esses cinco tipos de atos ilocucionários "empiricamente", por assim dizer. Os atos de fala que realizamos e com os quais deparamos exibem apenas esses cinco tipos. Mas, se estes são de fato os cinco tipos básicos, deve haver alguma razão mais profunda para tal. Se o modo como a linguagem representa o mundo é uma extensão e uma realização do modo como a mente o representa, esses cinco tipos devem derivar de características fundamentais da mente.

A Intencionalidade da mente não só cria a possibilidade do significado, como também limita as suas formas. Por que razão, por exemplo, temos emissões performativas para pedir desculpas, enunciar, ordenar, agradecer e felicitar – todos casos em que podemos realizar um ato ao dizer que o estamos realizando, ou seja, representando-nos como realizando-os – mas não temos e não podemos ter um performativo para, por exemplo, fritar um ovo? Se alguém diz "Peço desculpas", pode com isso pedir desculpas, mas se diz "Frito um ovo" não pode com isso fritar um ovo. Talvez Deus possa fritar um ovo simplesmente emitindo uma sentença performativa desse tipo, mas nós não podemos. Por que não? Outra meta da análise do significado, portanto, é mostrar de que modo as possibilidades e limitações do significado derivam da Intencionalidade da mente.

Precisamos de um exemplo com o qual trabalhar; tomemos um caso em que um homem realiza um ato de fala realizando alguma ação básica como erguer o braço. Suponhamos que você e eu tenhamos combinado de antemão que, se eu erguer o braço, tal ação deverá servir como um sinal da ocorrência de determinado fato. Suponhamos, em um contexto militar, que eu sinalize desde o alto de uma colina para você, postado no alto de outra, que o inimigo recuou e que, por uma combinação anterior, eu sinalize tal fato erguendo o braço. Como é que isso funciona? A intenção complexa em ação tem o seguinte conteúdo, no que diz respeito à representação:

> (Meu braço se ergue como resultado dessa intenção em ação e a elevação de meu braço tem como condições de satisfação, com uma direção do ajuste mente(ou emissão)-mundo, que o inimigo tenha recuado).

Isso parece algo estranho, mas creio que estamos no caminho certo. O problema do significado se resume em elucidar como a mente impõe Intencionalidade a entidades não intrinsecamente Intencionais. Como é possível que meras coisas possam representar? E a resposta que estou propondo é que o ato de emissão é realizado com a intenção de que a própria emissão tenha condições de satisfação. As condições de satisfação da crença de que o inimigo está recuando são transferidas para a emissão por um ato Intencional. Portanto, a razão pela qual a realização do ato de fala, ou seja, nesse caso, o erguer o braço, serve como expressão da crença de que o inimigo está recuando é que ele é realizado com a intenção de que suas condições de satisfação sejam precisamente aquelas da crença. Na verdade, o que o torna uma ação significativa, no sentido linguístico de uma ação significativa, é ter essas condições de satisfação intencionalmente impostas. O elemento-chave na análise das intenções de significação é simplesmente esse: para a maioria dos atos de fala, as intenções de significação são, ao menos em parte, intenções de representar, e uma intenção de representar é uma intenção de que *os eventos físicos que constituem parte das condições de satisfação (no sentido de coisa requerida) da intenção tenham, eles próprios, condições de satisfação (no sentido de requisito)*. No exemplo, as condições de satisfação são que meu braço se erga e que este erguer-se tenha condições de satisfação, nesse caso condições de verdade. O primeiro conjunto de condições de satisfação está causalmente relacionado com a intenção: a intenção deve causar a elevação de meu braço. Nesse caso assertivo, o segundo conjunto de condições de satisfação – que o inimigo tenha recuado – não está causalmente relacionado com a intenção. A emissão pretende ter a direção do ajuste mente(ou emissão)-mundo.

Ora, se até aqui eu estiver no caminho certo, a passagem da intenção de representação para a intenção de comunicação é bastante simples. A intenção de comunicação consiste simplesmente na intenção de que o ouvinte reconheça que o ato foi realizado com a intenção de representação. Logo, ao sinalizar para você através da elevação de meu braço, minha intenção é conseguir que você reconheça que estou sinalizando que o inimigo recuou. E, no jargão empregado até agora, isso equivale ao seguinte:

> (Essa intenção em ação causa a elevação de meu braço e a elevação de meu braço tem como condições de satisfação, com a direção do ajuste mente(ou emissão)-mundo, que o inimigo esteja recuando e que minha audiência reconheça tanto que meu braço se está elevando como que esse ato de elevar-se conta com tais condições de satisfação).

Observe-se que essa explicação distingue claramente entre a parte do significado relacionada à representação – a qual, como já afirmei, acredito ser o cerne do significado – e a parte relacionada à comunicação. Em segundo lugar, ela não tem o defeito de confundir a intenção de fazer um enunciado com a intenção de fazer um enunciado verdadeiro, ou a intenção de fazer um enunciado com a intenção de produzir na audiência certos efeitos, como crença ou convicção. Caracteristicamente, quando fazemos efetivamente um enunciado, tencionamos fazer um enunciado verdadeiro e tencionamos produzir certas crenças em nossa audiência, mas, apesar disso, a intenção de fazer um enunciado é diferente da intenção de produzir convicção ou da intenção de falar a verdade. Qualquer estudo da linguagem deve levar em conta o fato de que é possível mentir e é possível realizar um enunciado ao mesmo tempo em que se mente. E qualquer estudo da linguagem deve levar em conta o fato de que é possível ter-se êxito total em fazer um enunciado e, ao mesmo tempo, fracassar em fazer um enunciado verdadeiro. Outrossim, qualquer estudo da linguagem deve levar em conta o fato de que uma pessoa pode fazer um enunciado e estar totalmente indiferente quanto ao fato de sua audiência acreditar ou não nela, ou mesmo de a audiência compreendê-la ou não. A presente abordagem leva em conta essas condições porque nela a essência de se fazer um enunciado é representar algo enquanto verdadeiro e não comunicar representações de um indivíduo a seus ouvintes. Pode-se representar alguma coisa como sendo o caso mesmo que se acredite que não o seja (uma mentira); mesmo que se acredite que seja o caso, mas não o seja (um engano); e mesmo que não se esteja interessado em convencer ninguém de que é o caso ou mesmo em levar alguém a reconhecer que se está representando algo como sendo o caso. A intenção de representação é independente da intenção da comunicação e é uma questão de impor as condições de satisfação de um estado Intencional a um estado aberto e, com isso, expressar tal estado Intencional.

Outra maneira de abordar a mesma questão é perguntar-se qual a diferença entre dizer alguma coisa com o propósito de significar precisamente tal coisa e dizer alguma coisa sem pretender significá-la. Wittgenstein faz-nos amiúde esse tipo de pergunta para lembrar-nos que "significar" não é o nome de um processo introspectivo; mesmo assim, há uma diferença entre dizer uma coisa e significá-la e dizer uma coisa e não a significar. Qual é essa diferença, exatamente? Pelo menos esta: Quando digo algo e significo isso, meu enunciado tem condições de satisfação de um modo que não tem se eu disser a mesma coisa sem a significar. Se eu disser "Es regnet" como modo de treinar minha pronúncia alemã, o fato de o Sol estar ou não brilhando quando pronuncio essa sentença é irrelevante. Mas se eu disser "Es regnet" querendo significar isso, o fato de o Sol estar brilhando é relevante; torna-se relevante porque dizer uma coisa e querer significá-la é uma questão de dizê-la com as condições de satisfação intencionalmente impostas ao enunciado.

Creio que aprofundaremos nossa discussão dessas questões se mostrarmos como se aplicam a outros tipos de atos de fala. Quando nos voltamos para os diretivos e os compromissivos vemos que, ao contrário dos enunciados, têm eles uma direção de ajuste mundo-palavra e sua análise torna-se mais complicada pelo fato de terem uma forma adicional de autorreferência causal. No caso de uma ordem, ela só é obedecida se o ato ordenado ao ouvinte for levado a cabo por este a título de obedecer à ordem. E, no caso de uma promessa, ela só é cumprida se a ação prometida for realizada a título de cumprir a promessa. Podemos esclarecer esse ponto com o tipo de exemplo que consideramos no capítulo 3 (derivado de

Wittgenstein). Suponhamos que você me ordene sair da sala. Eu poderia dizer, "Bem, eu ia sair de qualquer modo, mas não faria isso só porque você me ordenou". Teria obedecido à ordem se saísse então da sala? Por certo não a teria desobedecido; mas, em um sentido pleno, tampouco se pode dizer que eu a tivesse obedecido. Por exemplo, com base em uma série de exemplos do mesmo tipo, não descreveríamos o nosso ouvinte como uma pessoa "obediente". Observações análogas se aplicam ao prometer. O que esses exemplos pretendem demonstrar, na presente discussão, é que, além do caráter autorreferente de todas as intenções, a intenção de fazer uma promessa ou dar uma ordem deve impor uma condição de satisfação autorreferente à emissão. Promessas e ordens são autorreferentes porque suas condições de satisfação fazem referência às próprias promessas e ordens. No sentido pleno, apenas *cumprimos* uma promessa ou *obedecemos* a uma ordem se fizermos o que fazemos *através do* cumprimento da promessa ou da obediência à ordem.

Outra forma de se perceber essa mesma característica é observar que tanto as promessas como as ordens criam *razões* para as condições de satisfação de um modo totalmente diferente daquele dos enunciados. Assim, fazer um enunciado por si só não cria a evidência da verdade do enunciado. Fazer uma promessa, porém, cria uma razão para se realizar a coisa prometida e pedir a uma pessoa que faça alguma coisa cria uma razão para que ela a faça.

Qual é, então, a estrutura da intenção de significação ao se emitir uma ordem? Suponhamos, em nossa situação anterior, que eu erga o braço a título de sinalizar-lhe que você deve recuar, ou seja, a título de lhe *ordenar* que se retire. Se com erguer o braço tenciono uma diretiva, então tenciono pelo menos o seguinte:

> (Meu braço se eleva como resultado dessa intenção em ação e a elevação de meu braço tem como condições de satisfação, com uma direção de ajuste mundo-mente(ou emissão), que você recue e que recue porque a elevação de meu braço tem essas condições de satisfação).

O que ordeno é a sua obediência, mas, para *obedecer* à minha ordem, você tem de fazer aquilo que lhe ordeno fazer e minha ordem deve ser a razão para que você a faça. Minha ordem só é obedecida se você fizer o ato *a título de* obedecer à ordem.

A intenção de comunicação é simplesmente a intenção de que esta intenção de representação seja reconhecida pelo ouvinte. Ou seja, tudo o que a intenção de comunicação acrescenta ao que foi afirmado até agora é:

> (Que a audiência reconheça a elevação de meu braço e que a elevação de meu braço tem essas condições de satisfação).

A estrutura formal da intenção ao se realizar um ato compromissivo é bem parecida; a principal diferença está em que o falante é o sujeito das condições de satisfação de um compromissivo e o ouvinte é o sujeito do diretivo.

Desse modo, para usar um exemplo semelhante, suponhamos que ao erguer o braço eu lhe esteja sinalizando o meu compromisso em avançar contra o inimigo. A intenção de representar tem as seguintes condições de satisfação:

> (Meu braço se eleva como resultado dessa intenção em ação e meu braço erguendo-se tem como condições de satisfação, com a direção do ajuste mundo-mente(ou emissão), que eu avance contra o inimigo e que o faça, pelo menos em parte, porque a elevação de meu braço tem essas condições de satisfação).

O que prometo é o cumprimento de minha promessa, mas, para cumpri-la, é preciso que eu faça aquilo que prometi e ter prometido fazer isso tem de funcionar como uma razão para o fazer. E, mais uma vez, tudo o que a intenção de comunicação acrescenta é:

(que a audiência reconheça a elevação de meu braço e que a elevação de meu braço tem essas condições de satisfação).

As declarações tais como declarar guerra, declarar um casal marido e mulher, declarar adiada a sessão ou vacante o posto têm duas características especiais que não são comuns a outros tipos de atos de fala. Em primeiro lugar, uma vez que a finalidade ilocucionária da declaração é provocar um novo estado de coisas em virtude unicamente das emissões, as declarações possuem ambas as direções do ajuste. Uma faz com que p, por meio de representar como sendo verdadeiro que p. Assim, "eu agora os declaro marido e mulher" torna verdadeira a condição de vocês serem marido e mulher (direção de ajuste mundo-palavra) por meio de representar como verdadeiro que vocês são marido e mulher (direção de ajuste palavra-mundo). Para que isso funcione, o ato de fala deve ser realizado nos limites de uma instituição extralinguística em que o falante esteja apropriadamente investido do poder de provocar novos fatos institucionais unicamente pela realização adequada de atos de fala. Com exceção das declarações sobrenaturais, todas as declarações provocam fatos institucionais, fatos que existem apenas em sistemas de regras constitutivas e que, portanto, são fatos em virtude de um acordo humano.

Suponhamos, então, que temos uma instituição extralinguística tal que, pela autoridade que me é conferida por ela, seja-me facultado realizar uma declaração através da elevação de meu braço. Suponhamos, por exemplo, que, ao erguer o braço, eu possa adiar a sessão. Nesse caso, dada a autoridade institucional, a estrutura da intenção em ação é:

> (Essa intenção em ação causa a elevação de meu braço e a elevação de meu braço tem como condições de satisfação, com a direção do ajuste mundo-mente, que a sessão seja adiada, estado de coisas causado pelo fato de que a elevação de meu braço tem como condições de satisfação o adiamento da sessão).

Embora um tanto prolixa, a ideia subjacente a essa formulação é muito simples: Em geral, podemos chegar ao conteúdo de uma intenção perguntando: "O que o agente está tentando fazer?" Bem, o que ele está tentando fazer quando faz uma declaração? *Está tentando fazer com que alguma coisa seja verdadeira representando-a como verdadeira*. Mais precisamente, está tentando causar uma mudança no mundo de modo que um conteúdo proposicional alcance uma direção de ajuste mundo-mente, por representar o mundo como tendo-se modificado nesse sentido, ou seja, por expressar o mesmo conteúdo proposicional com uma direção de ajuste mente-mundo. Ele não realiza dois atos de fala com duas direções de ajuste independentes, mas um único ato com uma direção de ajuste dupla, uma vez que, se tiver êxito, terá modificado o mundo por representá-lo como tendo sido modificado nesse sentido; assim, terá satisfeito as duas direções de ajuste com um único ato de fala.

Esta análise tem a consequência de que uma declaração expressa, ao mesmo tempo, uma crença e um desejo. Um homem que declara sinceramente que a sessão está adiada deve querer adiar a sessão e deve acreditar que com isso a sessão está adiada. Tal como em outros tipos de ato de fala, a intenção comunicativa é simplesmente:

> (Que a audiência reconheça a elevação de meu braço e que a elevação de meu braço tem estas condições de satisfação).

Na análise dos assertivos, diretivos, compromissivos e declarações, usei a noção de direção do ajuste como um primitivo não analisado. Considero isso justificável porque a noção de direção do ajuste não é redutível a nada além. Não obstante, diferentes direções do ajuste têm consequências diferentes no tocante à causação. No caso dos assertivos (excetuados os casos de autorreferência), supõe-se que a asserção deva corresponder a uma realidade de existência independente, de modo que não seria satisfeita se causasse o estado de coisas que representa. Mas no caso dos diretivos, dos compromissivos e das declarações a emissão, caso satisfeita, funcionará causalmente de diversas maneiras na produção do estado de coisas que representa. Esta assimetria é uma consequência da diferença na direção do ajuste. Em uma versão anterior desta análise[4], usei essas diferenças causais em lugar de tratar a direção do ajuste como uma característica primitiva do analisando.

A finalidade ilocucionária de expressivos tais como o pedido de desculpas, o agradecimento e as felicitações é simplesmente expressar um estado Intencional, a condição de sinceridade do ato de fala, acerca de um estado de coisas que se presume vigente. Quando, por exemplo, peço desculpas por ter pisado no seu pé, expresso meus remorsos por ter pisado no seu pé. Ora, vimos no capítulo 1 que meus remorsos contêm as crenças de que pisei no seu pé e de que sou responsável por ter pisado no seu pé, e o desejo de não ter pisado no seu pé. Mas o propósito do ato de fala não é expressar minhas crenças e meu desejo, e sim expressar meus remorsos, pressupondo a verdade de minhas crenças. Embora minhas crenças tenham condições de satisfação com uma direção do ajuste (condições de verdade) e o desejo tenha condições de satisfação com uma direção do ajuste (condições de realização), o ato de fala, no que diz respeito à sua finalidade ilocucionária, não tem direção do ajuste. Não estou nem tentando alegar que seu pé foi pisado nem tentando fazer com que seja pisado. Mesmo que os pressupostos tenham condições de verdade, o ato de fala, como tal, não tem direção do ajuste nem lhe são impostas condições de satisfação adicionais. Mas então, como poderemos analisar o pressuposto? Existe um grande número de tratamentos do pressuposto na literatura filosófico-linguística e nenhum dos que vi me satisfaz de fato. Talvez o pressuposto seja apenas um primitivo psicológico e não possa ser analisado, quer como condição de felicidade da realização dos atos de fala, quer como um tipo de relação lógica semelhante, mas não igual, ao acarretamento. Seja como for, para os propósitos da presente discussão, tratá-lo-ei simplesmente como uma noção primitiva.

Dado que, em geral, os expressivos não têm direção de ajuste alguma, tampouco têm outra condição de satisfação além de que a emissão seja uma expressão do estado psicológico pertinente. Se tenciono que minha emissão seja expressão de um estado determinado, ela será uma expressão desse estado, embora, é claro, eu possa não conseguir comunicar tal expressão, ou seja, meu ouvinte possa ou não reconhecer minha intenção.

Suponhamos que o falante e o ouvinte tenham uma convenção combinada segundo a qual, quando o falante ergue o braço, tal ato seja tido como um expressivo; por exemplo, como um pedido de desculpas por algum estado de coisas p. Nesse caso, as condições de satisfação à intenção de significação serão, simples e tautologicamente, que:

> (Essa intenção em ação causa a elevação de meu braço e que a elevação de meu braço é uma expressão de remorso, pressupondo que p).

A intenção de comunicação, mais uma vez, é simplesmente que essa intenção de significação seja reconhecida pelo ouvinte segundo o modelo de nossos casos anteriores, exceto que, no caso presente, não há intenção de representar e, portanto, não se trata de que o ouvinte reconheça condições de satisfação adicionais impostas à emissão.

Podemos agora mostrar, brevemente, de que modo esta abordagem satisfaz nossas quatro condições de adequação.

1 e 2. Em cada um dos quatro primeiros tipos de caso, em que temos uma distinção entre as condições de sinceridade do ato de fala e a intenção com que tal ato é realizado, a caracterização da intenção de significação é tal que determina que a própria emissão tenha condições de satisfação. Em cada caso, porém, as condições de satisfação da emissão impostas pela intenção de significação são idênticas às condições de satisfação das condições de sinceridade expressas. No caso dos assertivos, por exemplo, um homem realiza um ato intencional de emitir e também tem a intenção de que essa emissão tenha certas condições de satisfação. Mas estas são idênticas às condições de satisfação da crença correspondente. Desse modo, ele realizou uma ação que o compromete a ter

uma certa crença. De modo algum ele pode produzir essa emissão com tais condições de satisfação sem expressar uma crença, porque o compromisso da emissão é exatamente o mesmo que o da expressão de uma crença. Observações semelhantes aplicam-se aos diretivos, compromissivos e declarações. No caso dos expressivos, sua intenção de significação é simplesmente expressar o estado Intencional, de modo que não há problemas para explicar por que sua emissão é expressão de suas condições de sinceridade. Em cada um dos cinco casos, a intenção de significação difere da condição de sinceridade (donde o nível duplo de Intencionalidade); contudo, onde houver uma direção de ajuste, a intenção de significação determinará as condições de satisfação do ato de fala e essas condições serão idênticas às da condição de sinceridade.

3. Em todos os casos, isolamos explicitamente a intenção de significação primária da intenção de comunicação.

4. Como o significado linguístico é uma forma de Intencionalidade derivada, suas possibilidades e limitações são fixadas pelas possibilidades e limitações da Intencionalidade. A principal função derivada da Intencionalidade pela linguagem é, obviamente, sua capacidade de representar. Pode-se fazer com que entidades não intrinsecamente Intencionais passem a sê-lo; para isso basta, por assim dizer, decretar intencionalmente que o sejam. Mas as limitações da linguagem são precisamente as que provêm da Intencionalidade. Wittgenstein fala com frequência como se fosse possível inventar um novo jogo de linguagem ao nosso bel-prazer, mas, se o tentarmos, descobriremos que nossos novos jogos de linguagem são expressões de formas preexistentes de Intencionalidade. E a taxonomia é fundamentalmente um reflexo dos vários modos pelos quais as representações podem ter direções de ajuste. A direção do ajuste mente-mundo corresponde

aos assertivos e, por ser preeminentemente avaliável como verdadeira ou falsa, uma característica definidora dos assertivos é admitirem valores de verdade. Correspodentes à direção do ajuste mundo-palavra são os diretivos e os compromissivos. A divisão das emissões com essa direção do ajuste em duas categorias de atos de fala é motivada pela preeminência do falante e do ouvinte como *dramatis personae* na realização dos atos de fala. Nos compromissivos, o falante é responsável pela realização da adequação; nos diretivos, o responsável é o ouvinte. Ambos, porém, envolvem também uma causação Intencional derivada; ou seja, faz parte das condições de satisfação dos compromissivos e diretivos que funcionem causalmente na efetivação do restante de suas condições de satisfação. Sua Intencionalidade derivada é semelhante, em estrutura, a certas formas de Intencionalidade intrínseca, por compartilharem da característica de autorreferência causal. Além disso, assim como há estados Intencionais sem direção do ajuste, também há atos de fala não representacionais, a categoria dos expressivos. Com efeito, a forma mais simples de ato de fala é aquela em que o propósito ilocucionário é apenas expressar um estado Intencional. Há alguns expressivos que são expressões de um estado com direção do ajuste, como, por exemplo, as expressões de desejo do tipo "Se ao menos o John viesse", mas, mesmo nesses casos, o propósito ilocucionário do ato de fala não é realizar o ajuste, mas apenas expressar o estado.

Os casos mais escorregadios são as declarações. Por que não podemos ter uma declaração "Com isso frito um ovo" e com isso o ovo seja frito? Porque nesse caso as capacidades da representação são excedidas. Um ser sobrenatural poderia fazer isso porque seria capaz de ocasionar intencionalmente determinados estados de coisas ao representá-los como tendo sido ocasionados. Não podemos fazer isso. No entanto, temos uma palavra mágica despretensiosa mas, ainda assim, divina: podemos concordar antecipadamente que determinadas espécies de atos de fala podem efetivar estados de coisas representando-as como se tivessem sido realizadas. Tais atos de fala têm ambas as direções do ajuste, mas não separada e independentemente. Não podemos fritar ovos desse modo, mas podemos adiar sessões, renunciar, declarar pessoas marido e mulher e declarar guerras.

III. A INTENCIONALIDADE E A INSTITUIÇÃO DA LINGUAGEM

Até agora estivemos descrevendo a estrutura das intenções de significação para as pessoas que já dispõem de uma linguagem, e tentamos isolar o caráter específico da intenção de significação imaginando que todo o ato de fala fosse realizado por meio da efetivação de alguma "emissão" simples como erguer o braço. Nossa pergunta era: o que a intenção acrescenta ao evento físico para torná-lo um caso em que se significa algo pela produção Intencional de um evento físico? Dada a existência da linguagem como instituição, qual a estrutura das intenções de significação individuais?

Isso, porém, deixa-nos ainda sem resposta para a questão da relação da instituição com a Intencionalidade. Admitindo-se que tais instituições sejam conjuntos de regras constitutivas, como se relacionam com as formas pré-linguísticas da Intencionalidade?

Suponhamos que houvesse uma classe de seres capazes de ter estados Intencionais como crença, desejo e intenção, mas que não dispusessem de uma linguagem.

De que mais precisariam para serem capazes de realizar atos linguísticos? Note-se que não há nada de fantasioso na suposição de seres nesse estado, uma vez que a própria espécie humana já passou pelo mesmo. Note-se também que a questão é conceitual e não histórica ou genética. Não estou perguntando que acréscimos precisariam ser feitos aos seus cérebros nem de que maneira a linguagem efetivamente evoluiu na história da raça humana.

Ao atribuirmos aos nossos seres a capacidade de ter estados Intencionais, atribuímo-lhes também a capacidade de relacionar tais estados Intencionais a objetos e estados de coisas no mundo. A razão para tal é que um ser capaz de ter estados Intencionais deve ser capaz de uma consciência das condições mediante as quais são satisfeitos seus estados Intencionais. Por exemplo, um ser capaz de ter desejos deve ser capaz de uma consciência da satisfação ou frustração de seus desejos, e um ser capaz de intenções deve ser capaz de reconhecer a realização ou frustração de suas intenções. E isso pode ser generalizado: para todo estado Intencional com uma direção de ajuste, um ser imbuído de tal estado deve ser capaz de distinguir entre a realização e a frustração desse estado. Tal aspecto decorre do fato de ser o estado intencional uma representação das condições de sua satisfação. Isso não quer dizer que tais seres acertarão sempre ou mesmo na maior parte das vezes, que não cometerão enganos. Quer dizer, antes, que eles devem ter a capacidade de reconhecer como seria acertar.

Agora, voltemos à nossa pergunta: de que mais precisariam tais seres para terem uma linguagem? A pergunta precisa ser restrita a um campo mais estreito, pois há todo tipo de características de linguagens existentes que são irrelevantes para a nossa presente discussão. Presumivelmente, esses seres precisariam de um instrumento recursivo capaz de gerar um número infinito de sentenças; precisariam de quantificadores, conectivos lógicos, operadores modelares e deônticos, tempos verbais, palavras para cores etc. A pergunta que estou fazendo é muito mais restrita: De que precisariam eles para passar da posse de estados Intencionais à realização de atos ilocucionários?

A primeira coisa de que nossos seres precisariam para realizar atos ilocucionários seria um meio qualquer de externalizar, de tornar reconhecíveis pelos demais, as expressões de seus estados Intencionais. Um ser capaz de fazê-lo propositadamente, ou seja, um ser que não só expressa estados Intencionais, como ainda realiza atos com o propósito de dar conhecimento de seus estados Intencionais a outros, já apresenta uma forma primitiva de ato de fala. Mas não possui ainda nada tão rico quanto nossos enunciados, pedidos e promessas. Um homem que faz um enunciado faz mais que dar conhecimento de que acredita em alguma coisa; um homem que faz um pedido faz mais que dar conhecimento de que almeja alguma coisa, um homem que faz uma promessa faz mais que dar conhecimento de que tem a intenção de alguma coisa. Mais uma vez, porém, o que mais? Cada uma das categorias de atos de fala, mesmo a expressiva, serve a propósitos sociais que vão além da simples expressão da condição de sinceridade. Por exemplo, o propósito extralinguístico fundamental dos diretivos é fazer com que as pessoas façam coisas; um dos propósitos extralinguísticos primários dos assertivos é transmitir informações; um dos propósitos extralinguísticos primários dos compromissivos é criar expectativas estáveis de comportamento das pessoas.

Tais fatos proporcionam, creio eu, uma pista para as relações entre os tipos de ato de fala e os tipos correspondentes de estados Intencionais. À guisa de formulação preliminar, pode-se dizer que nossos seres seriam capazes de produzir uma forma primitiva de asserção quando fossem capazes de realizar ações que fossem expressões de crenças ou tivessem o propósito de transmitir informações; os diretivos (nessa forma primitiva) seriam expressões de desejo com o propósito de fazer com que pessoas façam coisas; os compromissivos (também em forma primitiva) seriam expressões de intenção com o propósito de criar em outros expectativas estáveis acerca do rumo futuro do comportamento de quem se compromete.

O próximo passo seria introduzir procedimentos convencionais para a realização de cada uma dessas coisas. Contudo, não existe um modo pelo qual esses propósitos extralinguísticos possam ser realizados por um procedimento convencional. Todos estão relacionados a efeitos perlocucionários que nossas ações têm sobre nossa audiência e não há meios pelo qual um procedimento convencional possa garantir que tais efeitos serão alcançados. Os efeitos perlocucionários de nossas emissões não podem ser incluídos nas convenções para o uso do dispositivo emitido, pois um efeito que se alcança por convenção não pode incluir as reações e o comportamento subsequentes de nossa audiência. O que os procedimentos convencionais podem capturar é, por assim dizer, o análogo ilocucionário dessas diversas metas perlocucionárias. Assim, por exemplo, qualquer dispositivo convencional para indicar que a emissão deve ter a força de um enunciado (por exemplo, o modo indicativo) será aquele que, por convenção, comprometa o falante com a existência do estado de coisas especificado no conteúdo proposicional. A emissão deste, portanto, fornece ao ouvinte uma razão para acreditar nessa proposição e expressa uma crença, por parte do falante, nessa mesma proposição. Qualquer dispositivo convencional para indicar que a emissão deve ter a força de um diretivo (por exemplo, o modo imperativo) será aquele que, por convenção, seja tido como uma tentativa, por parte do falante, de fazer com que o ouvinte realize o ato especificado no conteúdo proposicional. A emissão deste, portanto, fornece uma razão para que o ouvinte realize o ato e expressa um desejo, por parte do falante, de que o ouvinte realize o ato. Qualquer dispositivo convencional para indicar que a emissão deve ter a força de um compromissivo é tido como uma garantia, por parte do falante, de que realizarei o ato especificado no conteúdo proposicional. Sua emissão, portanto, cria uma razão para que o ouvinte espere que ele realize tal ato e expressa uma intenção, por parte do falante, de realizá-lo.

Portanto, os estágios necessários para passar da posse de estados Intencionais à execução de atos ilocucionários convencionalmente realizados são os seguintes: primeiro, a expressão deliberada de estados Intencionais com o propósito de dar conhecimento de que se os tem; segundo, a execução desses atos para alcançar as metas extralinguísticas a que os atos ilocucionários caracteristicamente servem; e, terceiro, a introdução de procedimentos convencionais que convencionalizem os propósitos ilocucionários que correspondem aos diversos fins perlocucionários.

CAPÍTULO 7
RELATOS INTENSIONAIS DE ESTADOS INTENCIONAIS E ATOS DE FALA

No capítulo 1, estabelecemos uma distinção entre Intencionalidade-com-c e intensionalidade-com-s. Embora a Intencionalidade seja uma característica tanto dos atos de fala como dos estados mentais e a intensionalidade seja uma característica de alguns estados mentais e de alguns atos de fala, há uma clara distinção entre ambas. Argumentei ainda que é um engano confundir as características de relatos de estados Intencionais com as características dos próprios estados e, em particular, que é um engano supor que, como os relatos de estados Intencionais são intensionais-com-s, os próprios estados Intencionais também devam ser intensionais-com-s. Tal confusão faz parte de uma confusão mais arraigada e fundamental, a saber, a crença de que podemos analisar o caráter da Intencionalidade unicamente pela análise das peculiaridades lógicas dos relatos dos estados Intencionais. Creio que, ao contrário, revelamos uma confusão fundamental quando tentamos esclarecer a Intencionalidade analisando a intensionalidade. É importante ter em mente que há pelo menos três conjuntos diferentes de questões relativas aos estados Intencionais e ao modo como são relatados em emissões de sentenças intensionais. Primeiro, quais as características dos estados Intencionais? (Os capítulos 1-3 foram dedicados à discussão dessa questão.) Segundo, como são representadas tais características no discurso ordinário? (O presente capítulo ocupa-se basicamente dessa questão.) Terceiro, como melhor representar essas características em um sistema formalizado como o cálculo de predicados? (Se for possível esclarecer as respostas para as duas primeiras perguntas, a terceira ficará consideravelmente mais fácil.)

O presente capítulo é sobre a intensionalidade e, portanto, apenas incidentalmente sobre a Intencionalidade. É sobre o estatuto das palavras que se seguem a "that" ("que") em contextos como "said that" ("disse que"), "believes that" ("acredita que"), "fears that" ("teme que") etc., sobre as palavras que se seguem a "whether" ("se") em "wonders whether" ("imagina se"), "asks whether" ("pergunta se") etc.; sobre o estatuto das palavras que se seguem ao verbo em "wants to" ("quer"), "intends to" ("tenciona"), "promises to" ("promete") etc. É importante ter em mente, na discussão que se segue, a distinção entre *sentenças* (*sentences*) (que são entidades sintáticas às quais normalmente está vinculado um significado literal), as *emissões* (*ulterances*) de sentenças (que são atos de fala de um certo tipo mínimo, por exemplo, atos de emissão) e emissões literais e sérias de sentenças (que são, quando têm êxito, atos de fala de um tipo muito mais rico, como, por exemplo, os atos ilocucionários, cuja força ilocucionária e cujo conteúdo proposicional são uma questão concernente ao significado literal da sentença emitida). Todo ato ilocucionário é um ato de emissão, mas não o inverso. E a cada um dos três termos dessas distinções aplica-se a diferenciação de tipo-ocorrência usual.

Qual é, exatamente, o estatuto das palavras que se seguem a "que" no relato

1. O xerife acredita que o sr. Howard é um homem honesto

e como se comparam ao estatuto das palavras no enunciado

2. O sr. Howard é um homem honesto.

Seria possível perguntar: por que se supõe que haja aqui um problema em absoluto? Não é óbvio que as palavras que se seguem a "que" em 1 significam exatamente a mesma coisa que em 2? A razão pela qual há um problema especial nesses casos é que, por um lado, inclinamo-nos a dizer que as palavras na oração subordinada em 1 devem ter, e ser usadas com, o mesmo significado que costumam ter, e com que são usadas, em 2 (de que outra maneira poderíamos entender 1?). Mas, por outro lado, inclinamo-nos também a dizer que em tais casos elas não podem ser usadas com seu significado ordinário porque as propriedades lógicas das palavras que se seguem a "que" em 1 parecem bem diferentes daquelas das mesmas palavras em 2. Em ambos os critérios, 2 é extensional e 1 é intensional. A generalização existencial é uma forma válida de inferência em 2 (se 2 é verdadeiro, então ($\exists x$ é um homem honesto)); e a substituição por outras expressões referentes ao mesmo objeto conserva o valor de verdade em 2 (por exemplo, se sr. Howard é um homem honesto e sr. Howard é Jesse James, então Jesse James é um homem honesto). Nenhuma dessas condições se aplica de modo geral a sentenças da forma 1. Além disso, em uma emissão literal séria de 2, a proposição de que o sr. Howard é um homem honesto é afirmada, ao passo que em uma emissão literal séria de 1 tal proposição não é afirmada. Em resumo, se o significado do todo é uma função do significado das partes, se as partes pertinentes em 1 e 2 têm o mesmo significado, e se as propriedades lógicas de uma emissão literal e séria são determinadas pelo significado da sentença emitida, como pode ser possível que 1 e 2 tenham propriedades lógicas diferentes?

Trata-se de um problema filosófico característico: por um lado, intuições linguísticas muito poderosas inclinam-nos a certas opiniões de senso comum, nesse caso de que há uma sinonímia perfeita entre os pontos relevantes de 1 e 2; mas, por outro lado, argumentos poderosos parecem militar contra o senso comum. Creio que uma aplicação da teoria dos atos de fala nos permitirá satisfazer nossas intuições linguísticas e, ao mesmo tempo, explicar as propriedades lógicas diferentes de 1 e 2.

Ao risco de ficar um pouco repetitivo, vou agora explicitar o que considero serem as diversas condições de adequação em qualquer estudo dos relatos intensionais de estados Intencionais. Para os propósitos da presente discussão, ignorarei os problemas de intensionalidade que surgem nos contextos modais, porque levantam certas questões especiais que estão além do escopo deste livro.

A. A análise deve ser coerente com o fato de que os significados das palavras comuns em pares como 1 e 2 são os mesmos, e que as palavras são usadas com esses mesmos significados nas emissões literais sérias de cada elemento do par.

B. Deve explicar o fato de que em 1 a sentença encaixada não tem as mesmas propriedades lógicas que em 2; ou seja, 2 é extensional e 1 é intensional.

C. Deve ser coerente com o fato de que faz parte dos significados de 1 e 2 que, em emissões literais sérias de 1, a proposição de que o sr. Howard é um homem honesto não seja afirmada, mas em 2 o seja.

(Com base em uma interpretação natural, Frege[1] e seus seguidores rejeitam a condição A, enquanto aceitam B e C; Davidson[2] e seus seguidores aceitam a condição A, enquanto rejeitam B e C. Defenderei a ideia de que podemos aceitar as três.)

D. A análise deve explicar outros tipos de sentenças que contêm orações "that" ("que"), inclusive aquelas em que algumas ou todas as propriedades lógicas são preservadas, tais como

3. É um fato que o sr. Howard é um homem honesto

(3 admite tanto a generalização existencial quanto a substituição)

4. O xerife sabe que o sr. Howard é um homem honesto

(4 acarreta a existência do sr. Howard, mas não permite a substituição).

E. A análise deve aplicar-se a outros tipos de relato de estados Intencionais e atos de fala que não empregam orações "that" ("que"), encaixadas em sentenças, mas usam infinitivos, pronomes interrogativos, subjuntivos, mudança de tempos verbais etc. Além disso, a análise deve funcionar não apenas para o inglês, mas para qualquer idioma que contenha relatos de estados Intencionais e atos de fala. Alguns exemplos são:

5. Bill quer que o sr. Howard seja um homem honesto
   (Bill wants Mr. Howard to be an honest man)

6. Bill mandou Sally fazer do sr. Howard um homem honesto
   (Bill told Sally to make Mr. Howard be an honest man)
7. Sally teme que o sr. Howard seja um homem honesto
   (Sally fears that Mr. Howard is an honest man).

(Em muitos idiomas, como o português, a cópula em 7 precisa estar no subjuntivo.)

8. O sr. Howard disse que se tornaria um homem honesto
   (Mr. Howard said he would become an honest man)

(em que "would", em inglês, está no subjuntivo).

Como um passo no sentido de uma análise do discurso indireto, comecemos pela consideração de um tipo bem mais simples de relato:

9. O xerife emitiu as palavras, "O sr. Howard é um homem honesto".

Qual o estatuto das palavras entre aspas em 9? Em outra parte[3], argumentei extensamente contra a opinião (ainda!) ortodoxa segundo a qual a colocação de uma palavra entre aspas serviria para criar uma palavra inteiramente nova, nome próprio da palavra ou das palavras citadas. Em meu estudo, as palavras que ocorrem entre aspas em 9 são exatamente as mesmas que ocorrem em 2. Se eu tivesse quaisquer dúvidas a esse respeito, uma simples inspeção visual serviria para me tranquilizar. Segundo a opinião tradicional, contudo, as palavras não ocorrem entre as aspas em 9, porque a expressão inteira, inclusive as aspas, é um novo nome próprio, o nome próprio da sentença que ocorre em 2. Segundo essa opinião, *absolutamente nenhuma palavra* ocorre entre aspas em 9. Para o olhar ingênuo e não familiarizado com as sutilezas dos textos elementares de lógica, diversas palavras, como "sr.", "Howard", "é", e assim por diante, efetivamente parecem ocorrer entre aspas em 9, mas, segundo a opinião ortodoxa, trata-se de um mero acidente ortográfico, do mesmo modo que é um acidente ortográfico que "bule" parece ocorrer em "tabuleiro". Segundo a visão tradicional, tudo não passa de um nome próprio, desprovido de palavras componentes e desprovido de estrutura interna.

Considero essa visão francamente absurda. É difícil imaginar qualquer linha de raciocínio que pudesse convencer-me de que as palavras entre aspas em 9 não são exatamente as mesmas que ocorrem após o algarismo "2" em 2, ou que há quaisquer nomes próprios em 9 além de "Howard". Mesmo assim, para que não pareça ser apenas uma teimosia "à Moore" de minha parte, farei uma pausa para considerar a visão ortodoxa. A única motivação que consegui identificar para essa visão é o princípio de que, se quisermos falar de alguma coisa, jamais podemos colocar a própria coisa em uma sentença, mas sim o seu nome ou alguma expressão referente a ela. Mas esse princípio – parece-me – é obviamente falso. Se, por exemplo, alguém lhe pergunta qual foi o som produzido pelo pássaro que você viu ontem, você pode responder, "O pássaro fez esse som —", onde o espaço em branco deverá ser preenchido por um som e não pelo nome do som. Em um caso tal, uma ocorrência do próprio som faz parte da ocorrência da emissão e uma consciência desse som faz parte da proposição expressa pelo falante e entendida pelo ouvinte. Evidentemente, podemos usar palavras para referir-nos a outras palavras. Podemos dizer, "John emitiu as palavras que formam as últimas três na linha 7 da página 11 do livro", e usamos aqui uma descrição definida para referir-nos às palavras; mas, quando estamos falando de palavras, dificilmente é necessário usar nomes ou descrições definidas, pois quase sempre podemos produzir as próprias palavras. As únicas exceções que conheço a esse princípio são os casos em que é obsceno, ou sacrílego, ou por algum motivo um tabu dizer a própria palavra, como em "le mot de Cambronne". Em tais casos, precisamos de um nome para ela, mas, comumente, não precisamos de um nome, simplesmente repetimos a palavra.

Há ainda mais um argumento contra a visão de que quando colocamos expressões entre aspas criamos um novo nome. Muitas vezes, a posição sintática do trecho citado nem sequer permite a inserção de um nome ou de qualquer frase nominal. Desse modo, observe-se a diferença entre "Gerald disse: 'vou considerar a possibilidade de concorrer à presidência'" e "Gerald disse que iria 'considerar a possibilidade de concorrer à presidência'". Na segunda forma, se considerarmos as palavras entre aspas simples como um novo nome, uma frase nominal, a sentença se tornaria não gramatical, uma vez que o contexto "Gerald disse que iria" não permite uma frase nominal após "iria". A visão ortodoxa transforma a original em uma sentença com a forma gramatical do tipo, por exemplo,

Gerald disse que iria Henry

o que é não gramatical.

Portanto, voltando à nossa pergunta, qual é o estatuto das palavras citadas em 9 e qual sua relação com as palavras de 2? A relação entre as palavras citadas em 9 e as palavras de 2 é de identidade, as mesmas palavras que ocorrem entre aspas em 9 ocorrem em 2. Mas qual a diferença no estatuto delas? Na emissão literal séria de 2, o falante faz um enunciado com essas palavras. Em uma tal emissão de 9, porém, essas palavras são apresentadas indexicalmente, e reportadas; não são usadas para fazer um enunciado nem para realizar nenhum ato de fala além de um ato de emissão. Em 2, as palavras pertinentes são usadas para realizar um ato de emissão, um ato proposicional e um ato ilocucionário. Em uma emissão de 9, o relator *repete o mesmo* ato de emissão, mas não repete o mesmo ato proposicional nem o mesmo ato ilocucionário. Creio que isso nos fornece uma pista para a análise do discurso indireto em geral, pois sugere que a pergunta apropriada a fazer seria: Quais dos atos de fala originais do falante original são *repetidos* pelo relator e quais são meramente reportados por ele? Considerem-se os vários graus de comprometimento, por parte do relator, na seguinte sequência:

10. O xerife pronunciou as palavras, "O sr. Howard é um homem honesto"
11. O xerife disse que o sr. Howard é um homem honesto
12. O xerife disse, "O sr. Howard é um homem honesto"
13. O xerife disse então, e eu digo agora, o sr. Howard é um homem honesto.

Para utilizar uma terminologia conveniente, chamarei os relatos do tipo 10 relatos de *palavra*, os do tipo 11 relatos de *conteúdo* e os do tipo 12 relatos *verbatim*. Chamarei a pessoa que pronuncia as sentenças 10-13 *relator* e a pessoa que está sendo relatada *falante*.

Ora, qual dos atos originais do falante o relator fica comprometido a repetir pela emissão séria e literal de cada uma dessas sentenças? Creio que as respostas são bastante óbvias, de modo que vou simplesmente apresentá-las e depois desenvolver minha argumentação relativa a elas.

Em 10, o relator fica comprometido a repetir o ato de emissão do falante, mas não seus atos proposicional e ilocucionário.

Em 11, o relator fica comprometido a repetir o ato proposicional do falante, mas não seus atos de emissão e seus atos ilocucionários.

Em 12, o relator fica comprometido a repetir os atos de emissão e proposicional do falante, mas não seu ato ilocucionário.

Em 13, o relator fica comprometido a repetir os atos ilocucionário e proposicional do falante, mas não necessariamente seu ato de emissão. Podemos mesmo conceber casos em que o relator fica comprometido a repetir todos os três atos, ou seja, o ato de emissão, o proposicional e o ilocucionário:

14. Tal como disse John, "O sr. Howard é um homem honesto".

E, às vezes, traduzindo de um idioma para outro, relaxamos o requisito, no relato *verbatim*, de que o relator deva repetir as mesmas palavras do falante; requeremos apenas que repita o ato proposicional e um ato de emissão do falante com o mesmo significado que o original na língua de chegada. Dizemos, portanto,

15. Proust disse, "Por muito tempo deitei-me cedo",

quando, na verdade, o que ele disse foi:

16. Longtemps je me suis couché de bonne heure.

Logo, o quadro que surge deste estudo é que, assim como no relato de palavra o relator repete o mesmo ato de emissão que o falante, mas não necessariamente o mesmo ato ilocucionário ou proposicional, no relato de conteúdo ele repete o ato proposicional, mas não necessariamente o mesmo ato de emissão ou o mesmo ato ilocucionário do falante. Para deixar essa ideia completamente clara, lembremo-nos da estrutura ilocucionária de 2, de modo que possamos compará-la com a estrutura ilocucionária de seu relato em 11. É importante compreender a estrutura ilocucionária do que está sendo relatado, a fim de se compreender o relato; e creio mesmo que a razão pela qual alguns filósofos se mostram de tal modo canhestros ao apresentar uma descrição da fala relatada é não terem uma descrição coerente da fala em primeiro lugar, assim como a razão pela qual tantos se mostram de tal modo canhestros na descrição dos relatos de estados Intencionais é não terem uma descrição coerente dos estados Intencionais em primeiro lugar. Na emissão séria e literal de 2, para realizar um ato ilocucionário, apresenta-se um certo conteúdo proposicional com uma certa força ilocucionária. Usando o sinal de asserção de Frege, podemos representar esses fatos segundo a fórmula abaixo:

2'. ⊢ (O sr. Howard é um homem honesto).

Ora, com base em meu estudo, em 11, por exemplo, o relator *repete* o conteúdo proposicional, mas não *repete* a força ilocucionária vinculada a esse conteúdo, apenas *relata* essa força. Ele não apresenta a proposição com a mesma força ilocucionária que o falante original e, portanto, não faz a mesma asserção que o orador original. A estrutura de seu relato pode ser mostrada através da seguinte variação de 11:

11'. O xerife asseverou essa proposição: O sr. Howard é um homem honesto.

Nesse caso, o resto da sentença deixa claro que a proposição original é repetida e, portanto, apresentada demonstrativamente; mas a força ilocucionária original não é repetida, é apenas relatada. A proposição original é apresentada demonstrativamente, tal como seria possível apresentar demonstrativamente qualquer outra coisa no contexto da emissão.

Dado que Frege tinha os elementos necessários para conceber essa interpretação, em particular uma teoria rudimentar da distinção entre conteúdo proposicional e força ilocucionária, e dado que a análise é fregiana em espírito, pode parecer estranho que ele nunca tenha sequer considerado essa explicação. Mas a razão pela qual ele não podia ter aceito a análise que estou apresentando é que aceitava o princípio subjacente à teoria do uso e da menção, a qual já vimos razões para rejeitar: Frege considerava que o único modo para se falar de uma coisa era nomeá-la ou referir-se a ela de qualquer modo. Supunha que, se a proposição do falante fosse de algum modo mencionada pelo relator, o ocorrido na emissão deste deveria ser o nome – e não uma expressão – da própria proposição. Com efeito, a tese de Frege sobre o discurso indireto é precisamente que as expressões em questão referem-se a seu sentido costumeiro e que toda a oração encaixada se refere a uma proposição; é o nome próprio de uma proposição. Porém, uma vez constatada a falácia da interpretação tradicional da distinção perfeitamente válida entre o uso e a menção das expressões, estamos em condições de constatar a falácia da extensão do mesmo princípio ao discurso indireto. A menção de uma proposição não requer que a nomeemos ou nos refiramos a ela de outro modo qualquer; podemos simplesmente apresentar a proposição mesma. Quando relatamos uma fala alheia, não precisamos nomear suas proposições mais do que suas palavras, simplesmente repetimos sua expressão dessas proposições no relato de conteúdo, da mesma forma como repetimos suas palavras no relato de palavra. É claro que podemos nomear ou referir-nos de outro modo a suas proposições. Quando dizemos, por exemplo, "O sr. Howard asseverou a Hipótese Copernicana", a expressão "a Hipótese Copernicana" serve para referir uma proposição, não para expressá-la. No entanto, com a exceção de umas quantas proposições famosas como a Hipótese Copernicana, as proposições não têm nomes e nem precisam deles.

A presente interpretação dos relatos dos atos de fala pode facilmente ser estendida aos relatos de estados Intencionais e não é nem um pouco surpreendente que assim seja, dado o íntimo paralelo entre os atos de fala e os estados Intencionais que exploramos no capítulo 1. Nos relatos de conteúdo dos atos de fala da forma 11, o relator repete a proposição expressa pelo falante; nos relatos de conteúdo de crenças da forma 1, o relator *expressa* a proposição que é o conteúdo representativo da crença de quem acredita, mas não precisa *repetir* nenhuma expressão de crença, pois aquele que acredita pode jamais ter expresso sua crença. O relator expressa a proposição em que o crente acredita, mas, ao fazê-lo, não precisa repetir coisa alguma que o crente tenha feito. (Muitas vezes, na vida real, relaxamos o requisito de que o conteúdo expresso seja exatamente o mesmo que o conteúdo em que se acredita. Dizemos, por exemplo, "O cão acredita que seu dono está à porta", sem com isso atribuirmos ao cão a posse do conceito de propriedade.) E, assim como o relato de conteúdo da forma 11 apresenta a proposição sem sua força ilocucionária de asserção, mas com um relato dessa força, o relato de conteúdo de crença da forma 1 apresenta a proposição sem seu modo Intencional de crença, mas com um relato desse modo. Como a existência de estados Intencionais não requer absolutamente fala alguma, há poucos relatos *verbatim* de estados Intencionais. Estritamente falando, um relato *verbatim* pode ser apenas o relato de um ato de fala (pode ser um ato de fala interno) e, portanto, o relato *verbatim* de um estado Intencional pode ser apenas o relato de um estado Intencional expresso em um ato de fala.

Talvez essa interpretação fique mais clara se eu a comparar com as opiniões de Davidson. Segundo este, o relator que diz

17. Galileu disse que a Terra se move

diz algo equivalente a

18. (a) A Terra move-se.
    (b) Galileu disse isso.

18(a) é completamente extensional e como, segundo Davidson, sua ocorrência em 17 é equivalente à sua ocorrência em 18, a oração subordinada em 17 também é extensional. A razão para uma mudança no valor de verdade de 17 mediante substituição nada tem a ver com intensionalidade alguma da oração subordinada, mas deriva do fato de que a referência do demonstrativo "que" pode mudar com a introdução de expressões correferentes em substituições à formulação original. Segundo o parecer de Davidson, se eu emitir 17, eu e Galileu somos agentes do mesmo discurso.

Em minha interpretação, precisamente não somos agentes do mesmo discurso uma vez que em uma emissão séria e literal de 17 eu não digo que a Terra se move, apenas digo que Galileu o disse. Não somos *agentes do mesmo discurso*, mas *agentes que expressam a mesma proposição*. Por outro lado, uma emissão séria e literal de 18 efetivamente torna Galileu e eu agentes do mesmo discurso, pois em um tal enunciado de 18 eu assevero que a Terra se move. Em 18(a) a força assertiva faz parte do significado literal, mas essa força assertiva é removida pela oração encaixada em 17; é por isso que 18(a) é extensional, mesmo que a oração subordinada em 17 seja intensional.

Creio que, intuitivamente, a interpretação apresentada neste capítulo é bastante óbvia e, com efeito, uma vez afastado o equívoco acerca do uso e da menção, não vejo realmente nenhuma objeção a ela. Mesmo assim, até agora eu a apresentei, mas não argumentei a seu favor. Como seria possível argumentar a seu favor de modo a convencer um cético? Talvez a melhor forma para enfrentar esse desafio seja mostrar de que maneira tal interpretação pode ser submetida aos nossos quatro critérios de adequação, de A a E, de sorte que forneça uma intepretação unificada das orações com o termo "que", sejam estas extensionais ou intensionais, e uma interpretação unificada dos relatos de estados Intencionais e atos de fala, seja em oração com o termo "que", seja em outras formas.

O primeiro passo para enfrentarmos o desafio é mostrar como podemos resolver o paradoxo que deriva das condições A, B e C, que deu origem ao enigma em primeiro lugar: Como é possível que (A) as palavras nas orações subordinadas de relatos como 1 e 11 tenham seus significados ordinários e, mesmo assim, (B) as propriedades lógicas de uma emissão séria e literal dessas mesmas palavras em 2 não se conservem em uma emissão séria e literal de 1 e 11? Além disso, (C) se as palavras conservam seu significado original, por que a proposição asseverada em uma emissão séria e literal de 2 não se conserva em uma tal emissão de 1 e 11? Creio que a resposta a esta última pergunta fornece a resposta para a anterior. Em minha interpretação, embora as palavras nas sentenças mantenham seus significados, estes, em 1, 2 e 11, determinam conteúdos proposicionais, mas não forças ilocucionárias. Em 2, a força ilocucionária não está contida em qualquer das palavras e a força ilocucionária do original é removida pelo encaixe em uma oração subordinada em 1 e 11. A força ilocucionária de uma emissão séria e literal de 2 é determinada pela ordem das palavras, pelo modo verbal, pelos limites da sentença e pelos contornos de entonação. Ora, estritamente falando, a sentença de 2 não é repetida na íntegra em 1 e 11, dado que perdeu seus limites de sentença. Em 1 e 11, a sequência de palavras "Mr. Howard is an honest man" ("O sr. Howard é um homem honesto") não é em si mesma uma sentença, embora baste, nesse contexto, para expressar um conteúdo proposicional. O inglês moderno é particularmente enganador nesses casos, pois permite-nos manter no relato o mesmo modo verbal que no original[4], mas, mesmo no inglês moderno, a separação entre conteúdo proposicional e força ilocucionária é claramente visível nos relatos de emissões de sentenças imperativas e interrogativas, cuja estrutura não nos permite manter no relato o modo verbal original. Assim, suponhamos que o xerife pergunte:

19. Is Mr. Howard an honest man?
    (O sr. Howard é um homem honesto?)

Isso é relatado por

20. The sheriff *asked whether* Mr. Howard *was* an honest man.
(O xerife *perguntou se* o sr. Howard *era* um homem honesto.)

Fica claro, nesse caso, que a força interrogativa que ocorre como parte do significado literal em 19 é relatada, mas não ocorre, em 20. O verbo "ask" ("perguntar") relata explicitamente a força ilocucionária, e a sentença que expressa a proposição original é apresentada com uma ordem de palavras diferente, uma mudança do modo interrogativo original do verbo, uma mudança (opcional) do tempo verbal e um encaixe no escopo do pronome interrogativo "whether" ("se"). Considero que o que acontece na estrutura de superfície dessas formas é bastante revelador do que está acontecendo na estrutura lógica. A força interrogativa de 19 é removida em 20 porque, embora a mesma proposição ocorra em 19 e 20, em 20 ela é apresentada não como pergunta, mas como parte do relato de uma pergunta. Considerações semelhantes aplicam-se aos relatos de atos de fala diretivos. Assim 21, dito pelo xerife,

21. Mr. Howard, be an honest man!
(Sr. Howard, seja um homem honesto!)

é relatado como

22. The sheriff ordered Mr. Howard to be an honest man.
(O xerife ordenou ao sr. Howard ser um homem honesto.)

Nesse par, o modo imperativo de 21 é removido em 22, substituído pelo infinitivo e relatado pelo verbo "ordered" ("ordenou").

O que vemos em cada um desses pares, 19/20, 21/22, é que o relator *repete* o conteúdo proposicional, mas *relata* a força ilocucionária. Nesses casos, há uma variedade de recursos sintáticos para sinalizar ao ouvinte que a proposição no relato tem uma situação ilocucionária diversa da que tinha em sua ocorrência original.

Em resumo, portanto, nossa resposta à pergunta acerca da condição C é que as palavras e outros elementos repetidos em relatos de conteúdo como 1 e 11 conservam seu significado original, mas tais significados determinam o conteúdo proposicional e não a força ilocucionária. A força ilocucionária do original não é repetida, mas relatada; e o inglês e outros idiomas têm uma variedade de recursos sintáticos para sinalizar ao ouvinte que a força ilocucionária do original não está mais vinculada à proposição no relato.

Ora, uma vez que a força ilocucionária assertiva é removida do conteúdo proposicional em 1 e 11, e uma vez que é o compromisso envolvido em *asseverar* a proposição – e não apenas a proposição como tal – que compromete o falante com suas condições de verdade, o relator pode expressar a mesma proposição com as mesmas palavras que o falante e, ainda assim, não se comprometer com as condições de verdade dessa proposição. E é por isso que a expressão da proposição pelo relator é intensional, ao passo que pelo falante ela é extensional. Para podermos demonstrar como essa interpretação resolve o aparente paradoxo resultante de se sustentar tanto a condição A como a B, consideremos a generalização existencial e a substituibilidade.

Se as palavras pertinentes têm o mesmo significado em 2 e 11 e a proposição em 2 é repetida em 11, por que razão a generalização existencial é uma forma válida de inferência a partir de 2 e não a partir de 11? O falante que faz uma emissão séria e literal de 2 não se limita a *expressar* o conteúdo proposicional, na verdade ele o *assevera*. Tal asserção compromete-o com as condições de verdade da proposição, as quais incluem a existência de um objeto a que supostamente se refere a emissão da expressão referente. Se 2 é verdadeiro, deve existir um tal objeto e por isso a generalização existencial é uma forma válida de inferência. Mas o relator que realiza uma emissão séria e literal de 11 compromete-se apenas com a expressão da mesma proposição que o falante original de 2, mas não se compromete com asseverá-la. As condições de verdade com que ele se compromete incluem a condição de que o relato contenha uma expressão da mesma proposição que a expressa pelo falante original, mas, como não assevera essa proposição, e portanto não está comprometido com suas condições de verdade, 11 pode ser verdadeiro mesmo que não haja nenhum objeto correspondente à expressão referente; e é por isso que a generalização existencial não é uma forma válida de inferência para 11.

Por que a substituição funciona para 2, mas não para 11, se a proposição é a mesma nos dois casos? A substituição não funciona porque a forma de 11 compromete o relator a repetir a mesma proposição que o falante; em sentido estrito, a expressão "ele disse que" em 11 compromete o relator a repetir a mesma proposição originalmente expressa pelo falante, razão pela qual qualquer substituição que altere a proposição pode alterar também o valor de verdade do relato. Tal como sabia Frege, em geral as substituições que conservam não apenas a mesma referência, mas também o mesmo significado, conservam o valor de verdade, mesmo em contextos intensionais: enquanto o conteúdo proposicional for conservado pela substituição, o valor de verdade permanece constante. Mas ali onde os dois termos são ordinariamente usados para referir-se ao mesmo objeto e o sentido de ambos for diferente, a substituição de um termo por outro pode alterar o conteúdo da proposição e, portanto, alterar o valor de verdade do relato. O valor de verdade de 2, por outro lado, não depende de como o objeto é identificado; outras identificações do mesmo objeto conservarão o valor de verdade.

Com frequência temos relatos de conteúdo parciais em que o relator não se compromete com a proposição original no seu todo. Assim, dizemos coisas na forma

> 23. Não direi exatamente o que ele disse, mas o xerife disse que o sr. Howard era um certo tipo de homem.

Nesse caso, a forma do relato deixa claro que o relator não se compromete a repetir o original no seu todo.

A análise que estou apresentando aqui é na verdade apenas uma extensão de questões apresentadas no capítulo 1. Nos relatos de estados Intencionais, representa-se uma representação. Ora, como o relato é da representação básica e não do que é representado por ela, os compromissos dessa representação básica podem estar ausentes do relato; logo, os compromissos ontológicos do primeiro podem estar ausentes do último. E, como o relato se configura pela repetição do conteúdo proposicional da representação original, qualquer substituição que altere esse conteúdo proposicional pode alterar o valor de verdade do relato, uma vez que, em tal caso, uma representação diversa é apresentada no relato.

Condição D: Dadas as nossas respostas às perguntas relativas às condições A, B e C, como podemos apresentar uma interpretação unificada das orações "that" ("que") etc.? Ou seja, se as orações "that" ("que") encaixadas são, em geral, apresentações demonstrativas de conteúdos proposicionais, como explicar o fato de algumas serem intensionais e outras extensionais?

Se a proposição encaixada é ou não intensional ou extensional é inteiramente uma questão de conteúdo semântico do restante da sentença. Assim, as diferenças das sentenças nas formas

   1. O xerife acredita que o sr. Howard é um homem honesto

e

   3. É fato que o sr. Howard é um homem honesto

são inteiramente uma questão de diferença de significado entre "O xerife acredita que" e "É fato que". Ambas as sentenças são usadas literalmente para fazer asserções, mas, enquanto "É fato que" compromete o falante com a asserção da proposição encaixada, "O xerife acredita que" não compromete. A diferença entre o estatuto da proposição expressa nos dois casos é unicamente uma questão do restante da sentença e não requer que postulemos dois tipos diferentes de orações "that" ("que"). Outro indício de que o estatuto da ocorrência das duas orações subordinadas é o mesmo é que as duas sentenças permitem reduções de conjunções da forma "É fato que Jones acredita que o sr. Howard é um homem honesto".

A sentença 4 oferece um caso intermediário. "Sabe que", tal como "prova que" e "vê que", é, na verdade, um verbo Intencional, mas, além de assinalarem a Intencionalidade do estado ou ato da pessoa que está sendo relatada, todos eles são verbos de "sucesso". Para esses contextos, a inferência da existência dos objetos a que supostamente se faz referência na oração subordinada é uma forma válida de inferência; e todos os enunciados na forma "*X* sabe que *p*, *X* vê que *p*, *X* provou que *p*" acarretam *p*. Para esses contextos, todavia, a substituição não conserva a verdade, pois a identidade do conteúdo do que é sabido, provado ou visto é, ao menos em parte, uma questão do aspecto sob o qual os referentes são sabidos, provados ou vistos.

Cabe aos linguistas, e não aos filósofos da linguagem, apresentar uma resposta completa para a pergunta relativa à condição E: de que modo essa interpretação se coaduna com a variedade de recursos do inglês e outros idiomas para indicar intensionalidade? Já considerei algumas das maneiras pelas quais o inglês relata atos de fala indicativos, interrogativos e imperativos, e em cada caso vimos – embora isso fosse mais marcante nos relatos interrogativo e imperativo – uma separação entre a força ilocucionária relatada e o conteúdo proposicional repetido. Para poder estender a interpretação neste capítulo – e assim testá-la –, seria preciso saber de que modo a força ilocucionária e o conteúdo proposicional são indicados em uma variedade de outros idiomas e de que modo a distinção entre conteúdo proposicional e força ilocucionária é representada nos relatos de emissões nesses idiomas. Uma forma sintática de particular interesse, existente no inglês e diversos outros idiomas, é a que os franceses chamam "style indirect libre". Considere-se

> Ela [Louisa] não suportava pensar em sua irmã altiva e espiritual degradada no corpo daquela forma. Mary era vil, vil, vil: não era superior, era delituosa, incompleta.
> (D. H. Lawrence, *As filhas do vigário*)

A segunda sentença é o relato de um estado Intencional; o autor não nos está dizendo que Mary era vil, vil, vil, mas que Louisa considerava-a vil, vil, vil. A complexidade do exemplo deriva de três características: em primeiro lugar, embora a sentença seja o relato de um estado Intencional, está isolada e não encaixada (donde "libre" em "style indirect libre"); em segundo lugar, tem algumas características do discurso direto – supõe-se que pensemos em "vil, vil, vil" como algo em que Louisa está pensando consigo mesma nesses termos; mas, em terceiro lugar, tem também características de discurso indireto, como a mudança de tempo verbal – supõe-se que pensemos em Louisa dizendo a si mesma "Mary é vil, vil, vil", mas isso é relatado como "Mary era vil, vil, vil".

O presente capítulo tem-se ocupado basicamente dos relatos intensionais de estados Intencionais e de atos de fala, os chamados relatos *de dicto*. Mas e quanto aos relatos em que a ocorrência de algumas das expressões é extensional, os chamados relatos *de re*? "Bush acredita (believes) que Reagan é Presidente" é um relato *de dicto* e intensional. Pode ser verdadeiro mesmo que Reagan nunca tenha existido. Mas e quanto a

> Reagan é tido (is believed) como Presidente por Bush

ou

> Reagan é tal que Bush acredita (believes) que ele é Presidente?

Tais relatos são *de re* e neles a ocorrência de "Reagan" é extensional. O erro endêmico na filosofia linguística tem sido o de inferir, do fato de que o relato *de dicto* é intensional, que os próprios estados relatados devam ser intensionais. Aleguei no capítulo 1 que essa posição é uma enorme confusão e, neste capítulo, tentei analisar sentenças usadas para fazer relatos *de dicto*. A confusão paralela no caso dos relatos *de re* tem sido a de se inferir, do fato de haver dois tipos de relato, *de dicto* e *de re*, que há dois tipos de estado relatados, que os próprios estados são ou *de dicto* ou *de re*. Mas do fato de haver dois tipos diferentes de relato simplesmente não se segue, nem se verifica, que haja dois tipos diferentes de estado. Vamos dedicar-nos a essa e a outras confusões correlatas no próximo capítulo.

CAPÍTULO 8
ESTARÃO OS SIGNIFICADOS NA CABEÇA?

A pergunta fundamental da filosofia da linguagem sempre foi: Como a linguagem se relaciona com a realidade? A resposta por mim apresentada em *Speech Acts* foi que a linguagem se relaciona com a realidade em virtude do fato de os falantes estabelecerem tal relação na realização de atos de fala. A pergunta original fica assim reduzida à análise da natureza e das condições da possibilidade de tais atos. No livro presente, tentei mais ainda alicerçar essa análise na Intencionalidade da mente: a pergunta, "Como a linguagem se relaciona com a realidade?", é apenas um caso especial da pergunta, "Como a mente se relaciona com a realidade?". E, assim como a pergunta sobre a linguagem reduzia-se a uma pergunta acerca dos vários tipos de ato de fala, a pergunta sobre a mente reduz-se a uma pergunta acerca das diversas formas de Intencionalidade, sendo as capacidades representacionais dos atos de fala simplesmente um caso especial de Intencionalidade derivada.

Com base em uma interpretação de Frege, minha abordagem geral à Intencionalidade consiste em revisar e estender a concepção fregiana de "*Sinn*" para a Intencionalidade em geral, inclusive a percepção e outras formas de autorreferência; e a minha abordagem ao problema especial da referência é, em alguns aspectos, fregiano no espírito, embora não, é claro, no detalhe. Especificamente, é possível distinguir pelo menos duas linhas independentes na interpretação de Frege das relações entre expressões e objetos. Em primeiro lugar, em sua interpretação do *Sinn* e *Bedeutung* do *Eigennamen*, uma expressão refere-se a um objeto porque este ou se ajusta ao *Sinn* associado à expressão ou o satisfaz. Em segundo lugar, em sua luta contra o psicologismo, Frege julgou necessário postular a existência de um terceiro domínio de entidades abstratas: sentidos, proposições etc. A comunicação na emissão de uma expressão só é possível porque tanto o falante como o ouvinte são capazes de apreender um sentido abstrato comum associado à expressão. Minha interpretação pessoal é fregiana na aceitação da primeira dessas linhas, mas rejeito a segunda. A referência linguística é um caso especial da referência Intencional e esta sempre se dá por meio da relação do ajuste ou de satisfação. Mas não é necessário postular nenhum domínio metafísico especial para interpretar a comunicação e a Intencionalidade compartilhada. Se você pensar sobre a Estrela Vespertina sob o modo de apresentação "Estrela Vespertina" e eu pensar no mesmo planeta sob o mesmo modo de apresentação, o sentido em que temos uma entidade abstrata em comum é aquele absolutamente trivial em que, se eu fizer uma caminhada pelas colinas de Berkeley e você fizer exatamente a mesma caminhada, compartilharemos a mesma entidade abstrata, a mesma caminhada. A possibilidade de conteúdos Intencionais compartilhados não requer um aparato metafísico mais vultoso que a possibilidade de caminhadas compartilhadas.

Tanto a interpretação fregiana do significado quanto a presente são internalistas no sentido de que é em virtude de um estado mental qualquer na cabeça de um falante e de um ouvinte – o estado mental de apreender-se uma entidade abstrata ou simplesmente ter-se um certo conteúdo Intencional – que falante e ouvinte podem entender as referências linguísticas. No momento em que este trabalho é redigido, as mais representativas teorias da referência e do significado rejeitam a análise fregiana ou internalista. Há uma variedade de razões pelas quais a posição anti-internalista entrou em voga e há um considerável desacordo entre os anti-internalistas quanto a qual seria a análise correta da referência e do significado. Neste capítulo e no seguinte considerarei e responderei a pelo menos alguns dos ataques mais representativos à tradição internalista, fregiana ou Intencionalista. Tais capítulos, portanto, são mais argumentativos que os precedentes: minha meta será não apenas apresentar uma interpretação Intencionalista da referência, mas fazê-lo de modo a responder ao que acredito ser uma família de doutrinas equivocadas da filosofia contemporânea. Eis aqui, sem nenhuma ordem especial, algumas das teses mais representantes lançadas contra a imagem internalista:

1. Supõe-se haver uma distinção fundamental entre as crenças *de re* e *de dicto* e outros tipos de atitude proposicional. As crenças *de re* são relações entre agentes e objetos; não podem ser individualizadas unicamente em termos de seus conteúdos mentais (*de dicto*), pois o próprio objeto (*res*) deve fazer parte do princípio de individuação da crença.

2. Supõe-se haver uma distinção fundamental entre os usos "referencial" e "atributivo" das descrições definidas. Só no caso dos usos atributivos das descrições definidas o falante "refere-se" a um objeto em virtude do fato

de seu conteúdo Intencional estabelecer condições que o objeto satisfaz, mas esses não são, absolutamente, casos genuínos de referência; no uso referencial das descrições definidas, o falante não precisa usar uma expreessão satisfeita pelo objeto a que se faz referência[1].

3. As expressões indexicais como "eu", "você", "isto", "aquilo", "aqui", "agora" são supostamente impossíveis de ser explicadas por uma teoria internalista, dado que sua emissão carece de um "sentido fregiano concludente".

4. Supõe-se que os expoentes da chamada teoria causal dos nomes e da teoria causal da referência tenham refutado algo denominado "teoria descritivista" dos nomes e da referência, refutando com isso qualquer explicação internalista ou fregiana, e demonstrando que a referência é realizada em virtude de algumas relações causais *externas*.

5. A teoria causal da referência é supostamente aplicável a uma ampla classe de termos gerais, aos termos naturais de espécie e talvez ainda a outros; e, para esses termos, supõe-se haver argumentos decisivos a demonstrar que o conhecimento de seus significados não pode consistir no fato de se estar em algum tipo de estado psicológico, mas deve envolver alguma relação causal mais direta com o mundo. Supõe-se haver sido demonstrado que os "significados não estão na cabeça".

Creio que todas essas visões são falsas. Além disso, têm em comum uma semelhança de família; sugerem uma imagem da referência e do significado na qual o conteúdo Intencional interno do falante é insuficiente para determinar a que ele se refere, em seus pensamentos como em suas emissões. Compartilham elas a ideia de que, para explicar as relações entre as palavras e o mundo, precisamos introduzir (em alguns casos? em todos?)

relações causais externas contextuais, não conceituais, entre a emissão de expressões e as características do mundo sobre o qual versa a emissão. Se essas visões estiverem corretas, a interpretação da Intencionalidade por mim apresentada deve estar equivocada. Neste ponto, não vejo outra alternativa senão a de listar uma série padronizada de argumentos filosóficos fixos. A justificativa para se fazer tanto barulho acerca de posições que acredito serem falsas está relacionada à dimensão das questões envolvidas. Se formos incapazes de interpretar a relação de referência em termos de conteúdos Intencionais internos, sejam estes os conteúdos do falante individual, sejam os da comunidade linguística de que ele faz parte, toda a tradição filosófica desde Frege, tanto a analítica como as correntes fenomenológicas, está enganada, e teremos de começar de novo com alguma interpretação causal externa da referência em particular e da relação das palavras com o mundo em geral.

I. OS SIGNIFICADOS NA CABEÇA

Começarei pela consideração do argumento de Hilary Putnam, segundo o qual "os significados não estão na cabeça"[2]. Creio que, no sentido pertinente, os significados estão precisamente na cabeça – não existe outro lugar onde possam estar – e que os argumentos de Putnam não conseguem demonstrar nada em contrário.

Putnam considera duas posições:
(1) Conhecer o significado de uma palavra ou expressão consiste em estar em um determinado estado psicológico.
(2) O significado (intensão) determina a extensão.

Apropriadamente concebidas, essas posições acarretam uma terceira:

(3) Os estados psicológicos determinam a extensão.

Putnam tenta demonstrar que não podemos sustentar tanto (1) como (2) ao mesmo tempo e que (3) é falso. Propõe rejeitar (1) e (3) e aceitar uma versão revisada de (2). Na discussão que se segue, é importante assinalar que não há nada contra a aceitação da distinção analítico-sintética tradicional; para os propósitos da presente discussão, tanto eu como Putnam aceitamos o holismo e nada em nossa discussão toca esta questão.

A estratégia de Putnam é tentar conceber casos intuitivamente plausíveis em que o mesmo estado psicológico determina extensões diferentes. Se estados psicológicos tipo-idênticos podem determinar extensões diferentes, a determinação da extensão deve transcender os estados psicológicos e, portanto, a visão tradicional é falsa. Putnam apresenta dois argumentos independentes para mostrar de que modo o mesmo estado psicológico pode determinar extensões diferentes. Fala às vezes como se fossem parte do mesmo argumento, mas, na verdade, são totalmente independentes e, acredito, apenas o segundo é de fato sério. Portanto, tratarei do primeiro de um modo um tanto breve.

O primeiro argumento diz respeito ao que ele denomina princípio da "divisão linguística do trabalho", ou seja, o princípio segundo o qual, em qualquer comunidade linguística, determinadas pessoas são mais especializadas na aplicação de certos termos que outras. Em nossa comunidade, por exemplo, algumas pessoas têm mais conhecimento acerca de árvores que outras e, portanto, podem dizer, por exemplo, quais árvores são faias e quais são olmos. Outras, como eu, não conhecem grande coisa acerca da diferença entre faias e olmos, de modo que, na medida em que haja quaisquer conceitos ligados às palavras "faia" e "olmo", para mim eles são praticamente os mesmos. Nos dois casos, tenho o conceito de uma grande árvore decídua que cresce no leste dos Estados Unidos. Portanto, segundo Putnam, no meu idioleto o conceito, ou "intensão", é o mesmo, mas a extensão é claramente diversa. "Faia" denota faias e "olmo" denota olmos: um mesmo estado psicológico e extensões diferentes.

Não acredito realmente que qualquer defensor da posição tradicional fique preocupado com esse argumento. Dificilmente a tese de que o significado determina a referência poderia ser refutada considerando-se casos de falantes que nem sequer conhecem o significado, ou conhecem-no apenas imperfeitamente. Ou, para afirmar a mesma coisa de maneira diferente, as noções de intensão e extensão não são definidas com relação a idioletos. Tal como concebida tradicionalmente, uma intensão, ou *Sinn* fregiano, é uma entidade abstrata que pode ser mais ou menos imperfeitamente apreendida por falantes individuais. Todavia, provar que um falante pode não ter apreendido a intensão ou apreendeu-a apenas imperfeitamente não prova que a intensão não determina a extensão, pois um tal falante tampouco tem uma extensão pertinente. A noção de "extensão no meu idioleto" não se aplica aos casos em que não se conhece o significado da palavra.

Para defender sua posição, Putnam teria de argumentar que a coletividade de estados Intencionais dos falantes, inclusive os de todos os especialistas ideais, não determina as extensões corretas. Mas, se o argumento se baseia na ignorância linguística e factual, a própria doutrina da divisão linguística do trabalho pareceria refutar o argumento desde o início, pois, segundo essa mesma doutrina, sempre que ignorante, um falante pode apelar aos especialistas: cabe a eles decidir o que é e o que não é um olmo. Ou seja, onde a intensão *dele* (falante) for inadequada, ele deixa que a intensão *deles* (especialistas) determine a extensão. Além disso, se presumirmos que Putnam sabe que seu argumento é válido, obteremos algo muito semelhante à incoerência que se segue:

1. Meu (de Putnam) conceito de "olmo" = meu conceito de "faia"

mas

2. A extensão de "olmo" em meu idioleto ≠ da extensão de "faia" em meu idioleto.

Como sei que 2 é verdadeiro? Obviamente, porque

3. Sei que olmos não são faias e que faias não são olmos.

E como sei disso? Sei porque sei que olmos e faias são duas espécies *diferentes* de árvore. Por imperfeita que seja a minha apreensão dos conceitos pertinentes, tenho pelo menos um conhecimento conceitual suficiente para saber que as duas são de espécies diversas. Mas, exatamente por essa razão,

4. O número 3 enuncia um conhecimento conceitual.

Se esse conhecimento não é conhecimento conceitual, nada é. Portanto,

5. Contrariamente a 1, meu conceito de "olmo" ≠ de meu conceito de "faia".

Em seu segundo argumento, mais importante e influente, Putnam tenta mostrar que a coletividade de estados Intencionais dos falantes talvez seja insuficiente para determinar a extensão, pois pode haver duas coletividades com o mesmo conjunto de intensões coletivas, mas com extensões diferentes. Imagine-se que, em uma galáxia distante, haja um planeta muito semelhante ao nosso, com pessoas como nós que falam um idioma indistinguível do nosso. Imagine-se ainda que, nessa Terra gêmea, aquilo que eles chamam "água" seja, do ponto de vista perceptivo, indistinguível do que nós chamamos "água", mas que, na verdade, tenha uma composição química diferente. O que na Terra gêmea tem a denominação "água" é um composto químico muito complicado, cuja fórmula podemos abreviar para "XYZ". Segundo as intuições de Putnam, a expressão "água" na Terra, em 1750, antes que se soubesse qualquer coisa acerca da composição química da água, referia-se a H_2O; e "água", na Terra gêmea, em 1750, referia-se a XYZ. Assim, embora tanto as pessoas na Terra como na Terra gêmea estivessem no mesmo estado psicológico em relação à palavra "água", tinham extensões diferentes e, portanto, Putnam conclui que os estados psicológicos não determinam a extensão.

A maior parte daqueles que criticaram os argumentos de Putnam desafiaram as intuições deste acerca do que diríamos a respeito do exemplo da Terra gêmea. Minha estratégia pessoal será aceitar por completo suas intuições para os propósitos da presente discussão e depois argumentar que elas não conseguem demonstrar que os significados não estão na cabeça. Quero, porém, fazer uma breve digressão para considerar o que diriam os teóricos tradicionais sobre o argumento, tal como apresentado até agora. Creio que seria algo do gênero: Até 1750, "água" queria dizer a mesma coisa, tanto na Terra como na Terra gêmea, e tinha a mesma extensão. Após a descoberta de que se tratava de dois compostos químicos diferentes, um na Terra e outro na Terra gêmea, teríamos uma alternativa. Poderíamos definir "água" como H_2O, que foi o que de fato fizemos; ou poderíamos apenas dizer que há dois tipos de água, e que na Terra gêmea a água é concebida diferentemente da água na Terra. Com efeito, essas intuições têm alguma base. Suponhamos, por exemplo, que tenha havido um intenso intercâmbio entre a Terra e a Terra gêmea, de modo que fosse provável que os falantes houvessem encontrado os dois tipos. Nesse caso, seria provável que concebêssemos a água como hoje concebemos o jade. Assim como há dois tipos de jade, nefrita e jadeíta (exemplo de Putnam), haveria dois tipos de água, H_2O e *XYZ*. Além disso, parece que teríamos de pagar um alto preço pela aceitação das intuições de Putnam. Um grande número de coisas tem a água como um de seus componentes essenciais, de modo que, se a substância existente na Terra gêmea não é água, presumivelmente sua lama não é lama, sua cerveja não é cerveja, sua neve não é neve, seu sorvete não é sorvete etc. Na verdade, se levarmos isso realmente a sério, parece que sua química seria radicalmente diferente da nossa. Na nossa Terra, quando dirigimos um carro obtemos H_2O, CO e CO_2 como produtos da combustão de hidrocarbonetos. E o que deveria ser expelido pelos automóveis na Terra gêmea? Creio que um defensor da teoria tradicional poderia também assinalar que é estranho que Putnam presuma que "H_2O" é determinado e que "água" é problemático. Pode-se muito bem imaginar casos em que H_2O na Terra gêmea seja ligeiramente diferente do que é na Terra. Contudo, não quero prosseguir com essas intuições alternativas às de Putnam, mas aceitar suas intuições para os propósitos da discussão e seguir em frente com sua explicação positiva de como a extensão é determinada.

Na teoria de Putnam, a extensão de um termo geral como "água" – e, na verdade, em sua teoria acerca de qualquer termo geral – é determinada *indexicalmente* da seguinte maneira: identificamos um tipo de substância como a água por certas características superficiais. Coisas como o ser a água um líquido claro, insípido, incolor etc. O ponto crucial é que a extensão da palavra "água", portanto, é determinada como o que quer que seja idêntico em estrutura a essa substância, seja qual for essa estrutura. Desse modo, segundo tal interpretação, a razão pela qual o termo "água" na Terra gêmea tem uma extensão diferente daquela do termo "água" na Terra é que a substância identificada indexicalmente tem, na Terra gêmea, uma estrutura diversa da que tem na Terra, e "água" é definida simplesmente como o que quer que guarde com tal substância uma relação de "mesmo *L*".

Ora, do ponto de vista da teoria tradicional, aonde, exatamente, nos leva essa argumentação? Mesmo supondo-se que Putnam tenha razão acerca de suas intuições, tudo o que fez foi substituir um conteúdo Intencional por outro. Substituiu o tradicional conteúdo Intencional formado por um conglomerado-de-conceitos por um conteúdo Intencional indexical. Em cada caso, é um significado na cabeça que determina a extensão. Na verdade, a sugestão de Putnam é uma abordagem bastante tradicional dos termos de espécie natural: uma palavra é definida ostensivamente como aquilo que guarde a relação certa com a denotação da ostensão original. Água foi simplesmente definida como aquilo que é idêntico em estrutura a essa substância, qualquer que seja essa estrutura. E trata-se de apenas um caso entre outros em que as intensões, que estão na cabeça, determinam as extensões.

Segundo a visão lockiana tradicional, a água é definida (essência nominal) por um inventário de conceitos:

líquido, incolor, insípido etc. Na proposição de Putnam, a água é definida (essência real) indexicalmente, identificando-se algo que satisfaça a essência nominal e em seguida declarando-se que a água deve ser definida como o que quer que tenha a mesma essência real que a substância assim identificada. Isso pode ser um aperfeiçoamento em relação a Locke, mas com certeza não demonstra que os significados não estão na cabeça.

Creio que Putnam não veria nisso uma resposta adequada, uma vez que todo o tom de seus escritos sobre o tema sugere que ele não considera estar propondo uma variação da visão tradicional de que os significados estão na cabeça, e sim estar rejeitando a tradição como um todo. O interesse dessa discussão para a presente obra só fica claro quando examinamos os pressupostos subjacentes sobre a Intencionalidade que o levaram a presumir que a interpretação alternativa do significado que propõe é, de algum modo, fundamentalmente incompatível com a visão de que os significados estão na cabeça. Procuremos expor a posição de Putnam de modo um pouco mais claro. Podemos distinguir três teses:

(1) O conglomerado associado de conceitos não determina a extensão,

(2) A definição indexical determina a extensão,

(3) O que está na cabeça não determina a extensão.

Ora, (3) não decorre de (1) e (2). Para supor que decorre, é preciso pressupor que a definição indexical não está na cabeça. Putnam usa (1) e (2) para argumentar a favor de (3), admitindo com isso que a definição indexical não está na cabeça. Ora, e por que razão ele pensa isso? Por que razão considera que, no caso dessas definições indexicais, o que está na cabeça não determina a extensão? Acredito haver duas razões pelas quais ele faz esse deslocamento falacioso. Em primeiro lugar, presume que, uma vez que desconhecemos a microestrutura e uma vez que é esta que determina a extensão, o que está na cabeça é insuficiente para determiná-la.

Mas isso, creio eu, é simplesmente um equívoco; e podemos esclarecer em que sentido é um equívoco considerando o exemplo que se segue. A expressão "O assassino de Brown" tem uma intensão que determina como sua extensão o assassino de Brown[3]. A intensão, "O assassino de Brown", fixa a extensão, ainda que seja um fato sobre o mundo quem assassinou Brown. Para alguém que desconheça quem assassinou Brown, a extensão da expressão "O assassino de Brown" continua sendo o assassino de Brown, ainda que desconheça sua identidade. Ora, analogamente, o conteúdo Intencional "idêntico em estrutura a essa substância (indexicalmente identificada)" é um conteúdo Intencional que determinaria uma extensão, ainda que desconhecêssemos o que é essa estrutura. A teoria de que a intensão determina a extensão é a teoria de que as intensões estabelecem certas condições que determinada coisa tem de satisfazer para poder ser parte da extensão da intensão relevante. Mas essa condição é satisfeita pelo exemplo de Putnam: a definição indexical de água tem um conteúdo Intencional, ou seja, estabelece determinadas condições que qualquer amostra em potencial deve satisfazer para poder fazer parte da extensão de "água", exatamente no mesmo sentido em que a expressão "O assassino de Brown" estabelece certas condições que qualquer candidato em potencial deve satisfazer para poder ser a extensão de "O assassino de Brown". Em ambos os casos, porém, trata-se de um fato sobre o mundo se alguma das entidades existentes satisfaz ou não o conteúdo Intencional. Portanto, é simplesmente um erro supor que, como definimos "água" em termos de uma microestrutura desconhecida, a intensão não determina a extensão.

Mas há uma segunda razão, mais profunda, pela qual Putnam supõe que sua análise demonstra que os significados não estão na cabeça. Ele faz certas pressuposições acerca da natureza dos conteúdos Intencionais e a natureza das expressões indexicais, especialmente sobre o modo como os conteúdos Intencionais se relacionam com as expressões indexicais, que devemos examinar agora. Tais pressuposições surgem quando ele diz:

> Para essas palavras (indexicais) ninguém jamais sugeriu a teoria tradicional de que "a intensão determina a extensão". Em nosso exemplo da Terra Gêmea, se eu tiver um *Doppelgänger* na Terra Gêmea, quando eu pensar: "estou com dor de cabeça", ele pensa, "estou com dor de cabeça". Mas a extensão da ocorrência particular do termo "eu" no seu pensamento verbalizado é ele mesmo (ou sua classe de unidade, para sermos precisos), ao passo que a extensão da ocorrência de "eu" no *meu* pensamento verbalizado sou *eu* (ou a minha unidade de classe, para sermos precisos). Portanto, a mesma palavra, "eu", tem duas extensões diversas em dois idioletos diversos; mas disso não decorre que o conceito que tenho de mim mesmo é de algum modo diverso do conceito que meu *Doppelgänger* tem de si mesmo[4].

A passagem acima deixa claro que Putnam presume que a visão tradicional de que o que está na cabeça determina a extensão não pode ser aplicada aos indexicais e que se dois falantes, eu e meu *Doppelgänger*, temos estados mentais tipo-idênticos, nossos estados devem ter as mesmas condições de satisfação. Creio que ambos os pressupostos são falsos. Quero argumentar, em primeiro lugar, que se por "intensão" referimo-nos ao conteúdo Intencional a intensão da emissão de uma expressão indexical precisamente determina extensão; e, em segundo lugar, que, nos casos perceptivos, duas pessoas podem estar em estados mentais tipo-idênticos – na verdade, podemos até supor que um homem e seu *Doppelgänger* sejam de tipo-idênticos até a última micropartícula – e mesmo assim seus conteúdos Intencionais podem ser diferentes; podem ter diferentes condições de satisfação. Tanto a Intencionalidade perceptiva como a indexicalidade são casos de autorreferencialidade do conteúdo Intencional ou semântico. Examinaremos a autorreferencialidade das proposições indexicais mais adiante neste mesmo capítulo. Para nossos presentes propósitos, basta lembrarmo-nos da autorreferencialidade causal da experiência perceptiva que examinamos nos capítulos 2 e 4 e mostrar de que modo é relevante para o argumento da Terra gêmea.

Suponhamos que em 1750, na Terra gêmea, Jones identifique algo indexicalmente e o batize como "água", e que o Jones gêmeo na Terra gêmea também identifique algo indexicalmente e o batize de "água". Suponhamos também que ambos tenham conteúdos mentais e experiências visuais e outras tipo-idênticas ao estabelecerem a identificação indexical. Ora, como os dois dão as mesmas definições tipo-idênticas, ou seja, a "água" é definida como o que quer que seja idêntico em estrutura a essa substância, e como ambos estão tendo experiências tipo-idênticas, Putnam supõe que não podemos explicar de que modo a água tem uma extensão diferente na Terra e na Terra gêmea em termos de seus conteúdos mentais. Se as experiências de ambos são as mesmas, como podem ser diferentes seus conteúdos mentais? Na interpretação da Intencionalidade apresentada neste livro, a resposta para este problema é simples. Embora tenham experiências visuais de tipo-idênticas nas situações em que a água é identificada indexicalmente por cada um, seus conteúdos Intencionais não são tipo-idênticos. Ao contrário, seus conteúdos Intencionais podem ser diferentes porque cada conteúdo Intencional é causalmente autorreferente no sentido por mim explicado anteriormente. As definições indexicais de "água" dadas por Jones na Terra podem ser analisadas da seguinte maneira: a "água" é definida indexicalmente como o que quer que seja idêntico em estrutura à substância causadora dessa experiência visual, seja qual for tal estrutura. E, para o Jones gêmeo na Terra gêmea, a análise é: a água é definida indexicalmente como o que quer que seja idêntico em estrutura à substância causadora dessa experiência visual, seja qual for tal estrutura. Assim, em cada caso, temos experiências de idêntico tipo, emissões de idêntico tipo mas, na verdade, em cada caso uma coisa diferente é significada. Ou seja, em cada caso as condições de satisfação estabelecidas pelo conteúdo mental (na cabeça) é diferente por causa da autorreferencialidade causal das experiências perceptivas.

Não decorre da presente interpretação que falantes diferentes na Terra devam significar coisas diferentes com o termo "água". A maioria das pessoas não sai por aí batizando espécies naturais, mas tão somente tenciona usar as palavras para significar e referir do mesmo modo que a comunidade em geral, incluindo os especialistas, usa as palavras para significar e referir. E, mesmo quando há tais batismos públicos, estes costumam envolver, do lado dos participantes, experiências partilhadas, visuais e de outras espécies, dos tipos que discutimos no capítulo 2. Mas a interpretação tem, efetivamente, como consequência que, ao fazer definições indexicais, falantes diferentes *podem* estar significando coisas diferentes, pois seus conteúdos Intencionais são autorreferentes às experiências Intencionais de ocorrência. Concluo, portanto, que mesmo que aceitemos todas as suas intuições – o que não é o caso para muitos de nós não – os argumentos de Putnam não demonstram que os significados não estão na cabeça. Ao contrário, sua contribuição foi apresentar uma interpretação Intencionalista alternativa, baseada nas apresentações indexicais, dos significados de uma certa classe de termos gerais.

II. HAVERÁ CRENÇAS IRREDUTIVELMENTE *DE RE*?[5]

Nunca deparei com um enunciado claro e preciso do que se supõe ser, exatamente, a distinção *de dicto/de re*, quando aplicada às atitudes proposicionais. Talvez haja tantas versões diferentes de tal distinção quanto autores sobre o tema e, com certeza, as noções ultrapassaram largamente o significado literal dos termos latinos, "de palavras" e "de coisas". Suponhamos que se acredite, como eu, que todos os estados Intencionais sejam inteiramente constituídos por seu conteúdo Intencional e seu modo psicológico, ambos na cabeça. Em uma interpretação tal, todas as crenças são *de dicto*. São inteiramente individuadas por seu conteúdo Intencional e seu modo psicológico. Todavia, algumas crenças, na verdade estão relacionadas a objetos reais no mundo real. Pode-se dizer que tais crenças são *de re*, no sentido de que se referem a objetos reais. As crenças *de re* seriam uma subclasse das crenças *de dicto* e a expressão "crença *de dicto*" seria redundante, uma vez que significa simplesmente crença.

Segundo essa visão, a crença na visita de Papai Noel na noite de Natal e a crença de que De Gaulle foi Presidente da França seriam, ambas, *de dicto* e a segunda seria também *de re*, dado que se refere a objetos reais, De Gaulle e França.

Uma tal interpretação da distinção *de dicto/de re* não geraria em mim oposição alguma. Mas, desde o artigo original de Quine[6], diversas interpretações na literatura filosófica defendem uma tese muito mais ousada: a ideia intuitiva é que, além da classe das crenças *de dicto*, inteiramente individuadas por seus conteúdo e modo, pelo que está na cabeça, há uma classe de crenças para a qual o que está na cabeça é insuficiente para individuá-las, por envolverem relações entre quem crê e os objetos como parte da identidade da crença. Tais crenças não constituem uma subclasse das crenças *de dicto*, mas são irredutivelmente *de re*. Crenças puramente *de dicto* poderiam ser sustentadas por um cérebro em uma cuba; elas independem de como o mundo de fato é. Mas as crenças *de re*, segundo essa visão, são relações entre crentes e objetos; para elas, se o mundo fosse diferente em certos modos, as próprias crenças seriam diferentes, embora o que estivesse na cabeça permanecesse inalterado.

Tanto quanto posso dizer, há pelo menos três conjuntos de considerações que levam as pessoas à ideia de que há crenças irredutivelmente *de re*. A primeira é que parece haver uma classe de crenças referentes, de modo irredutível, a objetos, isto é, crenças que relacionam o crente a um objeto e não apenas a uma proposição e, nesse sentido, são mais *de re* que *de dicto*. Por exemplo, suponhamos que George Bush acredite que Ronald Reagan é Presidente dos Estados Unidos. Ora, trata-se claramente de um fato referente a Bush, mas, nessas circunstâncias, não seria igualmente um fato referente a Reagan? Não será um fato claro referente a Reagan que Bush acredita ser ele Presidente? Além disso, não há como explicar o fato simplesmente em termos de fatos referentes a Bush, incluindo-se nestes os fatos que o relacionam a proposições. O fato em questão é enunciado por uma proposição na forma

>Referente a Reagan, Bush acredita ser ele Presidente dos Estados Unidos

ou, de maneira mais pretensiosa,

> Reagan é tal que Bush acredita em relação a ele (of him) que ele é Presidente dos Estados Unidos.

Tais proposições, que descrevem crenças *de re*, permitem a quantificação em contextos de crença; ou seja, cada uma permite uma inferência de que

> (∃x) (Bush acredita (y é Presidente dos Estados Unidos) relacionado a (of) x)

De acordo com a opinião aceita, tanto nossa teoria lógica como nossa teoria da mente nos compelem a uma análise tal.

Em segundo lugar, há uma clara distinção entre as atitudes proposicionais direcionadas a objetos particulares e aquelas que não o são. No exemplo de Quine, precisamos estabelecer uma distinção entre o desejo que um homem poderia ter por uma chalupa em que qualquer chalupa velha serve e o desejo que um homem poderia ter que estivesse direcionado a uma chalupa em particular, a chalupa *Nellie* ancorada na Marina de Sausalito. No primeiro desejo, ou desejo *de dicto*, o homem procura – como diz Quine – mais um "alívio para a falta de chalupa" e no segundo, o desejo *de re*, seu desejo o relaciona a um objeto em particular. A diferença, segundo Quine, é expressa nas duas sentenças seguintes[7]:

> *de dicto*: Eu desejo que (∃x) (x é uma chalupa & eu tenho x)
> *de re*: (∃x (x é uma chalupa e eu desejo ter x))

Em terceiro lugar – o que acredito ser o mais importante –, supõe-se haver uma classe de crenças que contêm um elemento "contextual", "não conceitual", e que por essa razão não estão sujeitas a uma explicação internalista ou *de dicto*. Tal como escreve Tyler Burge[8], "uma crença *de re* é uma crença cuja correta atribuição põe o crente em uma relação *não conceitual* apropriada com os objetos sobre os quais versa a crença... O ponto crucial é que a relação não seja meramente de conceitos como conceitos *do* objeto – conceitos que o denotam ou se aplicam a ele" (os primeiros itálicos são meus). Segundo Burge, tais crenças não podem ser completa ou exaustivamente caracterizadas em termos de seus conteúdos Intencionais, pois, como diz ele, há elementos contextuais e não conceituais cruciais para a identidade da crença.

Creio que essas três razões podem ser respondidas sem hesitação e que as três corporificam várias noções confusas da Intencionalidade. Começarei com o terceiro conjunto de razões, dado que uma discussão deste prepara o caminho para uma discussão dos dois primeiros; e limitarei minhas observações a Burge, por ser ele quem apresenta o mais sólido enunciado da tese referente às crenças *de re* que conheço.

Implícito na interpretação de Burge há um contraste entre o conceitual e o contextual. Uma crença plenamente conceitual é *de dicto* e totalmente analisável em termos gerais. Uma crença contextual é individuada em parte pelas relações entre o crente e os objetos no mundo, e, portanto, é *de re*. Sua estratégia é argumentar, por meio de exemplos, que há crenças não plenamente conceituais, mas são contextuais. Concordo em que há crenças que não são plenamente conceituais, no sentido em que não constituem descrições verbais em termos gerais, mas isso não demonstra que sejam contextuais ou *de re* na acepção de Burge. Além das duas opções de "conceitual" ou "contextual", há uma terceira possibilidade; há formas de Intencionalidade não genéricas mas particulares, e que, mesmo assim, estão inteiramente na cabeça, são inteiramente internas. A Intencionalidade pode conter elementos autorreferentes tanto do tipo causal, que consideramos em nossa discussão da percepção, da memória, da intenção e da ação, como do tipo indexical, à qual fiz uma breve alusão na discussão sobre Putnam e que voltarei a mencionar mais adiante neste capítulo. Creio que uma correta compreensão da autorreferencialidade de certas formas de Intencionalidade bastará para explicar todos os exemplos de crenças supostamente *de re* apresentados por Burge, visto que em cada caso é possível demonstrar que o conteúdo Intencional explica por inteiro o conteúdo da crença. E essa é apenas outra maneira de dizer que, no sentido pertinente, a crença é *de dicto*.

Seu primeiro exemplo é o de um homem cuja aproximação em meio a uma neblina revolta é avistada a distância. Desse exemplo ele diz: "Pode-se dizer plausivelmente que, a seu respeito, acreditamos que está usando um boné vermelho, mas não vemos o homem com suficiente nitidez para descrevê-lo ou formar uma imagem dele de modo a individuá-lo plenamente. É claro que podemos individuá-lo ostensivamente com a ajuda de descrições que podemos aplicar, mas não há razão para acreditarmos que sempre podemos descrever ou conceitualizar as entidades ou posições espaçotemporais nas quais nos apoiamos para fazer nossa demonstração".

Considero esse trecho altamente revelador, uma vez que não diz absolutamente nada sobre o conteúdo Intencional da própria experiência visual, que, no caso, faz parte do conteúdo da crença. Uma vez entendido que a experiência visual tem um conteúdo proposicional causalmente autorreferente, não é preciso preocupar-se com a "descrição" ou "conceitualização" de coisa alguma em palavras para se individuar o homem: o conteúdo Intencional da experiência visual já o fez. Em minha interpretação, o conteúdo Intencional (*de dicto*) da experiência visual promove a individuação do homem e tal conteúdo faz parte do conteúdo (*de dicto*) da crença. O conteúdo Intencional *de dicto* pertinente da crença pode ser expresso da seguinte maneira:

> (Há um homem ali presente causando essa experiência visual e esse homem está usando um boné vermelho).

Nesse caso, os elementos "contextuais" estão de fato presentes, mas são plenamente internalizados, no sentido de fazerem parte do conteúdo Intencional. Observe-se que essa crença *de dicto* basta plenamente para individuar qualquer suposto análogo *de re*, mas, ao mesmo tempo, é compatível com a hipótese de que não haja homem algum presente. Uma crença tal poderia ser sustentada por um cérebro em uma cuba. Poder-se-ia objetar que esta análise tem como consequência a impossibilidade, em princípio, de duas pessoas diferentes terem a mesma crença perceptiva. Mas tal consequência não decorre, pois o mesmo homem pode fazer parte das condições de satisfação de duas crenças perceptivas diferentes; pode até ser parte do conteúdo de duas crenças perceptivas que tenham exatamente o mesmo homem como parte de suas condições de satisfação. Assim, no caso de experiências visuais compartilhadas, posso acreditar não só que estou vendo um homem e que você está vendo um homem, como também que nós dois estamos vendo o *mesmo* homem. Nesse caso, as condições de satisfação exigem não apenas que haja um homem presente a causar minha experiência visual, mas que o mesmo homem esteja também causando a sua experiência visual. Obviamente, nossas crenças serão diferentes no sentido trivial de que qualquer conteúdo perceptivo autorreferente faz referência a uma ocorrência particular e não a ocorrências qualitativamente semelhantes, mas, de qualquer modo, trata-se de um resultado que desejamos, uma vez que, quando você e eu compartilhamos uma experiência visual, o que compartilhamos é um conjunto comum de condições de satisfação e não as mesmas experiências visuais de ocorrências. A sua experiência será numericamente diferente da minha, ainda que sejam ambas qualitativamente semelhantes.

A classe seguinte de casos considerada por Burge é a dos indexicais. Seu exemplo é o do homem que acredita, a respeito do momento presente, que está no século XX. Mas isso está sujeito a uma análise Intencionalista formalmente semelhante à que apresentamos no caso perceptivo. Como antes, o método empregado nesse caso é sempre perguntar-se o que deve ocorrer para que o estado Intencional seja satisfeito. No caso da percepção visual, a própria experiência visual deve figurar causalmente nas condições de satisfação. No caso dos indexicais há uma autorreferencialidade análoga, embora nesse caso não seja causal. As condições de verdade de "Este momento está situado no século XX" são que o momento dessa emissão esteja situado no século XX. Assim como o caso perceptivo é autorreferente à experiência, o caso indexical é autorreferente à emissão. Apresso-me em acrescentar que esse enunciado das condições de satisfação não é entendido como uma *tradução* da sentença original: não estou dizendo que "este momento" simplesmente *significa* "o momento dessa emissão". Antes, estou argumentando que o operador indexical na sentença indica, embora não represente nem descreva, a forma da autorreferencialidade. A autorreferencialidade das expressões indexicais, nesse sentido, é *mostrada*, mas não *dita*, assim como a autorreferencialidade da experiência visual é "mostrada", mas não "vista". No caso do enunciado das condições de satisfação, descrevo, ou represento, ou digo o que foi indicado ou mostrado no original.

Concluo, portanto, que não há nada de irredutivelmente *de re* nas crenças perceptivas ou indexicais. Elas estão sujeitas a uma análise Intencionalista ou análise *de dicto* e o engano de se supor a existência de conjuntos irredutivelmente *de re* de crenças perceptivas ou indexicais parece basear-se na suposição de que todas as análises Intencionalistas *de dicto* devem ser apresentadas com o uso de palavras puramente genéricas. Uma vez explicadas as formas autorreferentes da indexicalidade e da experiência perceptiva, é fácil perceber que há formas de Intencionalidade em que os conteúdos Intencionais são suficientes para determinar todos os conjuntos de condições de satisfação, mas não fazem isso fixando condições puramente gerais, mas sim indicando relações que o resto das condições de satisfação deve guardar com o próprio estado ou evento Intencional.

Logo, o diagnóstico do engano cometido pelos teóricos das crenças *de re* que se baseiam nas crenças perceptivas e indexicais é o seguinte: eles veem corretamente que há uma classe de crenças que não pode ser explicada em termos puramente gerais. Veem também que tais crenças dependem de características contextuais e então, equivocadamente, supõem que tais características contextuais não podem, elas mesmas, ser inteiramente representadas como parte do conteúdo Intencional. Após terem confrontado o conceitual (em termos gerais) com o contextual (que envolve o mundo real), ignoram a possibilidade de uma interpretação totalmente internalista das crenças não conceituais. A ideia que defendo é a de que há formas de Intencionalidade que não são conceituais, mas tampouco são *de re*.

Estou convencido de que parte da dificuldade nesse aspecto vem dessa terminologia arcaica que aparentemente nos força a escolher entre as concepções de que todas as crenças são em palavras (*dicta*) e que algumas envolvem coisas (*res*). Podemos sair disso se distinguirmos entre diversas perguntas diferentes. A pergunta "Serão todas as crenças *de dicto*?" tende a oscilar entre pelo menos quatro interpretações diferentes:

1. Serão todas as crenças expressáveis em termos puramente genéricos?
2. Todas as nossas crenças ocorrem-nos em palavras que bastam para esgotar seu conteúdo?
3. Todas as nossas crenças consistem inteiramente em um conteúdo Intencional?
4. Será que algumas crenças relacionam o crente diretamente com um objeto, sem a mediação de um conteúdo Intencional que seja suficiente para individuar o objeto? Serão elas tais que uma mudança no mundo acarretaria necessariamente uma mudança na crença, mesmo que o que esteja na cabeça permaneça inalterado?

A resposta para as primeiras duas perguntas é não: a primeira, porque muitas crenças contêm essencialmente termos singulares, tal como veremos em nossa discussão dos indexicais, e a segunda porque muitas crenças contêm, por exemplo, um conteúdo perceptivo, tal como vimos no caso em que uma crença contém uma experiência visual como parte de seu conteúdo. Mas uma resposta negativa para as primeiras duas perguntas não implica uma resposta negativa para a terceira: uma crença pode ser exaustivamente caracterizada por seu conteúdo Intencional e ser, nesse sentido, uma crença *de dicto*, ainda que não seja caracterizável em termos genéricos e contenha formas não verbais de Intencionalidade. Se por *de dicto* entendemos *verbal*, *em palavras*, nem todas as crenças são *de dicto*, mas disso não decorre que haja crenças irredutivelmente *de re*, pois uma resposta negativa para as primeiras duas perguntas não acarreta uma resposta negativa para a quarta. Se a resposta para 3 é sim, ou seja, se, como acredito, todas as crenças consistem inteiramente em seu conteúdo Intencional, é coerente afirmar que a resposta para 1, 2 e 4 é não. No sentido de *de dicto* acima, há algumas crenças que não são *de dicto* (em palavras), mas isso não demonstra que haja crença alguma irredutivelmente *de re*, pois em outro sentido de *de dicto* (conteúdo Intencional) todas as crenças são *de dicto* (o que demonstra, entre outras coisas, que essa terminologia é confusa).

Com esses resultados, podemos agora dedicar-nos aos outros dois argumentos em favor da crença em atitudes irredutivelmente *de re*. O primeiro argumento diz, corretamente, que é um fato referente a Ronald Reagan que Bush acredita ser ele Presidente. Mas em que consiste tal fato? Em minha interpretação, consiste simplesmente no fato de que Bush acredita na proposição *de dicto* de que Ronald Reagan é Presidente dos Estados Unidos e que Ronald Reagan satisfaz o conteúdo Intencional associado ao uso, por Bush, do nome "Ronald Reagan". Parte desse conteúdo é perceptivo, parte indexical, e grande parte é causal; mas todo ele é *de dicto*, no sentido em que consiste inteiramente em um conteúdo Intencional. Bush poderia ter tido exatamente a mesma crença se Ronald Reagan jamais houvesse existido e tudo, percepções e todo o resto, não tivesse passado de uma enorme alucinação. Em tal caso, Bush teria tido uma grande quantidade de conteúdos perceptivos, indexicais e causais a que nada satisfaria.

O argumento de Quine, acredito, baseia-se em uma visão que confunde a distinção entre atitudes proposicionais particulares e genéricas com a distinção entre atitudes proposicionais *de dicto* e *de re*. Há de fato uma distinção entre os estados Intencionais que fazem referência a um objeto em particular e os que não o fazem. Em cada caso, porém, o estado é *de dicto*. Segundo essa posição, a sentença que Quine apresenta para expressar a atitude *de re* não pode ser correta, pois a sentença que expressa o desejo por uma chalupa em particular é incompleta: de modo algum um agente pode ter um desejo por um objeto em *particular* sem representar esse objeto para si mesmo de alguma maneira, e a formalização de Quine não nos revela de que modo o objeto é representado. No exemplo, tal como apresentado, o agente teria de ter uma crença na existência de uma chalupa em particular e um desejo de ter essa mesma chalupa. A única maneira de expressar a relação entre a crença na existência de uma chalupa em particular e o desejo de a ter, na notação quantificadora, é permitir que o escopo do quantificador intercepte o escopo dos operadores Intencionais. Que essa é a maneira correta de se representar os fatos é pelo menos sugerido pelo fato de que assim expressaríamos o estado mental do homem na linguagem ordinária. Suponhamos que o homem que quer uma chalupa em particular desse expressão a todo o seu estado mental, inclusive à sua representação da chalupa. Ele poderia dizer

> Há uma chalupa muito boa na marina e, com certeza, eu gostaria de a ter.

Os estados mentais expressos por ele seriam, primeiro, uma crença na existência de uma chalupa em particular e, segundo, um desejo de ter essa chalupa. Em linguagem comum,

> Eu *acredito* que há uma chalupa muito boa na marina e *gostaria* de a ter.

Observe-se que, na formulação acima, o escopo do quantificador no conteúdo da crença estende-se para o conteúdo do desejo, ainda que este não pertença ao escopo da crença. Assim, usando colchetes para o escopo dos verbos Intencionais, parênteses para o quantificador e F para o conteúdo Intencional que identifica a chalupa em questão, temos:

Cren [($\exists x$) ((chalupa x & Fx) & ($\forall y$)(chalupa y & $Fy \rightarrow y = x$)] & Des [ter x])

Essa forma *de dicto* representa todo o conteúdo do desejo direcionado a um objeto particular.

Até agora consideramos e rejeitamos alguns argumentos a favor da crença nas atitudes proposicionais *de re*. Quero concluir com um diagnóstico wittgensteiniano do que acredito serem as motivações mais profundas, porém não declaradas, para a crença em atitudes irredutivelmente *de re*. A crença em dois tipos fundamentalmente diversos de atitudes proposicionais, *de re* e *de dicto*, deriva da possibilidade proporcionada por nossa linguagem de apresentar dois tipos diversos de relatos de atitudes proposicionais, relatos *de re* e relatos *de dicto*. Suponhamos, por exemplo, que Ralph acredita que o homem de chapéu marrom é um espião[9]. Assim, em relação à crença de Ralph podemos dizer, "Em referência ao homem de chapéu marrom, Ralph acredita ser ele um espião", ou então, "Ralph acredita que o homem de chapéu marrom é um espião". O primeiro relato compromete a nós, os relatores, com a existência do homem de chapéu marrom. O segundo compromete-nos apenas com o relato do conteúdo da crença de Ralph. Ora, uma vez que as sentenças sobre crenças podem diferir desse modo, podendo até possuir diferentes condições de verdade, somos levados a pensar que deve haver uma diferença nos fenômenos relatados. Observe-se, porém, que a distinção que podemos estabelecer entre o relato *de re* da crença de Ralph e o relato *de dicto* não é uma distinção que Ralph possa fazer. Suponhamos que Ralph diga, "Em referência ao homem de chapéu marrom, acredito ser ele um espião", ou que diga, "Acredito que o homem de chapéu marrom seja um espião". Do ponto de vista de Ralph, isso equivale a exatamente a mesma crença. Imagine-se a insensatez do diálogo seguinte:

> Quine: Em referência ao homem de chapéu marrom, Ralph, você acredita ser ele um espião?
> Ralph: Não, Quine, você me perguntou se sustento uma crença *de re*, mas não é em referência ao homem de chapéu marrom que acredito ser ele um espião. Antes, acredito na crença *de dicto*, acredito que o homem de chapéu marrom é um espião.

Assim como a crença de que os estados Intencionais-com-c de algum modo são, intrinsecamente, entidades intensionais-com-s baseia-se na confusão entre as propriedades lógicas dos relatos de estados Intencionais e as propriedades lógicas dos próprios estados Intencionais, a crença na existência dois tipos diferentes de estados Intencionais, *de re* e *de dicto*, baseia-se na confusão entre dois tipos diferentes de relato de estados Intencionais, os relatos *de re* e *de dicto*, e as características lógicas dos próprios estados. Concluo, portanto, que existe uma genuína distinção *de dicto/de re*, mas trata-se apenas de uma distinção entre tipos de relato. Se as atitudes proposicionais *de re* são supostamente aquelas em que o conteúdo Intencional é insuficiente para individuar o estado mental, segue-se que não existem atitudes proposicionais *de re*, embora haja *relatos de re* de atitudes proposicionais, no sentido em que há relatos que comprometem o relator com a existência dos objetos sobre os quais versam as atitudes proposicionais.

III. EXPRESSÕES INDEXICAIS

Tanto em nossa discussão do ataque de Putnam ao internalismo na semântica quanto na discussão da suposta existência de crenças irredutivelmente *de re*, sugerimos uma interpretação das expressões indexicais; chegou o momento de explicitá-la plenamente.

Há pelo menos uma grande diferença entre o problema das atitudes *de re* e o problema dos indexicais: não existem atitudes proposicionais irredutivelmente *de re*, mas há de fato expressões indexicais e proposições indexicais. Nesta seção, portanto, a estratégia será diferente daquela adotada nas seções precedentes. Em primeiro lugar, precisamos desenvolver uma teoria dos indexicais, em segundo, fazê-lo de maneira a mostrar de que modo ela se enquadra na interpretação geral da Intencionalidade desenvolvida neste livro; e, em terceiro, ao fazê-lo, responder às interpretações dos indexicais que afirmam ser impossível assimilá-los a uma interpretação internalista ou fregiana da linguagem. Começarei com alguns dos argumentos dos oponentes.

Vários autores, notadamente Perry[10] e Kaplan[11], sustentam que há conteúdos de pensamento essencialmente indexicais. Considere-se, por exemplo, a crença que eu poderia ter se viesse a acreditar que, inadvertidamente, estou sujando todo o supermercado derramando açúcar de meu carrinho. Se viesse a acreditar que estou sujando o supermercado, o conteúdo de meu estado Intencional pareceria conter um elemento indexical essencial; e isso é revelado pelo fato de que nenhuma paráfrase de minha crença, em nenhum termo não indexical, capturaria exatamente a crença que tenho quando acredito estar sujando o supermercado. Se eu tentar especificar a crença com o uso de coordenadas de espaço e tempo, não serei capaz de especificar o conteúdo de minha crença. Por exemplo, o fato de possuir a crença de que a pessoa p está sujando o local l e num tempo t não explicaria como o meu comportamento se modifica quando descubro que sou *eu* quem está sujando o supermercado, uma vez que eu poderia ter a crença de que alguma pessoa que satisfaz certas coordenadas espaçotemporais está sujando o supermercado sem me dar conta de que sou eu. Observações análogas aplicam-se a descrições claramente definidas e nomes próprios: a crença de que estou sujando o supermercado não é a mesma que a crença de que o único filósofo sem barba está sujando o supermercado de Berkeley ou que a crença de que JS está sujando o supermercado de Berkeley, pois eu poderia ter essas crenças sem saber que sou o único filósofo sem barba no supermercado de Berkeley, ou que sou JS. Portanto, o conteúdo de minha crença parece-me ser essencialmente indexical.

Tenho a certeza de que tanto Perry como Kaplan estão cônscios de que, até aqui, nada há de antifregiano ou anti-internalista nessa tese. Na verdade, parece um exemplo paradigmático da distinção de Frege entre sentido e referência. Assim como a proposição de que a Estrela

Vespertina brilha perto do horizonte é diferente da proposição de que a Estrela Matutina brilha perto do horizonte, a proposição de que estou sujando o supermercado é diferente da proposição de que JS está sujando o supermercado. Até aqui, tudo fregiano.

Em seguida vem a tese antifregiana. Segundo Perry[12] e Kaplan[13], não há maneira de um fregiano poder explicar esses conteúdos intencionais essencialmente indexicais, pois nesses casos não há um "sentido fregiano concludente" que baste, por si só, para determinar as condições de satisfação. Para esclarecer e fundamentar essa alegação, Perry introduz o seguinte tipo de exemplo: suponhamos que David Hume acredite, "Eu sou David Hume". Suponhamos também que Heimson acredite, "Eu sou David Hume" e, apenas para imaginarmos um caso extremo, suponhamos que Heimson seja o *Doppelgänger* de David Hume na Terra gêmea e que tenha estados mentais idênticos em tipo aos de David Hume; podemos até supor que eles sejam idênticos até a última micropartícula. Ora, a sentença que tanto Heimson quanto David Hume emitem (ou pensam), "Eu sou David Hume", tem o mesmo sentido fregiano nas duas ocasiões e tanto Heimson como Hume vivem estados mentais de idêntico tipo. Mas as proposições expressas têm de ser diferentes, pois têm valores de verdade diferentes. A de Hume é verdadeira e a de Heimson falsa. Há um sentido fregiano na sentença, "Eu sou David Hume", mas não basta para determinar qual proposição é expressa. Desses exemplos, Kaplan e Perry concluem que a interpretação fregiana de sentido e referência e a interpretação fregiana das proposições deve ser inadequada para explicar os indexicais. Uma vez que o expresso nessas emissões é essencialmente indexical e uma vez que não há um sentido fregiano concludente, precisamos de outra teoria das proposições, ao menos para esses casos.

Nesta altura, eles adotam o que me parece ser um expediente desesperado, a teoria da "referência direta" e das "proposições singulares". Segundo eles, nesses casos a proposição não é o conteúdo Intencional na mente do falante, mas, antes, a proposição deve conter os objetos reais a que se faz referência. A proposição de Hume contém Hume, o homem real e não uma representação dele, e a de Heimson contém Heimson, o homem real e não uma representação dele. Afirmam que as expressões que (como os nomes logicamente próprios de Russell) introduzem os próprios objetos nas proposições são "diretamente referenciais"; diz-se também (equivocadamente) que as proposições em questão são "proposições singulares".

Francamente, sou incapaz de perceber qualquer sentido na teoria da referência direta e das proposições singulares, mas, para os propósitos da presente discussão, não estou criticando sua inteligibilidade, mas sua necessidade de explicar os dados: considero que os argumentos em favor dela são inadequados e baseiam-se em uma concepção errônea da natureza da Intencionalidade e da natureza do funcionamento dos indexicais.

(i) Como operam as expressões indexicais?

Precisamos desenvolver uma interpretação dos indexicais que revele o modo como a emissão de uma expressão indexical pode ter um sentido fregiano concludente[14]: isto é, precisamos revelar de que modo, na emissão de uma expressão indexical, um falante pode expressar um conteúdo Intencional que baste para identificar o objeto a que se refere, em virtude do fato de tal objeto *satisfazer* ou *adequar-se* a esse conteúdo Intencional.

Nas páginas seguintes, limitarei a discussão a expressões indexicais *de referência* tais como "eu", "você", "este", "aquele", "aqui", "agora", "ele", "ela" etc. Contudo, vale assinalar que o *fenômeno* da indexicalidade – o fenômeno das condições de satisfação serem determinadas em virtude de relações que as coisas guardam com a realização do próprio conteúdo Intencional – é bastante genérico e vai além das simples expressões de referência e, na verdade, até mesmo além dos casos das *expressões* indexicais. Várias formas de indexicalidade fazem parte do Background não representacional. Por exemplo, eu agora acredito que Benjamin Franklin foi o inventor das lentes bifocais. Suponhamos que fosse descoberto que 80 bilhões de anos antes da descoberta de Franklin, em uma galáxia distante, povoada por seres parecidos com os humanos, algum humanoide tenha inventado o equivalente funcional das lentes bifocais. Será que minha ideia de que Franklin inventou as lentes bifocais me pareceria falsa? Creio que não. Quando digo que Benjamin Franklin inventou as lentes bifocais, há um indexical oculto no Background: nesses casos, o funcionamento do Background atribui uma interpretação indexical à sentença. Com relação à *nossa* Terra e à *nossa* história, Benjamin Franklin inventou as lentes bifocais; o enunciado de que ele as inventou, portanto, como a maioria dos enunciados, é indexical; mesmo que não haja *expressões* indexicais (além das do tempo de verbo) contidas na *sentença* usada para fazer o enunciado.

Comecemos por perguntar-nos o que têm as expressões indexicais referentes em comum que as torna indexicais? Qual a essência da indexicalidade? O traço definidor das expressões indexicais de referência é simplesmente esse: ao emitirem expressões indexicais de referência, os falantes fazem a referência por meio de relações de indicação que o objeto referido guarda com a emissão da própria expressão. "Eu" refere-se à pessoa que emite a expressão, "você" refere-se à pessoa a quem nos dirigimos na emissão da expressão, "aqui" refere-se ao local da emissão da expressão, "agora" refere-se ao momento da emissão da expressão, e assim por diante. Observe-se que, em cada caso, o falante se refere a uma entidade em particular, pois sua emissão expressa um conteúdo Intencional que indica relações que o objeto a que ele refere guarda com a própria emissão. A emissão de expressões indexicais, portanto, tem uma forma de autorreferencialidade semelhante à autorreferencialidade de certos estados e eventos Intencionais, e teremos de examinar esse aspecto com mais vagar. Neste ponto, contudo, precisamos apenas observar que essa característica autorreferente basta para explicar de que modo a emissão de uma expressão indexical pode ter um sentido fregiano concludente. O problema para uma explicação fregiana (internalista ou Intencionalista) da referência é mostrar, em cada caso, de que modo a referência tem êxito em virtude do fato de a emissão fixar condições de satisfação, e a referência a um objeto se dá em virtude do fato de este satisfazer tais condições. A referência a um objeto se dá por este satisfazer um conteúdo Intencional, normalmente expresso por um falante na emissão de uma expressão. Essa é a ideia básica da noção do "*Sinn*" do "*Eigennamen*" de Frege. Seus exemplos favoritos são casos como o da "Estrela Matutina", em que o significado lexical da expressão é supostamente suficiente para determinar a que objeto se faz referência. O especial nas expressões indexicais é que o significado lexical da expressão, por si só, não determina a que objeto ela pode ser usada para fazer referência; antes, o significado lexical fornece uma regra para determinar a referência em relação a cada emissão da expressão. Desse modo, a mesma expressão não ambígua usada com o mesmo significado lexical pode ser usada para fazer referência a objetos diferentes, pois o significado lexical determina que as condições estabelecidas pela emissão da expressão, a saber, o sentido completo expresso pelo falante em sua emissão, é sempre autorreferente à própria emissão. Assim, por exemplo, "eu" tem o mesmo significado lexical quando emitido por você ou por mim, mas em cada caso a referência é diferente, pois o sentido expresso pela sua emissão é autorreferente em relação a esse mesmo enunciado e o sentido expresso pelo seu enunciado é autorreferente em relação à sua emissão: em qualquer emissão, o termo "eu" refere-se à pessoa que o emite.

Há, portanto, três componentes no sentido fregiano expresso por um falante na emissão de expressões indexicais: a característica autorreferente que é o traço definidor, ou essência, da indexicalidade; o restante do significado lexical, que pode ser expresso em termos gerais; e, para muitas emissões indexicais, a consciência, por parte do falante e do ouvinte, das características pertinentes do contexto real da emissão, por exemplo nas demonstrativas perceptivas como "aquele homem ali". Devemos examinar cada uma dessas características.

Autorreferencialidade. Como funciona? Recordemo-nos de que, para as experiências visuais, a especificação das condições de satisfação faz referência à própria experiência visual. Se vejo minha mão diante do meu rosto, as condições de satisfação são

> Exp Vis (há uma mão presente e o fato de haver uma mão presente está causando essa Exp Vis).

A forma das condições de satisfação das proposições indexicais é analogamente autorreferente, embora haja uma diferença pelo fato de não ser causal a autorreferencialidade dos casos indexicais. O sentido em que os casos indexicais são autorreferentes, tal como no caso da autorreferência Intencional, não implica que o falante, ao fazer a emissão, realize um *ato de fala de referência* à emissão, nem tampouco é a emissão explicitamente *representada* em si mesma. Em vez disso, a especificação das condições de satisfação, ou seja, as condições de verdade, requer uma referência à própria emissão. Consideremos qualquer emissão da sentença, "Estou agora com fome". Tal emissão será a execução de um enunciado verdadeiro se a pessoa que emite a sentença estiver com fome no momento em que a emitir. As condições de satisfação, portanto, podem ser representadas do seguinte modo:

> (a pessoa que está fazendo essa emissão, "eu", está com fome no momento da emissão, "agora").

Essa análise não implica que "eu" seja *sinônimo* de "a pessoa que está fazendo essa emissão", nem é "agora" sinônimo de "o momento da emissão". Não podem ser sinônimos porque a autorreferencialidade do original é mostrada mas não afirmada e, no enunciado das condições de verdade, nós a afirmamos mas não mostramos. Da mesma forma como não vemos a experiência visual apesar de esta fazer parte de suas próprias condições de satisfação – e, nesse sentido, é autorreferente –, não nos referimos à emissão (no sentido de ato de fala) da expressão indexical, embora a emissão faça parte de suas próprias condições de verdade e seja, nesse sentido, autorreferente. A autorreferencialidade da experiência visual é *mostrada*, mas não *vista*. A autorreferencialidade da emissão indexical é *mostrada*, mas não *afirmada*. Se quiséssemos introduzir um sinônimo que *mostrasse* a indexicalidade, poderíamos introduzir um recurso arbitrário, como um asterisco (*), por exemplo, para indicar a indexicalidade, ou seja, para expressar, sem o declarar, o fato de que a expressão estava sendo usada para fazer referência por meio de relações de indicação que o objeto a que se faz referência tem com a emissão da própria expressão. Tal forma de expressão daria uma notação canônica para se isolar a autorreferencialidade das expressões indexicais:

> eu = *pessoa emitente
> você = *pessoa a quem se endereça a emissão
> aqui = *coespacial
> agora = *cotemporal

e assim por diante. Todas essas equivalências dão-nos uma *amostra* do significado das expressões e, consequentemente, uma amostra do significado das sentenças que contêm tais expressões. Assim, o significado da sentença "Estou com fome" é dado por

> *pessoa que emite está com fome em *cotemporal

Conteúdo descritivo não indexical. Poderemos aprofundar nossa compreensão da característica autorreferente das expressões indexicais se percebermos de que maneira ela se liga ao restante do significado lexical, o conteúdo descritivo não indexical, da expressão. Afirmei que todas as expressões indexicais de referência fazem a referência mediante as relações de indicação que o objeto a que se faz referência tem com a emissão da expressão. É natural que isso dê origem a uma pergunta: quantos tipos de relação são indicados desse modo? Em inglês, e em outros idiomas que conheço, há com certeza quatro – e possivelmente cinco – tipos de relação indicados pelo significado literal das expressões indexicais. Os quatro são:

(1) tempo: exemplos de tais expressões são "agora", "ontem", "amanhã" e "mais tarde";
(2) lugar: por exemplo, "aqui" e "ali";
(3) direcionalidade da emissão: "você" refere-se à pessoa a quem alguém se está dirigindo na emissão, "eu" refere-se à pessoa que emite;
(4) relações de discurso: pronomes anafóricos e expressões como "o primeiro" e "o último" referem-se a alguma coisa em virtude de sua relação com o resto do discurso em que está encaixada a emissão indexical.

Observe-se que, em cada um dos exemplos, o significado lexical descritivo não indexical contém dois elementos: um sentido que expressa a forma particular determinada da relação determinável indicada e um sentido que expressa o tipo de entidade a que se faz referência. Assim, "ontem" expressa a indicação de tempo determinada "um dia antes", e o tipo de entidade a que se faz referência é um dia. Portanto, o conjunto das condições de satisfação expressas por "ontem" é: o dia que é um dia antes do dia dessa emissão. Nem todos os indexicais têm um significado lexical completo nesse sentido; por exemplo, os demonstrativos "este(a)" e "aquele(a)" em geral requerem uma expressão adicional ("este homem" ou "aquela árvore"), bem como uma consciência do contexto para se poder expressar um sentido fregiano completo em uma dada emissão. Voltaremos a essa questão mais adiante.

Essas quatro seguramente constituem formas de relações indexicais expressas no significado literal das expressões indexicais inglesas. Há quem sustente que outra relação é indicada por palavras como "concreto" ("actual") e, "real" ("real"), no sentido em que a palavra "concreto" ("actual") expressa o seu sentido indexicalmente referindo-se ao *mundo* em que é emitida; e assim, dentre os mundos *possíveis*, o mundo *concreto* é escolhido indexicalmente. Creio que essa alegação é totalmente falsa. No entanto, como envolve questões modais que vão além do escopo deste livro, não a discutirei mais aqui[15].

Embora haja apenas quatro (ou cinco, como é possível demonstrá-lo) formas de relações indexicais indicadas no significado lexical de expressões em idiomas como o inglês, em princípio não há limite algum para a introdução de novas formas de indexicalidade. Poderíamos, por exemplo, ter uma expressão que, quando emitida em uma certa faixa sonora, indicaria sons de uma faixa sonora mais alta, mais baixa, ou idêntica. Em outras palavras, poderíamos imaginar uma classe de expressões indexicais usadas para fazer referência a qualidades tonais mediante relações de indicação que as qualidades tonais guardariam com a qualidade tonal da emissão, analogamente ao modo como "hoje", "ontem" e "amanhã" referem-se a dias mediante indicações de relações que guardam com o dia da emissão da própria expressão.

Consciência do contexto da emissão. Muitas vezes a emissão literal de uma expressão indexical não carrega por si só um sentido fregiano completo, mas este é fornecido pelo conteúdo Intencional da emissão indexical juntamente com o conteúdo Intencional da consciência, por parte do falante e do ouvinte, do contexto da emissão. Tal aspecto se revela com toda clareza no caso da emissão dos demonstrativos "este(a)" e "aquele(a)". Suponhamos que, ao ver um homem comportar-se estranhamente em uma festa, eu diga: "Aquele homem está bêbado". Ora, nesse caso, o conteúdo descritivo do termo "homem", juntamente com o indexical, não fornece o sentido fregiano completo, pois a emissão só é feita e compreendida no contexto de uma percepção visual concomitante do homem de quem se fala, e a proposição expressa deve conter o conteúdo Intencional da experiência perceptiva que acompanha a emissão. O argumento em favor disso é simplesmente que alguém que não tenha as experiências perceptivas pertinentes, seja porque está falando comigo ao telefone, seja porque é cego ou está ouvindo o que digo da sala ao lado, não pode apreender plenamente a proposição por mim expressa; sem a experiência perceptiva, essa pessoa literalmente não entenderá a proposição completa, mesmo que entenda todas as palavras emitidas.

Nesses casos, uma análise completa da proposição que torna plenamente explícito o sentido fregiano completo teria de incluir tanto o conteúdo Intencional da emissão quanto o conteúdo Intencional da experiência visual, e teria de mostrar de que modo o segundo está abrigado no primeiro. É assim que funciona: a expressão indexical faz referência mediante relações de indicação que o objeto guarda com a emissão da própria expressão. Nesse caso, portanto, há uma relação R tal que as condições de verdade da emissão podem ser expressas nos seguintes termos:

> O homem que guarda uma relação R com essa emissão está bêbado.

E, no caso, tal como descrito, R é perceptiva e temporal. O homem a que se faz referência é o homem que estamos *vendo* no *momento* dessa emissão. Porém, se estivermos vendo alguém no momento dessa emissão, cada um de nós terá também uma experiência visual com seu próprio conteúdo proposicional no tempo presente:

> Exp vis (há um homem presente e o fato de haver um homem presente está causando essa experiência visual).

Ora, esse conteúdo Intencional simplesmente se liga ao conteúdo Intencional do restante da emissão para dar-nos o sentido fregiano completo que identifica o homem unicamente em virtude tanto da autorreferencialidade da emissão quanto da autorreferencialidade da experiência visual. As condições de satisfação completas da proposição toda (com as partes autorreferentes em itálico) podem ser expressas nos seguintes termos:

> ((há um homem, x, presente, e o fato de x estar presente está causando *essa exp vis*) e x é o homem experienciado visualmente no momento *dessa emissão* e x está bêbado).

Isso pode parecer estranho, mas creio que o leitor que esteja preparado para reconhecer a Intencionalidade da experiência visual, seu papel na Intencionalidade da proposição expressa pela emissão, a autorreferencialidade da experiência visual e a autorreferencialidade da emissão indexical, constatará que algo semelhante a essa formulação deve estar correto. Ela pretende capturar tanto os conteúdos indexical e perceptivo da proposição como as relações entre ambos. No caso do uso perceptivo dos demonstrativos, tanto o sentido da expressão indexical como o conteúdo Intencional da experiência perceptiva que acompanha a emissão contribuem para o conteúdo proposicional expresso na emissão. Observe-se que, nesses casos, temos um sentido fregiano completo suficiente para identificar o objeto. Observe-se, ainda, que não há problema relativo à Terra gêmea para esses casos. Eu, nesta Terra, e o meu *Doppelgänger*, na Terra gêmea, expressaremos sentidos fregianos diferentes em nosso uso do demonstrativo "Aquele homem", embora nossas emissões e nossas experiências sejam qualitativamente tipo-idênticas. Tanto sua percepção quanto sua emissão são autorreferentes, da mesma forma que as minhas.

Vamos agora resumir a interpretação. Temos de distinguir entre uma expressão indexical com seu significado literal, a emissão literal de uma expressão indexical, e o sentido expresso por um falante na emissão literal da expressão. Analogamente, temos de distinguir a sentença indexical (isto é, qualquer sentença que contenha uma expressão indexical ou morfema, tal como um tempo verbal), com seu significado literal, a emissão literal de uma sentença indexical, da proposição expressa pelo falante na emissão literal de uma sentença indexical. O significado da expressão indexical, por si só, não basta para fornecer o sentido fregiano completo, uma vez que a mesma expressão, com o mesmo significado, pode ser usada para fazer referência a objetos diferentes, por exemplo, pessoas diferentes referem-se a si mesmas dizendo "eu". Contudo, o significado indexical literal é tal que determina que, quando um falante faz uma emissão dessa expressão, o sentido por ele expresso será relativo a essa emissão. Portanto, o sentido da expressão pode tornar-se um sentido fregiano completo relativo a uma emissão porque o sentido lexical determina que qualquer emissão é autorreferente a essa mesma emissão. E isso explica como dois falantes diferentes podem emitir a mesma sentença com o mesmo significado, por exemplo, "Eu estou com fome", e, mesmo assim, expressar proposições fregianas diferentes: cada proposição expressa é autorreferente à emissão em que é expressa. É o sentido fregiano completo expresso que determina a referência, e é o sentido fregiano, não a referência, que é um constituinte da proposição. Nunca é demais enfatizar que não há nada de reducionista ou eliminativo nessa interpretação da indexicalidade. Não estou tentando demonstrar que a indexicalidade é na verdade outra coisa, mas sim tentando mostrar o que ela é e como funciona em emissões para expressar conteúdos Intencionais.

(ii) Como essa interpretação responde à objeção a uma interpretação internalista dos indexicais

No curso do desenvolvimento de uma interpretação dos indexicais motivada independentemente, respondemos, de passagem, à objeção de Perry e Kaplan de que nenhuma interpretação dos indexicais ao estilo fregiano consegue fornecer um sentido fregiano completo. Hume e Heimson emitem a mesma sentença com o mesmo significado literal, mas cada sentença expressa um conteúdo Intencional diferente; e, portanto, cada sentença tem um sentido fregiano completo diferente, pois cada proposição expressa é autorreferente à emissão que a expressa. Em todos os casos, mostramos como a autorreferencialidade da emissão indexical, tal como determinada pelas regras de uso da expressão indexical, estabelece as condições que um objeto deve satisfazer para ser referente a tal emissão. Perry sustenta, corretamente, que há conteúdos de pensamento (proposições, no meu sentido) indexicais, mas também sustenta, a meu ver incorretamente, que não existe um sentido fregiano completo para os conteúdos de pensamento essencialmente indexicais. E, com base nessas duas premissas, conclui que as proposições expressas nesses casos só podem ser explicadas a partir de uma teoria da referência direta. Aceito a primeira das premissas, mas rejeito a segunda e a conclusão. As expressões indexicais não são contraexemplos à alegação da teoria da Intencionalidade segundo a qual as emissões fazem referência aos objetos somente em virtude do fato de que a emissão estabelece condições de satisfação que os objetos a que se faz referência devem satisfazer.

Duas observações para finalizar: em primeiro lugar, chamei minha interpretação dos indexicais "fregiana" em espírito, mas ela difere bastante das poucas observações efetivas de Frege acerca dos indexicais. O pouco que ele disse parece ao mesmo tempo equivocado e incompatível com sua teoria geral do sentido e da referência. Sobre o termo "eu", afirma ele que, uma vez que cada um de nós tem consciência de si mesmo de um modo especial, particular, "eu" tem tanto um sentido público como particular. Sobre os termos "ontem" e "hoje", afirma que se quisermos expressar hoje a mesma proposição expressa ontem por uma emissão que continha o termo "hoje", devemos usar a palavra "ontem"[16], no que dá a impressão, portanto, de adotar uma explicação *de re* de proposições indexicais. O que fazer com tais observações? A ideia de sentidos de expressões incomunicáveis é profundamente antifregiana, uma vez que a noção de sentido foi introduzida, em parte, para proporcionar um conteúdo publicamente apreensível para ser compartilhado pelo falante e pelo ouvinte. E o exemplo de "ontem" e "hoje" parece um exemplo-padrão do tipo de caso em que sentidos diferentes podem determinar a mesma referência. Assim como "a Estrela Vespertina" e "a Estrela Matutina" podem ter a mesma referência com sentidos diferentes porque o referente é apresentado em cada caso com um "modo de apresentação" diverso, "hoje" dito ontem e "ontem" dito hoje têm sentidos diferentes e, portanto, fazem parte da expressão de diferentes proposições fregianas, embora ambos os termos sejam usados para referir-se ao mesmo dia. Acredito que Frege não percebeu ser possível apresentar uma interpretação fregiana dos indexicais por não ter conseguido perceber o caráter autorreferente destes, e que tal incapacidade faz parte de uma incapacidade maior em perceber a natureza da Intencionalidade.

Em segundo lugar, as discussões como a presente tendem a degenerar para um tipo de escolasticismo pernóstico que oculta os pressupostos "metafísicos" básicos em questão, e acredito que, tanto quanto possível, devemos permitir que tais pressupostos venham à tona. Meu pressuposto básico é simplesmente este: as relações causais e de outros tipos com o mundo real só são relevantes para a linguagem e outros tipos de Intencionalidade na medida em que causem um impacto sobre o cérebro (e o resto do sistema nervoso central), e os únicos impactos que interessam são aqueles que produzem Intencionalidade, inclusive a Rede e o Background. Alguma forma de internalismo deve estar correta, pois não há nada mais que possa realizar a tarefa. O cérebro é tudo de que dispomos para os propósitos de representar o mundo para nós mesmos e tudo o que podemos usar deve estar no interior do cérebro. Cada uma de nossas crenças deve ser possível para um ser que seja um cérebro em uma cuba porque cada um de nós é precisamente um cérebro em uma cuba; a cuba é um crânio e as "mensagens" que chegam fazem-no por meio de impactos sobre o sistema nervoso. A necessidade desse internalismo fica oculta para nós, em muitas dessas discussões, pela adoção do ponto de vista de uma terceira pessoa. Adotando um ponto de vista divino, imaginamos poder identificar quais as crenças reais de Ralph, ainda que ele não consiga. Mas o que esquecemos, quando tentamos conceber uma crença não inteiramente situada na cabeça de Ralph, é que somente a concebemos na nossa cabeça. Ou, para dizê-lo de outra forma, mesmo que houvesse um conjunto de conceitos semânticos externos, estes teriam de ser parasitários de um conjunto de conceitos internos e inteiramente redutíveis ao mesmo.

Paradoxalmente, portanto, o ponto de vista a partir do qual defendo uma interpretação "fregiana" da referência é um ponto de vista que Frege teria considerado totalmente estranho, uma espécie de naturalismo biológico. A Intencionalidade é um fenômeno biológico e faz parte do mundo natural, como qualquer outro fenômeno biológico.

CAPÍTULO 9
NOMES PRÓPRIOS E INTENCIONALIDADE

I. A NATUREZA DO PROBLEMA

O problema dos nomes próprios deveria ser trivial, e acredito que em determinado nível o seja: precisamos fazer repetidas referências ao mesmo objeto, mesmo quando este não está presente e, assim, atribuímos ao objeto um nome. A partir de então, tal nome é empregado para se fazer referência àquele objeto. Contudo, alguns embaraços se apresentam quando refletimos sobre as seguintes considerações: os objetos não nos são dados anteriormente ao nosso sistema de representação; o que é tido como um único ou mesmo objeto é função do modo como dividimos o mundo. O mundo não chega a nós já dividido em objetos; compete a nós dividi-lo; e o modo como o dividimos é de competência de nosso sistema de representação e, nesse sentido, é de nossa competência, ainda que se trate de um sistema biológico, cultural ou linguisticamente configurado. Ademais, para que alguém possa atribuir um nome a determinado objeto ou saber que determinado nome é o nome de tal objeto, é necessário que o indivíduo disponha de alguma *outra* representação daquele objeto, independentemente da simples posse do nome.

Cabe-nos explicar, para os objetivos do presente estudo, de que modo o uso dos nomes próprios se enquadra em nossa interpretação geral da Intencionalidade. Tanto as descrições definidas como as descrições indexicais servem para expressar pelo menos uma pequena porção do conteúdo Intencional. Talvez a expressão em si não seja suficiente para identificar o objeto referido, mas, nos casos em que a referência é eficaz, há conteúdos Intencionais outros suficientes, à disposição do falante para fixar a referência. Essa tese vale inclusive para os usos "referenciais" das descrições definidas, em que o conteúdo Intencional efetivamente expresso na emissão pode nem sequer ser verdadeiro quanto ao objeto referido[1]. Mas e quanto aos nomes próprios? Estes sem dúvida carecem de um conteúdo Intencional explícito, mas servem, efetivamente, para, de algum modo, evidenciar a Intencionalidade do falante e do ouvinte; ou se limitam a referir-se a objetos sem a interferência de conteúdo Intencional algum? Na minha opinião, a resposta é evidente. Uma vez que a referência linguística depende sempre da referência mental ou é uma forma desta, e uma vez que a referência mental sempre se dá em virtude de um conteúdo Intencional que inclui o Background e a Rede[2], os nomes próprios devem depender, de algum modo, do conteúdo Intencional, e é chegado o momento de tornar tal modo – ou tais modos – plenamente explícito.

O problema dos nomes próprios costumava ser expresso na forma, "Serão providos de sentido os nomes próprios?", e a filosofia contemporânea presume haver duas respostas em disputa com relação a essa indagação:

uma resposta afirmativa, fornecida pela teoria "descritivista", segundo a qual um nome designa através de sua associação com alguma descrição, ou talvez um feixe de descrições, e uma resposta negativa, fornecida pela teoria "causal", segundo a qual um nome designa em razão de uma "cadeia causal" a vincular a emissão de um nome a seu portador ou, ao menos, à cerimônia de batismo em que o portador de um nome o adquiriu. Acredito que nenhuma das duas teorias se mostraria satisfeita com esses rótulos. A teoria causal seria melhor descrita como a cadeia causal externa da teoria da comunicação[3], e a teoria descritivista seria melhor descrita como a teoria Intencionalista ou internalista, por razões que deverão emergir no presente discurso.

Rótulos à parte, é importante ter claro desde o início o que, exatamente, está em questão para essas duas teorias. Quase sem exceção, as interpretações da teoria descritivista com que deparei são, em maior ou menor escala, grosseiras distorções da mesma, e quero explicitar quatro das concepções equivocadas mais comuns dessa questão a fim de as colocarmos de lado, de modo que possamos abordar as questões de fato.

Em primeiro lugar, a divergência, certamente, não se deve à questão de se os nomes próprios devem ser analisados exaustivamente em termos completamente genéricos. Não conheço teoria descritivista alguma que tenha sustentado tal concepção, muito embora os escritos de Frege deem por vezes a impressão de que este poderia nutrir alguma simpatia por ela. Em todo caso, jamais foi essa a minha concepção e tampouco, acredito, terá sido a de Strawson ou a de Russell.

Em segundo lugar, até onde me diz respeito, a divergência na verdade não se refere, em absoluto, à análise dos nomes próprios em palavras. Em meus escritos anteriores sobre esse tema[4] assinalei que, em certos casos, a única "descrição de identificação" que um falante poderia ter, e associar ao nome, seria simplesmente a faculdade de reconhecer o objeto.

Em terceiro lugar, alguns autores[5] consideram que o descritivista sustenta estarem os nomes próprios associados a um "dossiê" armazenado na mente do falante e que a divergência ocorre entre essa concepção do uso dos nomes próprios baseado nesse dossiê e a concepção do uso de um nome próprio como análogo ao ato de apontar. Mas essa também é uma concepção equivocada do descritivismo. Na interpretação do descritivista, apontar é precisamente um exemplo que se encaixa em sua tese, uma vez que o apontar apenas logra eficácia em virtude das intenções daquele que aponta.

Em quarto lugar, Kripke defende que, no quadro descritivista, "um homem realmente designa, ao introduzir-se na privacidade de seu próprio ambiente e afirmar que o referente será a única coisa com determinadas propriedades de identificação"[6]. Tal concepção, porém, jamais foi abraçada por descritivista algum de meu conhecimento e não é de surpreender que Kripke não forneça fonte alguma para essa estranha concepção.

Mas se essas quatro abordagens representam de forma equivocada o descritivismo e os conflitos entre o descritivismo e as teorias causais, o que, exatamente, constituem essas concepções e os conflitos entre elas? O ponto em disputa é simplesmente o seguinte: Os nomes próprios fazem referência pelo estabelecimento de condições *internas* de satisfação, de uma forma coerente com a interpretação geral da Intencionalidade que venho apresentando, ou fazem referência em virtude de alguma relação causal *externa*? Vamos tentar delinear essa questão de modo mais preciso. O descritivista está comprometido com a visão de que, para descrever o modo como um nome próprio se refere a um objeto, precisamos demonstrar o modo como o objeto *satisfaz* o conteúdo Intencional "descritivo" associado ao nome na mente dos falantes ou o modo como nele o objeto se *enquadra*; parte dessa Intencionalidade normalmente será expressa, ou no mínimo será exprimível, em palavras. A teoria causal está comprometida com a visão de que nenhuma análise Intencionalista do gênero jamais cumprirá essa tarefa e que, para descrever a relação de referência eficaz entre a emissão de um nome e o objeto referido, devemos revelar alguma espécie de relação causal externa entre a emissão de um nome e o objeto. Ambas as teorias constituem tentativas de responder à pergunta "Como, na emissão de um nome, o falante consegue referir-se a um objeto?" A resposta fornecida pelo descritivista é a de que o falante se refere ao objeto porque, e somente porque, o objeto satisfaz o conteúdo Intencional associado ao nome. O teórico causal responderá que o falante se refere ao objeto porque, e somente porque, existe uma cadeia causal de comunicação a vincular a emissão do falante ao objeto, ou ao menos ao batismo do objeto – uma importante qualificação que abordaremos mais tarde.

II. A TEORIA CAUSAL

Existem diferentes versões da teoria causal e não tentarei discuti-las em sua totalidade. As mais representativas são as de Kripke e Donnellan e a maior parte de minha discussão se restringirá a essas concepções. Não se trata de concepções idênticas, mas chamarei a atenção para as diferenças entre elas somente quando necessário, a fim de evitar confusão.

Começarei com a versão de Kripke.

O enunciado esquemático de uma teoria pode se dar nos termos que se seguem. Tem lugar um batismo inicial. Nesse momento o objeto pode ser designado por ostensão, ou a referência do nome pode ser fixada por uma descrição. Quando o nome é "transmitido de elo para elo", o receptor do nome deve pretender, penso eu, quando ele ouve o nome, usá-lo com a mesma referência que o homem de quem o ouviu o usou[7].

Vários são os aspectos a ser observados acerca dessa passagem. Primeiro, o relato da introdução do nome no batismo é inteiramente descritivista. O batismo ora nos fornece um conteúdo Intencional sob forma verbal, uma descrição definida (Kripke dá o exemplo da introdução do nome "Netuno" para um planeta na época ainda não identificado), ora nos fornece o conteúdo Intencional de uma percepção quando determinado objeto é designado ostensivamente. No caso perceptivo, existe, de fato, uma relação causal, porém, na medida em que se trata de uma causação Intencional, interna ao conteúdo perceptivo, de nada vai adiantar para o teórico causal em seu esforço por apresentar uma interpretação causal externa da relação entre nome e objeto. Em tais casos, obviamente, haverá também uma interpretação causal externa em termos do impacto do objeto sobre o sistema nervoso, mas os fenômenos causais externos não fornecerão, por si, uma definição ostensiva do nome. Para obter a definição ostensiva o percipiente deve perceber o objeto, e isso envolve algo mais que o impacto físico do objeto sobre o sistema nervoso. Trata-se, portanto, de uma estranha característica da versão kripkiana da teoria causal o fato de a cadeia causal externa não alcançar realmente o objeto, mas chegar apenas a seu batismo, à cerimônia de introdução do nome, e, daquele ponto em diante, o que fixa a referência é um conteúdo Intencional que pode ou não ter uma relação causal externa com o objeto. Muitos filósofos, talvez a maioria, consideram que a teoria causal dos nomes sustenta a existência de uma relação causal entre o uso referencial dos nomes e o objeto por eles designados, porém, ao menos no caso de Kripke, tal não é realmente verdadeiro. Questão interessante e à qual voltaremos mais tarde.

Alguns autores, Devitt[8], por exemplo, mostram-se desapontados com esse aspecto da teoria de Kripke e pretendem reservar a noção de nomes genuinamente "designacionais" àqueles causalmente relacionados ao próprio objeto. Isso parece, porém, bastante arbitrário. Nada há que nos impeça de introduzir um nome através de descrição e usá-lo para fazer referência, ainda que como um "designador rígido"; e, em todo caso, há uma porção de nomes próprios de entidades abstratas, por exemplo, numerais, que são nomes de números, e é impossível a entidades abstratas deflagrar cadeias causais físicas.

Uma segunda característica a ser observada acerca da teoria de Kripke é que a cadeia causal não é, por assim dizer, *pura*. Além da causação e do batismo, permite-se a sutil intromissão de um elemento Intencionalista adicional: cada falante deve pretender referir-se ao mesmo objeto a que a pessoa de quem ele aprendeu o nome se referiu. Temos aqui, portanto, algum conteúdo Intencional associado a cada uso do nome "*N*" na cadeia causal, a saber, "*N* é o objeto referido pela pessoa que me transmitiu o nome". Ora, trata-se de um requisito estranho, pela seguinte razão: se todos os indivíduos integrantes da cadeia tivessem realmente essa intenção restrita, e se o conteúdo Intencional de fato fosse satisfeito, isto é, se cada falante realmente lograsse referir-se ao mesmo objeto, seguir-se-ia, de modo trivial, que a referência se reportaria diretamente ao alvo do batismo inicial e a discussão sobre a causação seria redundante. Mas não é essa, supostamente, a ideia de Kripke, uma vez que a mesma estaria desprovida de todo e qualquer poder explicativo e seria, na verdade, circular. Explicaríamos a referência bem-sucedida em termos de uma cadeia de referências bem-sucedidas. A ideia de Kripke é claramente essa: podemos descrever o modo como o conteúdo causal é satisfeito, ou seja, o modo como a referência é bem-sucedida, em termos da causação externa somada à intenção de que a mesma seja eficaz. Kripke, portanto, estabelece três condições para se descrever o modo como cada emissão de ocorrência se refere ao alvo inicial: batismo inicial, cadeia causal e conteúdo Intencional restrito. E a descrição é ainda externa no seguinte sentido: embora cada elo da cadeia comunicativa seja percebido tanto pelo falante como pelo ouvinte, "O importante não é o modo como o falante imagina ter obtido a referência, mas sim a efetiva cadeia comunicativa"[9].

Antes de criticarmos a abordagem de Kripke, examinemos a de Donnellan.

> A ideia central é a de que quando um falante emprega um nome com o propósito de referir-se a um indivíduo e dele predicar alguma coisa, a referência eficaz se dará quando houver um indivíduo que se introduza na identificação historicamente correta do indivíduo [*sic*] do qual o falante pretendeu predicar algo. Tal indivíduo passará então a ser o referente e a emissão produzida será verdadeira ou falsa dependendo de ter ou não a propriedade designada pelo predicado.[10]

A passagem tem dois elementos-chave: (a) "identificação historicamente correta de", e (b) "indivíduo do qual o falante pretendeu predicar algo". A fim de auxiliar-nos com (a), Donnellan introduz a ideia de um "observador onisciente da história". Tal observador onisciente enxergará aquele ou aquilo que designamos, ainda que sejamos incapazes de fornecer qualquer conteúdo Intencional que corresponda à pessoa ou coisa que designamos. Mas, então, em que consistiu a satisfação de (b) por nossa parte? Que fato, referente a *nós*, torna verdadeiro que, ao dizermos, por exemplo, "Sócrates tem nariz arrebitado" aquele "de quem pretendemos predicar algo" seja *Sócrates*? Na teoria de Donnellan, evidentemente, nem um único fato a nosso respeito – salvo a cadeia causal a relacionar nossa emissão a Sócrates. Mas, nesse caso, qual a natureza dessa cadeia? O que procura o observador onisciente e por quê? Rorty assegura-nos que a teoria causal necessita apenas da "causação física ordinária", o choque ruidoso de objeto contra objeto, por assim dizer. Creio que será necessário ao observador de Donnellan procurar uma causação Intencional e um conteúdo Intencional. Voltaremos a essa questão mais adiante.

Kripke insiste, e suponho que Donnellan concordaria, em que a teoria causal não se pretende uma teoria completa, mas sim um "quadro" do funcionamento dos nomes próprios. Ainda assim, queremos saber se se trata de um quadro preciso e uma das maneiras de proceder é tentar obter contraexemplos, exemplos de nomes cujo funcionamento não obedece a tal quadro. Será que a teoria (ou quadro) causal, tal como formulada, por exemplo, por Kripke, fornece-nos condições suficientes de referência bem-sucedida com o uso de nomes próprios? A resposta, a meu ver, é claramente não. Há numerosos contraexemplos na literatura, mas talvez o mais elucidativo se deva a Gareth Evans[11]. "Madagascar" era, em sua origem, o nome de uma região da África. Marco Polo, embora presumivelmente satisfizesse a condição kripkiana de pretender empregar o nome com a mesma referência que a "do homem de quem ele o ouviu", referiu-se a uma ilha afastada da costa africana e é essa ilha que atualmente designamos "Madagascar". Assim, o uso do nome "Madagascar" satisfaz uma condição causal que o vincula ao continente africano, mas tal não é suficiente para capacitá-lo a referir-se ao continente africano. A questão que devemos retomar é: como e por que o nome se refere a Madagascar e não ao continente africano, dado que a cadeia causal se dirige para o continente?

Se um quadro kripkiano da cadeia causal não nos fornece uma condição suficiente, oferecerá, ao menos, uma condição necessária? Nesse caso também a resposta me parece claramente negativa. Geralmente é uma boa ideia adotar exemplos que tenham sido apresentados contra determinada concepção como exemplos que, na verdade, trabalham a favor de tal concepção; consideremos, portanto, o exemplo a seguir, sugerido por Kaplan[12]. Segundo esse autor, a teoria descritivista não poderia estar correta pois, por exemplo, reza o *Concise Biographical Dictionary* (Concise Publications: Walla Walla, Washington) que "Ramsés VIII" é "Um dentre numerosos faraós antigos acerca dos quais nada se conhece". Mas, seguramente, podemos nos referir a ele mesmo que não satisfaçamos a teoria da descrição para usar o seu nome. O que o exemplo revela, na verdade, é que muito se conhece acerca de Ramsés VIII e este constitui, com efeito, um caso bastante ideal mesmo para a versão mais ingênua da teoria da descrição, uma vez que, aparentemente, temos uma descrição perfeitamente identificadora. Ramsés VIII é o faraó chamado "Ramsés" que governou o Egito sucedendo a um faraó chamado "Ramsés VII"[13]. Ou seja, imagina-se, como presumo que seja o caso, que possuímos no mínimo algum conhecimento da história do antigo Egito, incluindo o conhecimento de que os faraós de mesmo nome são numerados sequencialmente. Suponhamos, apenas para argumentar, que temos um vasto conhecimento acerca de Ramsés VII e Ramsés IX. Nesse caso, poderíamos empregar, sem sombra de hesitação, o nome "Ramsés VIII" para nos referir ao Ramsés surgido entre Ramsés VII e Ramsés IX, ainda que as diversas cadeias causais a reportar-nos ao antigo Egito omitam Ramsés VIII. O que temos, nesse caso, é um exemplo da Rede em operação; nesse caso, é aquela parte da Rede que contém um conhecimento acerca do passado.

Pode-se dizer, em geral, que a totalidade da Rede da Intencionalidade está causalmente ancorada, *via* causação Intencional, ao mundo real, em vários pontos, mas seria um grave erro presumir que a Rede deva obrigatoriamente estar ancorada, por qualquer tipo de causação, em todo ponto individual que seja alvo de referência pelo uso de um nome próprio[14]. Acredito que a razão pela qual os teóricos causais incorreram nesse equívoco é exagerarem a analogia que estabelecem entre referência e percepção, analogia esta explicitamente traçada por Donnellan[15]. Nesse sentido, a percepção ancora-se efetivamente no mundo real em cada ponto, uma vez que cada experiência perceptiva está imbuída daquela autorreferencialidade do conteúdo Intencional por nós discutida anteriormente. Todavia, os nomes próprios não carregam esse tipo de causação, mesmo de causação Intencional. É possível satisfazer as condições para o uso bem-sucedido de um nome próprio, mesmo em face da inexistência de qualquer vínculo causal, quer Intencional, quer externo, entre a emissão do nome e o objeto referido. Na verdade, isso se verifica em qualquer sistema de nomes em que é possível identificar o portador do nome com base na posição do nome no sistema. Posso, por exemplo, referir-me à rua M em Washington, pelo simples fato de saber que existe, naquela cidade, uma sequência alfabética de nomes de ruas – "A", "B", "C" etc. Não é necessário que eu tenha relação causal alguma com a rua M para fazê-lo[16]. E a questão se torna ainda mais clara se considerarmos os nomes de entidades abstratas: se eu contar até 387, o numeral designa o número sem que nenhuma cadeia causal me relacione a alguma suposta cerimônia batismal daquele número.

São muitos os contraexemplos conhecidos à alegação de que a teoria causal fornece-nos as condições quer necessárias, quer suficientes, para que o uso de um nome próprio estabeleça uma referência àquele que o ponha. Por que razão os autores dessas teorias não se impressionam com tais exemplos? Existe, a propósito, uma estranha assimetria na função dos contraexemplos nessas discussões: supostos contraexemplos à teoria descritivista são geralmente considerados desastrosos para a teoria, enquanto os contraexemplos à teoria causal são entusiasticamente aceitos como se não tivessem importância. A razão que leva os teóricos causais a não se deixarem impressionar, suspeito eu, é que consideram que, como afirma Kripke explicitamente, a teoria causal fornece um *quadro* mais adequado de como os nomes funcionam, ainda que não possa abranger todos os casos. Afinal, os contraexemplos podem não passar de casos estranhos e marginais, e o que realmente queremos saber é o que haverá de central e essencial na operação da instituição dos nomes próprios. Além disso, os contraexemplos não têm de fato grande importância para nós do ponto de vista teórico, a menos que estejam fundamentados em alguma teoria de motivação independente, alguma explicação do porquê de constituírem contraexemplos. Sou simpático a ambos esses impulsos e acredito que devemos procurar o caráter essencial da instituição e não nos deixar impressionar em excesso por exemplos extravagantes, e acredito que os contraexemplos são importantes apenas quando fundamentados em alguma teoria que os explique. Gostaria, inclusive, de ver contraexemplos às teorias causal e descritivista tratados com a mesma atitude. A dificuldade é que os contraexemplos que apresentei parecem, efetivamente, suscitar sérias dificuldades para a teoria (ou quadro) causal, e eles têm como suporte uma teoria da Intencionalidade. No caso de Madagascar, a Intencionalidade que se prende ao nome modifica a referência desde o ponto de partida da cadeia causal até o objeto que satisfaz o conteúdo Intencional associado e, no caso da localização de nomes em sistemas nominativos, a posição de um nome enquanto elemento da Rede fornece Intencionalidade suficiente para assegurar ao nome uma referência sem nenhuma cadeia causal.

Passemos agora à questão mais importante: Acaso a teoria ou quadro causal revela o caráter essencial da instituição dos nomes próprios? Creio que a resposta é claramente negativa. Para se perceber isso, imaginemos uma comunidade primitiva de caçadores e colhedores dotada de uma linguagem que contenha nomes próprios. (E de modo algum é implausível imaginar uma linguagem usada por uma comunidade primitiva; ao que se sabe, foi em comunidades tais que as linguagens humanas conheceram seu primeiro desenvolvimento.) Imaginemos que todos os membros da tribo conhecem todos os demais membros e que os membros neonatos sejam batizados em cerimônias frequentadas por toda a tribo. Imaginemos, ainda, que, à medida que as crianças crescem, vão aprendendo os nomes das pessoas, assim como os nomes locais de montanhas, lagos, ruas, casas etc. por ostensão. Suponhamos, também, que exista um rígido tabu na tribo contra o falar sobre os mortos, de sorte que o nome de um indivíduo jamais é pronunciado após sua morte. Ora, o essencial da fantasia é simplesmente o seguinte: Do modo como a descrevi, essa tribo dispõe de uma instituição de nomes próprios usados para referência, exatamente da mesma forma como os nossos nomes são usados para referência, mas *não existe um único uso de um nome na tribo que satisfaça a cadeia causal da teoria da comunicação*. Do modo como a descrevi, não existe uma única cadeia de comunicação do tipo defendido por Kripke, Donnellan e outros. Cada uso de um nome nessa tribo, tal como o descrevi, satisfaz a alegação descritivista da existência de um conteúdo Intencional a associar o nome ao objeto. No caso em questão, devemos supor que as pessoas aprendem os nomes por ostensão e que aprendem a reconhecer os membros de sua tribo, as montanhas, casas etc. O ensino estabelece um conteúdo Intencional que é satisfeito pelo objeto[17].

Parece-me que os teóricos causais poderiam apresentar a seguinte réplica: O espírito da teoria causal se mantém no exemplo, pois, embora não haja uma cadeia de *comunicação*, há, não obstante, uma relação *causal* entre a aquisição do nome e o objeto nomeado, pois o objeto é apresentado ostensivamente. A resposta a tal alegação é dupla. Em primeiro lugar, o tipo de relação causal que ensina o uso do nome é a pura e simples causação Intencional; não é de modo algum externalista. Vale dizer, o tipo de relação causal estabelecida nesses casos é uma relação causal descritivista. Quando digo "Baxter", designo o homem ao qual sou capaz de *reconhecer como* Baxter ou o homem a quem fui *apresentado como* sendo Baxter, ou o homem a quem *vi* ser batizado como Baxter, e, em cada um desses casos, o elemento causal implicado pelo termo em itálico é a causação Intencional. Em cada caso a condição causal é parte do conteúdo Intencional associado ao nome. Observe-se, ainda, que o que conta não é o fato de eu fornecer uma descrição *verbal*, mas a existência de um conteúdo Intencional.

Se devemos ter na teoria causal uma alternativa à teoria descritivista, a causação em questão não deve ser descritivista e não deve ser interna, do contrário a teoria causal será uma simples variante da teoria descritivista. Isso equivale simplesmente à alegação de que o descritivismo inclui alguns elementos, por exemplo perceptivos, no conteúdo Intencional associado ao emprego do nome. Mas, em segundo lugar, nem sequer precisamos supor que todos os nomes da comunidade sejam introduzidos por ostensão. Como admite Kripke, podem existir, na comunidade, nomes introduzidos puramente através de descrição. Suponhamos que os astrônomos e meteorologistas da comunidade sejam capazes de prever tempestades e eventos astronômicos futuros, e que atribuam nomes próprios a tais eventos e fenômenos futuros. Esses nomes são ensinados a todos os membros da comunidade puramente via descrição, e está fora de questão a hipótese de os eventos causarem os nomes, uma vez que os eventos estão localizados no futuro. Ora, temos aqui, parece-me, uma comunidade que satisfaz todas as condições essenciais para a existência de nomes próprios e a existência de uma instituição de nomes próprios que funcione como instrumento de referência, da mesma forma como os nossos nomes próprios funcionam como instrumentos de referência, muito embora não haja um único uso de nome próprio que satisfaça a história, quadro ou teoria dos teóricos causais.

Se com tal facilidade descrevemos o exemplo de toda uma comunidade que satisfaz as condições para o uso de nomes próprios mas não satisfaz as condições estabelecidas pela teoria causal, como devemos explicar o fato de a teoria ter parecido tão plausível aos olhos de tantos filósofos? O que faremos com essa divergência? Observe-se que nem em Donnellan nem em Kripke a teoria causal foi apresentada como o resultado de alguma interpretação, independentemente motivada, do uso dos nomes, mas sim como uma alternativa, esboçada em linhas gerais, à teoria descritivista. O principal esforço de ambas as argumentações era no sentido de buscar refutar o descritivismo, e se pretendemos compreender o que existe nessa disputa devemo-nos voltar agora para essa teoria.

III. A TEORIA DESCRITIVISTA DOS NOMES PRÓPRIOS

Será impossível compreender as teorias descritivistas, a menos que se compreendam as concepções a que elas originalmente se opunham. Na época em que escrevi "Proper names"[18], em 1955, havia três concepções fundamentais dos nomes na literatura filosófica: a concepção de Mill de que os nomes não têm conotação alguma, mas apenas uma denotação; a concepção de Frege de que o significado de um nome é dado por uma única descrição definida que lhe é associada; e aquela que poderíamos chamar a concepção lógica tradicional e ortodoxa de que o significado de um nome "*N*" é simplesmente "chamado N". Ora, a primeira dessas concepções parece obviamente inadequada. Se o problema de uma teoria dos nomes próprios é responder à pergunta "Por que razão o falante, ao enunciar um nome, consegue referir-se a um objeto particular?", a interpretação de Mill é simplesmente uma recusa em responder à questão; tudo o que ela diz é que o nome se refere ao objeto, e ponto final. Mas a terceira resposta é também insatisfatória. Conforme escrevi em *Speech Acts*,

> a descrição "O homem chamado X" não é válida, ou ao menos não vale por si mesma, como uma satisfação do princípio de identificação. Isso porque se me perguntarem, "A quem você designa por X?", e eu responder, "O homem chamado X", ainda que seja verdadeiro que não exista senão um homem chamado X, estarei simplesmente dizendo que se trata do homem ao qual os outros se referem pelo nome "X". Mas se eles se referem a ele pelo nome "X" também devem estar preparados para substituir "X" por uma descrição de identificação e se, em seguida, substituírem "o homem chamado X", a questão somente é prolongada até um estágio posterior, e é impossível prolongá-la sem que haja uma circularidade ou um regresso infinito. Minha referência a um indivíduo pode ser parasitária da referência de outrem, porém tal parasitismo não pode estender-se indefinidamente se pretendemos que haja alguma referência em absoluto.
>
> Por essa razão, não estaremos respondendo, de modo algum, à pergunta de qual, se é que existe algum, o sentido do nome próprio "X", se dissermos que seu sentido, ou parte deste, é "chamado X". Poderíamos igualmente dizer que parte do significado de "cavalo" é "chamado um cavalo". É de fato surpreendente a frequência com que se comete tal equívoco.[19]

Surpreendente em igual proporção talvez seja o fato de Kripke dizer a mesma coisa[20], chegando a adotar o mesmo exemplo do "cavalo" como se fosse uma objeção ou empecilho à teoria descritivista, quando, na realidade, trata-se de uma das teses fundamentais da mesma, ao menos em suas formulações mais recentes. Observe-se, no entanto, que o trecho acima não implica a impossibilidade de alguém se referir a determinado objeto por um nome "*N*" quando a única descrição de identificação que se tem do objeto é "chamado '*N*'", mas afirma, antes, que tal descrição não pode constituir, em si, uma explicação de como os nomes próprios fazem referência, pois tais descrições de identificação dependem da existência de algumas outras descrições de identificação de um tipo completamente diverso. A polêmica meta do trecho em questão era combater a concepção lógica padrão, não para fornecer uma falsa interpretação de como é assegurada a referência, mas para fornecer uma interpretação incompleta e de poder explicativo fraco. Muitas vezes, na verdade, o indivíduo faz efetivamente o que denominei referências parasitárias pelo uso de um nome próprio: muitas vezes, a única descrição de identificação que se associa ao nome "*N*" é simplesmente o "objeto chamado *N* em minha comunidade ou por meus interlocutores". Em um caso tal, meu uso do nome é parasitário do uso do nome por parte de outros falantes, no sentido de que minha referência, pelo uso de um nome ao qual unicamente posso atribuir o conteúdo Intencional "chamado *N*", apenas será bem-sucedida se existirem agora, ou se tiverem existido no passado, outras pessoas que usam ou usaram o nome "*N*" e atribuam a ele um conteúdo semântico ou Intencional de natureza completamente diversa. (E, lembremos, a "descrição de identificação" não implica "em palavras", mas significa simplesmente: conteúdo Intencional, incluindo Rede e Background, suficiente para identificar o objeto, e tal conteúdo pode ou não ser em palavras.) Assim, por exemplo, se tudo o que conheço acerca de Plotino é o que ouvi da boca de outras pessoas sobre alguém que usa o nome "Plotino", posso, ainda assim, referir-me a Plotino usando o nome "Plotino", mas minha capacidade de fazê-lo é parasitária daquela de outros falantes.

A teoria de Frege, portanto, é a mais promissora, e foi esta que busquei desenvolver. Seu mérito principal reside no fato de Frege perceber que, no caso dos nomes próprios, assim como no de qualquer termo capaz de fazer referência, deve haver algum conteúdo Intencional em virtude do qual o termo faz referência. Seus principais deméritos residem no fato de haver, aparentemente, julgado que o conteúdo semântico estava sempre em palavras, sobretudo descrições, e que a descrição parecia uma definição ou um sentido do nome. Uma virtude adicional da teoria fregiana, e da teoria que busquei desenvolver, é que ambas facultam-nos responder a determinadas questões curiosas referentes à ocorrência dos nomes próprios em enunciados de identidade, enunciados existenciais e enunciados intensionais-com-s acerca de estados Intencionais, e, até onde consigo perceber, nenhum teórico causal até o presente forneceu uma resposta satisfatória a essas questões.

À luz desse pequeno esboço das motivações para a teoria descritivista, examinemos agora, mais uma vez, a teoria causal. Do ponto de vista da teoria descritivista, a análise causal conduz à seguinte conclusão: *a "cadeia causal de comunicação" é simplesmente uma caracterização dos casos parasitários observados de um ponto de vista externo.* Permitam-me esclarecer esse ponto. Kripke afirma que o falante, em cada elo da cadeia comunicativa, deve ter a intenção: "quando enuncio '*N*' pretendo referir-me ao mesmo objeto que a pessoa de quem obtive o nome '*N*'". Afirma o descritivista que uma modalidade de descrição da identificação que o indivíduo pode atribuir a um nome '*N*' é "a pessoa referida pelos outros membros de minha comunidade linguística como '*N*'". Ambos os lados concordam em que tal não é suficiente por si mesmo: Kripke insiste em que a cadeia deve partir de um batismo inicial; o descritivista admite uma variedade de meios em que pode ter início a cadeia, um dos quais é o batismo. Onde está a diferença? No que se refere ao conflito entre o descritivismo e a teoria causal, não há diferença alguma: a teoria de Kripke é apenas uma forma variante do descritivismo. Mas e quanto à cadeia causal? Não é verdade que a teoria causal exige uma cadeia causal externa que garanta a eficácia da referência? *A cadeia causal externa não desempenha função explicativa alguma, quer na teoria de Kripke, quer na de Donnellan*, conforme explicarei brevemente. A única cadeia relevante é aquela em que se dá uma transferência de conteúdo Intencional, de um determinado uso de uma expressão para o seguinte, e, em cada caso, a referência é assegurada em virtude do conteúdo descritivista Intencional na mente do falante que emprega a expressão. Esse ponto se tornará mais claro quando passarmos aos supostos contraexemplos, mas já se pode percebê-lo na caracterização de Kripke: Suponhamos que haja o batismo inicial de uma montanha com o nome "*N*" e em seguida uma cadeia com dez elos, cada qual formado por uma pessoa que emite "*N*" com o propósito de usar o termo para referir-se ao mesmo ente, qualquer que seja este, a que a pessoa que lhe transmitiu o nome referiu-se. Admitindo que não haja a intromissão de Intencionalidade alguma, nenhuma outra crença etc., acerca de *N*, para garantir que cada um se refira ao alvo inicial do batismo, *N* é suficiente, por si, unicamente em virtude do fato de existir um, e um único, objeto que satisfaz o conteúdo Intencional da pessoa. Após o falante que empreendeu o batismo inicial, os conteúdos Intencionais subsequentes são parasitários dos conteúdos Intencionais anteriores na obtenção da referência. Obviamente, haverá uma caracterização causal externa da cadeia, e um observador onisciente poderia observar o sr. Um conversando com a sra. Dois, e assim sucessivamente até o sr. Dez, e poderia descrever uma sequência de eventos sem mencionar Intencionalidade alguma, sem nenhuma menção de conteúdo descritivo. Todavia, não é a sequência de traços caracterizados pelo observador externo que assegura a referência. A referência, para Kripke, é assegurada inteiramente por um conteúdo descritivo.

O modo de se verificar qual fator é responsável pela tarefa de assegurar a referência, conteúdo descritivo ou cadeia causal, é variar um deles mantendo, ao mesmo tempo, o outro constante, e verificar o que acontece. Suponhamos que a srta. Sete decida usar o nome não para referir-se à mesma coisa que a pessoa que lhe transmitiu o termo, mas para referir-se, em vez disso, a seu *poodle* de estimação. A cadeia de comunicação, a partir de uma descrição externa, pode ser exatamente a mesma: o nome "*N*" é transmitido de Um a Dez, mas a mudança de conteúdo Intencional significa que Sete, Oito, Nove e Dez estão se referindo a um *poodle* e não uma montanha, pelo simples fato de que um *poodle* e não a montanha satisfaz a descrição de identificação destes (o que muito se assemelha ao exemplo de Madagascar). Imaginemos, inversamente, que a cadeia seja a de um conteúdo descritivo constante, cada qual parasitário do falante anterior até o batismo inicial, mas variemos a história causal externa de qualquer modo que o desejarmos e, ainda assim, a referência não será afetada. Uma vez admitida essa hipótese, que fator é responsável pela tarefa, a Intencionalidade ou a "causação física ordinária"?

Em resposta à sugestão de que o descritivista pode facilmente acatar suas teorias, tanto Kripke como Donnellan e Devitt insistem em que, segundo a concepção descritivista, o falante deveria lembrar-se de quem lhe transmitiu o nome. Mas isso me parece francamente falso. Posso fazer (e faço), por exemplo, referências parasitárias empregando o nome "Plotino" do modo como considerei acima, sem me recordar de quem me transmitiu o nome. Simplesmente tenciono referir-me à mesma pessoa como aquela (seja ela quem for) que me transmitiu o nome, de acordo com a versão kripkiana do descritivismo.

Mas por que isso é relevante? Que diferença faz se a cadeia é descrita em termos de conteúdo Intencional ou causação física externa? Porque a questão, eu repito, é saber se a referência é bem-sucedida em virtude do fato de o objeto referido adequar-se a, ou satisfazer, alguma descrição associada, ou se a referência é obtida em virtude de alguns fatos acerca do mundo, de modo completamente independente de como tais fatos são representados na mente: alguma condição que a emissão da expressão satisfaz e que seja independente dos conteúdos de qualquer descrição associada. Kripke e Donnellan alegam estar argumentando contra a concepção de referência via conteúdo Intencional associado e em favor das condições causais externas. De minha parte, defendo o ponto de vista de que, até onde a teoria de ambos é eficaz, tal se deve ao fato de ser ela descritivista; a cadeia causal externa não desempenha papel explicativo algum. E não estou dizendo que seja possível impor à teoria deles um padrão descritivista, mas sim que, quando examinada em detalhe, a própria interpretação que apresentam é descritivista apenas na superfície. Não nos deveríamos surpreender por eles terem tão pouco a dizer acerca da causação. Esta não desempenha função alguma em suas teorias. Para observarmos tal aspecto mais a fundo, podemos recorrer a Donnellan.

Suponhamos que alguém diga "Sócrates tinha nariz arrebitado", e indaguemos a quem o falante está se referindo. A ideia central é a de que isso pede uma explicação histórica; estamos em busca não de um indivíduo que melhor se ajuste às descrições do falante, e ao qual o falante considera estar se referindo... mas sim de um indivíduo *historicamente relacionado* ao uso do nome "Sócrates", por parte do falante, em tal ocasião. Poderia se dar que um observador onisciente da história enxergasse um indivíduo relacionado a um autor de diálogos, que um dos personagens centrais desses diálogos fosse *moldado* com base nesse indivíduo, que tais diálogos houvessem passado de mão em mão e que o falante os houvesse lido em traduções, que o fato de o falante predicar agora, de algum indivíduo, que ele tem nariz arrebitado *seja explicado pelo fato de* haver lido essas traduções (...) "Que indivíduo, se é que há algum, o falante descreveria dessa forma, ainda que, talvez, erroneamente?" (os itálicos são meus)[21].

O trecho acima parece fornecer uma interpretação bastante sensata – a dúvida que permanece é: O que o observador onisciente deve procurar identificar e por quê? Que considerações ele faz ao concluir "que indivíduo, se é que há algum, o falante descreveria dessa forma"? Uma vez que existe um número indefinido de "relações históricas", deve haver algum princípio para a seleção daquelas que são pertinentes. Qual será esse princípio? Creio que a resposta está implícita na passagem citada. Devemos tomar dois conjuntos de conteúdos Intencionais como decisivos. Em primeiro lugar, o autor dos diálogos *moldou* um dos personagens centrais com base em um indivíduo real, ou seja, o autor dispunha de uma representação do indivíduo em questão e tencionava que o nome "Sócrates", no diálogo, se referisse a ele. Em segundo lugar, o falante, tendo lido os diálogos, tencionou usar o nome "Sócrates" para referir-se à mesma pessoa a que se referia o autor dos diálogos. O falante, por sua vez, colherá nos diálogos uma porção de descrições adicionais, as quais poderão ser ou não verdadeiras com respeito ao homem ao qual ele se refere.

Ora, se indagarmos a um homem, "A quem o senhor designa por 'Sócrates'?", talvez ele nos forneça algumas dessas descrições e, como ressalta Donnellan, estas talvez não sejam verdadeiras com respeito ao homem referido como "Sócrates" pelo autor dos diálogos, mas verdadeiras com respeito a outrem, digamos, o próprio autor. Suponhamos que o homem diga "Por 'Sócrates' designo o criador do método dialético", e suponhamos que o próprio autor dos diálogos tenha inventado o método e atribuído, modestamente, sua criação a Sócrates. Ora, se dissermos então, "Ainda assim, o homem estava realmente se referindo à pessoa referida pelo autor como 'Sócrates' e não ao homem que *de fato* criou o método dialético", estamos comprometidos com a noção de que o conteúdo Intencional do falante, "Refiro-me ao mesmo homem ao qual se referiu o autor dos diálogos", precede seu conteúdo, "Refiro-me ao criador do método dialético". Quando nos deu a última resposta, ele o fez baseado no pressuposto de que um e o mesmo homem satisfaziam a ambos os conteúdos. Caso estes se separem, ou seja, se cada conteúdo Intencional for satisfeito por uma pessoa diferente, cabe ao falante determinar qual deles assume a precedência. O falante expressou um fragmento de sua Rede de conteúdos Intencionais. Se tal fragmento não corresponde ao objeto que satisfaz o restante da Rede, o observador onisciente, de forma bastante sensata, deverá supor que o restante da Rede assume a precedência. Ele estará se referindo ao Sócrates histórico, ainda que tenha fornecido uma descrição falsa, mas tal suposição é uma suposição acerca de como o conteúdo Intencional do homem determina a referência. Assim, tanto na teoria de Kripke como na de Donnellan as condições da referência bem-sucedida são profundamente descritivistas.

IV. DIFERENÇAS ENTRE AS DUAS TEORIAS

Embora tanto a teoria "descritivista" como a "causal" sejam no fundo descritivistas, existe ainda uma série de importantes diferenças entre ambas.

1. Segundo a teoria causal, a transferência de Intencionalidade na cadeia de comunicação constitui realmente a essência da instituição dos nomes próprios. Segundo o descritivista, trata-se apenas de um fator incidental e, de modo algum, a característica essencial ou definidora da instituição. E o objetivo da parábola da comunidade de caçadores e colhedores era tão somente o de demonstrar esse aspecto: a tribo dispõe da instituição dos nomes próprios para fazer referência, mas não há cadeias de comunicação e não há referências parasitárias. Outra forma de demonstrar o mesmo aspecto é perceber que, embora a referência parasitária seja sempre possível no caso dos nomes próprios, esse tipo de parasitismo também é possível no caso de toda e qualquer palavra que expresse um conteúdo Intencional, incluindo os termos genéricos. Considerem-se, por exemplo, as palavras "estruturalismo" e "estruturalista". Durante muito tempo, tive apenas a mais vaga das ideias quanto ao significado dessas palavras. Sabia que o estruturalismo era um certo tipo de teoria em voga, mas era esse, aproximadamente, o limite de meu conhecimento. Ainda assim, dadas minha Rede e Background, eu poderia usar a palavra "estruturalismo" de uma forma parasitária; eu poderia, por exemplo, inda-

gar, "Existem ainda muitos estruturalistas na França?", ou "Será Pierre um estruturalista?" E observe-se que tal parasitismo não se restringe aos termos naturais de espécie do modo mencionado por Putnam. Não se trataria de um caso de identificar, de forma ostensiva e por seu aspecto superficial, estruturalistas que estivessem de passagem, na esperança de que algum dia as investigações científicas revelassem sua verdadeira natureza. No que tange a essa diferença entre a teoria descritivista e a causal, a argumentação pareceria favorecer a alegação descritivista de que as cadeias comunicativas não constituem o fator essencial da instituição dos nomes próprios, muito embora ambas as facções concordassem em que elas de fato costumam ocorrer.

2. O descritivista considera bastante implausível presumir que, nas cadeias de comunicação, quando estas efetivamente ocorrem, a única Intencionalidade que assegura a referência é que cada falante pretende referir-se ao mesmo objeto a que se referia o falante que o precede na cadeia. Na vida real, todo um volume de informação é transferido na cadeia comunicativa e parte dessa informação será pertinente à garantia da referência. Por exemplo, o *tipo* de coisa nomeada pelo nome – seja esta uma montanha, um homem, um alce ou o que for – é geralmente associado ao nome, mesmo nos casos parasitários; e caso o falante esteja redondamente equivocado acerca disso dificilmente diríamos que foi de fato bem--sucedido ao fazer sua referência. Suponhamos, por exemplo, que ele ouça uma discussão acerca da filosofia socrática da matemática e, por uma confusão, imagine ser "Sócrates" o nome de um número ímpar. Suponhamos que ele diga "Creio que Sócrates não é primo, mas é divisível por 17". Ele satisfaz a versão kripkiana da teoria causal, mas sua tentativa de referir-se a Sócrates não é

bem-sucedida. Além disso, ali onde o alvo inicial do batismo não coincide com o objeto que satisfaz o conteúdo associado não parasitário, nem sempre concebemos a referência como a reportar-se ao alvo inicial. No caso de Madagascar, presumimos que cada falante pretendia referir-se ao mesmo objeto que o orador anterior, porém Marco Polo introduziu um certo conteúdo Intencional novo que assumiu a precedência na cadeia comunicativa. Ele identificou uma ilha e não uma região do continente africano.

Uma consequência pouco observada, mas absurda, da concepção de Kripke, é o fato de a mesma não estabelecer restrição alguma quanto ao objeto a que o nome pode resultar referir-se. Assim, por exemplo, pode resultar que por "Aristóteles" eu esteja me referindo a um tamborete na Joe's Pizza Place em Hoboken no ano de 1957, se ocorresse que a cadeia causal conduzisse a tal. Em outras palavras: não poderia referir-me por "Aristóteles" a um tamborete, pois não é isso o que designo por "Aristóteles". E as observações de Kripke acerca do essencialismo são insuficientes para obstar tal resultado, pois constituem elas próprias, sem exceção, necessidades *de re* afixadas a objetos, mas sem afixar nenhum conteúdo Intencional restritivo ao uso do nome. Portanto, ainda que se trate de uma necessidade metafísica *de re* que o homem concreto tivesse uma determinada mãe e um determinado pai, tal absolutamente nada nos revela acerca do modo como o nome se refere ao homem e não a um tamborete.

3. Em geral, o descritivista tende a preferir o conteúdo Intencional de primeira ordem e julgar menos importantes os casos parasitários; o teórico causal enfatiza a descrição de identificação parasitária. O embrião da verdade na teoria causal parece-me o seguinte: Nos casos em que não temos uma familiaridade direta com o objeto que designamos, tenderemos, normalmente, a conferir precedência ao

conteúdo Intencional parasitário. Por exemplo, no caso dos nomes de figuras históricas remotas, como Napoleão ou Sócrates, ou gente famosa, como Nixon, em face de um conflito entre o conteúdo Intencional de primeira ordem e o parasitário, optaremos, normalmente, pelo segundo. Por quê? Porque a cadeia da Intencionalidade parasitária nos reportará ao alvo original do batismo e é este que – via de regra, embora não sempre – tendemos a considerar importante. Nesse sentido, os nomes próprios diferem dos termos genéricos. Uma vez que o objetivo de se possuir nomes próprios é tão somente o de fazer referência a objetos, e não descrevê-los, via de regra não damos a menor importância ao conteúdo descritivo empregado para identificar o objeto, contanto que tal conteúdo identifique o objeto correto, onde "objeto correto" é exatamente aquele a que os outros se referem pela utilização do nome.

V. SUPOSTOS CONTRAEXEMPLOS AO DESCRITIVISMO

Com a presente discussão em mente, passemos agora aos contraexemplos. Os contraexemplos à teoria descritivista com que deparo geralmente malogram, em razão de os autores procurarem observar tão somente o que o agente poderia *dizer* e não o *conteúdo Intencional total* que este tem na cabeça, e também por negligenciarem a função da Rede e do Background. Cada contraexemplo pretende demonstrar que um falante irá se referir a um objeto na emissão de um nome, ainda que a descrição definida associada não seja satisfeita por tal objeto, ou seja satisfeita por outro objeto, ou por nenhum. Mostrarei que, em cada caso, a referência é consumada unicamente porque o objeto satisfaz o conteúdo Intencional presente na mente do falante.

Exemplo 1: O caso Gödel/Schmidt (Kripke)

A única coisa que Jones conhece ou pensa conhecer acerca de Kurt Gödel é que se trata do autor da célebre prova da incompletude. Mas suponhamos, de fato, que a prova tenha sido escrita por outro homem, Schmidt. Ora, quando solicitamos a Jones uma descrição de identificação de "Gödel" ele diz, "o autor do teorema da incompletude da aritmética". Na verdade, porém, quando Jones emprega o nome "Gödel" está se referindo a Gödel e não ao homem que satisfaz sua descrição.

Com base no que expus, torna-se óbvio que a interpretação correta desse caso é que Jones tem um conteúdo Intencional consideravelmente maior do que a simples descrição que fornece. No mínimo tem "o homem chamado 'Gödel' em minha comunidade linguística ou, ao menos, por aqueles que me transmitiram o nome". Ao lhe pedirem uma descrição de indentificação a razão pela qual não dá esse conteúdo como resposta é que parte do pressuposto de que se espera algo mais do que isso. Qualquer um que lhe pedisse a descrição de identificação já estaria de posse de tal parcela de Intencionalidade.

É característico dessas discussões que muito raramente os autores nos forneçam as sentenças nas quais devemos imaginar a ocorrência do nome, mas, se considerarmos sentenças concretas, esse exemplo poderia tomar qualquer uma das duas direções. Suponhamos que Jones diga, "Na linha 17 de sua demonstração, Gödel faz o que a mim me parece uma inferência falaciosa", e suponhamos que indagamos a ele o que designa por "Gödel". Ele responde, "Designo o autor do célebre teorema da incompletude", ao que, de nossa parte, dizemos, "Bem, na verdade, Gödel não demonstrou esse teorema, ele foi originalmente demonstrado por Schmidt". Ora, o que diz Jones? Parece-me que poderia perfeitamente dizer que por "Gödel" designa simplesmente o autor da demonstração da prova de incompletude, independente de como seja, na verdade, chamado. Kripke admite que possam existir tais usos. Envolvem eles o que denominei usos de aspecto secundário dos nomes próprios[22]. Mas não é preciso que Jones o diga. Ele poderia dizer, "Estava me referindo ao homem a quem ouvi chamarem 'Kurt Gödel', independente de haver ele demonstrado ou não a incompletude da aritmética". Por outro lado, suponhamos que Jones diga, "Kurt Gödel viveu em Princeton". Nesse caso, parece-me bastante provável que se Jones imagina que Gödel não satisfaz a descrição definida, não parasitária, que afixou ao nome, ele simplesmente recorrerá ao conteúdo Intencional parasitário que afixa ao nome. Em ambos os casos, porém, é o conteúdo Intencional do falante que determina a referência. Não basta observar simplesmente o que diz o falante em resposta a uma pergunta específica, mas é preciso observar seu conteúdo Intencional na íntegra, bem como as capacidades de Background associadas a um nome e o que diria ele se informado que diferentes partes de tal conteúdo seriam satisfeitas por objetos diferentes. A meu ver, nada há nesse exemplo que deva perturbar o descritivista.

Exemplo 2: Tales, o cavador de poços (Donnellan)[23]

Suponhamos que tudo quanto um determinado falante conhece ou pensa conhecer acerca de Tales é que se trata de um filósofo grego que afirmou que tudo é água. Suponhamos, porém, que jamais haja existido um filósofo grego que tenha dito tal coisa. Suponhamos que Aristóteles e Heródoto estivessem se referindo a um cavador de poços que teria dito, "Gostaria que tudo fosse água, pois assim não teria de cavar esses malditos poços". Nesse caso, segundo Donnellan, quando o falante emprega o nome "Tales", está se referindo ao cavador de poços. Suponhamos, ainda, que houvesse um eremita que jamais tenha tido o menor contato com ninguém e que efetivamente sustentasse que tudo é água. Ainda assim, quando dizemos "Tales", claramente não estamos nos referindo àquele eremita.

Na verdade, existem dois aspectos nessa argumentação: o primeiro acerca do eremita e o segundo acerca do cavador de poços. Aparentemente, o caso do cavador de poços se assemelha, na forma, ao caso de Gödel/Schmidt. O falante tem sempre seu conteúdo Intencional parasitário a que recorrer caso sua descrição associada seja satisfeita por algum objeto que não se encaixa no restante de seu conteúdo Intencional. Todavia, o caso também suscita a questão isolada de como a Rede das crenças do falante estabelecerá algumas restrições adicionais à cadeia da Intencionalidade parasitária. Suponhamos que Heródoto tenha ouvido uma rã, no fundo de um poço, a produzir um coaxar que soasse como "tudo é água" em grego; suponhamos ainda que a tal rã é um bichinho de estimação de nome "Tales" e que o incidente seja a origem da concepção sustentada por alguém de que tudo é água. Quando emprego o nome "Tales", julgando estar-me referindo a um filósofo grego, estarei me referindo àquela rã? Creio que não. Dúvidas semelhantes poderiam ser apresentadas acerca do cavador de poços: é possível imaginar sentenças em que eu estivesse inclinado a dizer que me referia ao cavador de poços e outras em que estivesse inclinado a dizer que não consegui referir-me a ninguém pois não existia nenhum Tales filósofo. Contudo, nos casos em que me refiro a um cavador de poços, faço-o porque este satisfaz o suficiente meu conteúdo descritivo; em particular, satisfaz o conteúdo, "A pessoa referida como 'Tales' pelas pessoas que me transmitiram o uso do nome", ou seja, ele satisfaz o conteúdo Intencional parasitário do tipo que mencionamos anteriormente. No caso do eremita, a razão pela qual não sentimos absolutamente inclinação alguma para dizer que nos referimos a ele com o mesmo nome "Tales" é que o eremita não satisfaz a condição de encaixar-se na Rede de Intencionalidade pertinente. Quando dizemos "Tales é o filósofo grego que sustentava que tudo é água", não designamos simplesmente *qualquer indivíduo* que sustentasse que tudo é água, mas designamos a pessoa conhecida de outros filósofos gregos como aquela que sustentava que tudo é água; e que era referida em seu tempo ou subsequentemente por alguma variante grega ou antecessora da expressão que atualmente pronunciamos como "Tales", cujas obras e ideias chegaram até nós postumamente por intermédio dos escritos de outros autores, e assim por diante. Repetindo, pois, haverá, em todos esses casos, uma interpretação causal externa de como obtivemos tal informação, mas o que assegura a referência não é a cadeia causal externa e sim a sequência em que se dá a transferência dos conteúdos Intencionais. A razão pela qual não nos mostramos inclinados a admitir que o eremita seja qualificado como Tales é que ele simplesmente não se encaixa na Rede e no Background. O exemplo em questão é algo análogo ao exemplo do humanoide que inventou as lentes bifocais 80 bilhões de anos antes que Benjamin Franklin tivesse nascido. Quando afirmamos que Franklin inventou as lentes bifocais, queremos dizer: relativamente a nossa Rede e Background.

Exemplo 3: As duas manchas (Donnellan)[24]

Suponhamos que um homem enxergue duas manchas coloridas em uma tela, uma acima da outra. Suponhamos que nomeie a de cima "*A*" e a de baixo "*B*". A única descrição de identificação que poderá fornecer é que *A* é "a de cima". Suponhamos, porém, que, sem que o saiba, tenhamos dado a ele lentes de inversão, de modo que aquela que imagina estar no alto está embaixo e vice-versa. Em tal caso, a descrição de identificação que ele poderá fornecer é, na verdade, falsa com respeito ao objeto referido, muito embora sua referência a *A* seja bem-sucedida.

Tratarei esse exemplo com alguma brevidade. *A* é aquela que ele efetivamente enxerga bem ali. É a mancha que causa essa experiência visual. Seria impossível esperar por uma "descrição de identificação" melhor do que essa. Expressões do tipo "a de cima" destinam-se rigorosamente ao consumo público e, ainda que possamos imaginar casos em que viriam a preceder a apresentação Intencional, na maior parte dos casos o conteúdo apresentacional é primário. Em resumo, quer em percepção, quer em memória, o conteúdo Intencional do falante será suficiente para destacar *A*. Suponhamos, porém, que ele esqueça que viu *A* e que chegue mesmo a esquecer ter imaginado que *A* se encontrava em cima. Tudo de que se lembra é que o nome nomeava uma mancha. Não poderá, ainda assim, usar o nome para referir-se à mancha? Evidentemente. Não há motivo por que um conteúdo Intencional parasitário não possa depender dos conteúdos Intencionais anteriores do próprio indivíduo. Nesse caso, *A* será identificada simplesmente como "aquela que anteriormente fui capaz de identificar como '*A*'", um caso-limite talvez, mas, não obstante, possível.

Exemplo 4: A Terra gêmea (Putnam e outros)[25]

A correta interpretação de como um nome garante a referência para nós aqui na Terra não pode ser a de que isso se dá por meio de um conteúdo descritivo associado, pois, caso houvesse uma Terra gêmea, nossos nomes continuariam a se referir a objetos em nossa Terra e não na Terra gêmea, ainda que qualquer descrição de um objeto na Terra assentasse com igual perfeição a seu *Doppelgänger* na Terra gêmea. Assim, para se compreender como a referência é bem-sucedida de forma não ambígua na Terra, devemos reconhecer a função dos elos causais externos entre as emissões e os objetos.

Já respondi a esse tipo de objeção no capítulo 2, com referência à percepção, e no capítulo 8 com referência às expressões indexicais. Para o caso dos nomes próprios, é suficiente dizer que a autorreferencialidade causal de todas as formas perceptivas de Intencionalidade, a autorreferencialidade das formas indexicais de Intencionalidade, e em geral o modo como estamos indexicalmente relacionados aos nossos próprios conteúdos Intencionais, incluindo a Rede e o Background, é suficiente para obstar quaisquer ambiguidades originárias da Terra gêmea. Mesmo nos casos parasitários, tal pode ser percebido. Quando, por exemplo, afirmo que a única descrição que associo a "Plotino" é "chamado Plotino", não me refiro simplesmente a qualquer objeto alguma vez chamado "Plotino" por alguém. Designo, antes, *inter alia*, a *pessoa* à qual eu ouvi e li ser referida como Plotino. O fato de que um *Doppelgänger* na Terra gêmea também pudesse ser chamado "Plotino" é tão irrelevante como o fato de que alguém poderia ter (e sem dúvida alguém terá) dado a seu cão o nome "Plotino" ou que muitas outras pessoas tenham sido chamadas pelo nome "Plotino".

VI. ARGUMENTOS MODAIS

Este livro tem por tema a Intencionalidade e não a modalidade, de sorte que evitei abordar questões modais até o presente. Entretanto, alguns filósofos reputam os argumentos modais de Kripke decisivos contra qualquer versão do descritivismo, de modo que farei no mínimo uma breve digressão a fim de considerá-los.

Frege argumentara que a descrição definida associada por um falante a um nome próprio fornecia o "sentido", na acepção técnica que a palavra tinha para ele, do nome próprio para aquele falante. Defenderei, em oposição a Frege, a ideia de que seria impossível à descrição definida associada fornecer um sentido ou definição do nome próprio, pois isso teria como consequência, por exemplo, que seria uma necessidade analítica o fato de haver sido Aristóteles o mais célebre tutor de Alexandre, caso um falante associasse a descrição definida, "o mais célebre tutor de Alexandre, o Grande", como o sentido do nome próprio "Aristóteles". Argumentei que o conglomerado de conteúdos Intencionais associado pelos falantes a um nome próprio relaciona-se ao nome por intermédio de uma relação algo mais fraca que a definição, e que tal abordagem conservaria as virtudes da teoria de Frege, ao mesmo tempo que evitaria suas consequências absurdas. Kripke inicia sua crítica à minha abordagem estabelecendo uma distinção entre o descritivismo concebido como uma teoria da referência e o descritivismo concebido como uma teoria da significação, e afirmando que se o descritivismo for concebido apenas como uma teoria da referência, uma teoria de como é assegurada a referência no caso dos nomes próprios, será incapaz de fornecer uma solução fregiana aos enigmas concernentes aos nomes próprios em enunciados de identidade, enunciados existenciais e enunciados referentes a atitudes proposicionais. Nada é afirmado em apoio a essa última alegação e, em todo caso, a mesma me parece francamente falsa. Minha tentativa é demonstrar que os nomes próprios não têm definições no sentido usual, mas que a referência é assegurada por um conteúdo Intencional associado. Nos termos de Kripke, portanto, estou apresentando uma teoria da referência, mas não uma teoria da significação. Contudo, a distinção não é tão precisa quanto ele sugere, pela seguinte razão: o conteúdo Intencional associado a um nome próprio pode figurar como parte do *conteúdo proposicional* do enunciado produzido por um falante, utilizando esse nome, ainda que o conteúdo Intencional associado do falante não faça parte da definição do nome. E essa é a razão pela qual é possível apresentar uma teoria descritivista de como os nomes próprios asseguram a referência (e, por conseguinte, apresentar uma teoria da referência e não uma teoria da significação para os nomes próprios), demonstrando, ao mesmo tempo, que os métodos pelos quais os nomes próprios asseguram a referência explicam o modo como o significado de emissões formuladas com o uso de tais nomes contém um conteúdo descritivo (e, portanto, fornecem uma interpretação dos nomes que traz consequências para os significados das proposições que contêm esses nomes). Na teoria descritivista, por exemplo, um falante pode acreditar que Héspero brilha nas proximidades do horizonte, ao mesmo tempo em que não acredita que Fósforo brilhe nas proximidades do horizonte, muito embora Héspero e Fósforo sejam idênticas. Um falante poderá coerentemente acreditar nisso caso associe conteúdos Intencionais independentes a cada nome, ainda que em nenhum dos casos o conteúdo Intencional forneça uma definição do nome. A teoria do conglomerado é capaz de dar conta de tais enigmas, ao mesmo tempo em que se apresenta como uma abordagem de como a referência é assegurada e não como uma abordagem do significado no sentido restrita e rigorosamente fregiano.

Na verdade, a teoria que estou apresentando sugere a direção para a solução do "enigma relativo à crença", de Kripke[26]. Eis o enigma: Suponhamos que um falante bilíngue, ignorando que "Londres" e "London" nomeiam a mesma cidade, assevera com sinceridade, em francês, que "Londres est jolie" ("Londres é bela") e, também com sinceridade, assevera em inglês que "London is not pretty" ("Londres não é bela"). Ele acredita ou não que Londres é bela? O primeiro passo para solucionar o enigma é perceber que, como o falante associa conteúdos Intencionais diferentes a "Londres" e "London", a contribuição de cada palavra à proposição na cabeça do falante é diferente e, portanto, ele acredita em duas proposições que, embora não possam ser ambas verdadeiras (uma vez que se referem ao mesmo objeto e atribuem propriedades incoerentes ao mesmo), não são contraditórias. Trata-se de um caso análogo ao exemplo de Héspero e Fósforo[27].

O principal argumento modal adotado contra minha teoria é o argumento do designador rígido. Em suas versões mais esquemáticas, a argumentação tem o seguinte desenvolvimento:

(1) Os nomes próprios são designadores rígidos
(2) As descrições definidas não são designadores rígidos; e, por equivalência de raciocínio, os conteúdos Intencionais não são designadores rígidos e,

portanto,

(3) Os nomes próprios não são equivalentes em significado, sentido ou funcionamento a algum tipo de descrição definida ou conteúdo Intencional.

Ainda que se admita a primeira premissa para fins de discussão, parece-me que a argumentação não atinge seu objetivo por duas razões. Em primeiro lugar, algumas descrições definidas são, de fato, designadores rígidos. Na verdade, qualquer descrição definida que expresse condições de identidade relativas ao objeto, ou seja, qualquer descrição que especifique características que determinam a identidade do objeto, será um designador rígido. Qualquer descrição que expresse propriedades necessárias e suficientes para, por exemplo, ser idêntica a Aristóteles, será um designador rígido. Na verdade, era a esse aspecto que eu buscava chegar em minha primeira discussão dos nomes próprios, quando afirmei que a questão da regra para o uso de um nome deve estar vinculada à questão da *identidade* do objeto[28]. Mas, em segundo lugar, e mais importante para a presente discussão, absolutamente qualquer descrição definida pode ser tratada como um designador rígido, ao ser indexada ao mundo real. Posso, por simples decreto, decidir usar a expressão "O inventor das lentes bifocais" de tal modo que esta se refira à pessoa que realmente inventou tais lentes e continue a referir-se exatamente àquela pessoa em qualquer mundo possível, mesmo em um mundo possível em que ele não as tivesse inventado[29]. Um tal uso da descrição definida terá sempre um amplo escopo ou, de certo modo, não terá escopo algum, de um modo que é característico aos nomes próprios. Mesmo que seja possível transformar uma descrição definida qualquer em um designador rígido, isso não demonstra que o funcionamento dos nomes próprios difere da função das descrições definidas em mostrar que os nomes próprios são sempre (ou quase sempre) designadores rígidos e que as descrições definidas em geral não são designadores rígidos.

VII. COMO OPERAM OS NOMES PRÓPRIOS?

A resposta a essa pergunta tal como afirmei no início deveria ser bastante trivial, e parto do pressuposto de que temos determinados princípios em mente. Os fatos que buscamos explicar são: Os nomes são usados para fazer referência a objetos. Em geral, a contribuição de um nome para as condições de verdade de enunciados reside simplesmente no fato de o mesmo ser empregado para referir-se a um objeto. Existem, porém, alguns enunciados em que a contribuição do nome não reside, ou não exclusivamente, no fato de ser empregado para fazer referência a um objeto: nos enunciados de identidade, nos enunciados existenciais e nos enunciados acerca de estados Intencionais. Além disso, um nome é empregado para referir-se ao mesmo objeto em diferentes mundos possíveis onde tenha propriedades diversas daquelas que tem no mundo real.

São os seguintes os princípios que devemos ter em mente ao explicar esses fatos:

1. Para que um nome possa chegar a ser empregado para referir-se a um objeto, é preciso que exista, antes de mais nada, alguma representação independente do objeto. Esta pode se dar através da percepção, memória, descrição definida etc., mas deve haver conteúdo Intencional suficiente para que se identifique a que objeto o nome está afixado.

2. Uma vez estabelecida a relação entre nome e objeto, os falantes que dominaram a prática do Background referente à utilização de nomes podem fazer uso do fato de que a relação entre nome e objeto foi estabelecido, ignorando qualquer outra coisa acerca do mesmo. Contanto que não tenham nenhum conteúdo Intencional em flagrante contradição com os fatos acerca do objeto, seu único conteúdo Intencional pode ser o fato de estarem usando o

nome para se referirem àquilo a que se referem os outros ao utilizarem o nome, porém tais casos são parasitários das formas não parasitárias de identificação do objeto.

3. Toda referência se dá em virtude do conteúdo Intencional (em sua acepção mais ampla), quer a referência se dê por meio de nomes, descrições, indexicais, citações, rótulos, imagens, ou o que for. O objeto é referido apenas se corresponder a, ou satisfizer, alguma condição ou conjunto de condições expressas pelo, ou associadas ao, recurso utilizado para referi-lo. Em casos particulares, tais condições podem consistir em simples capacidades de Background para o reconhecimento, como, por exemplo, no caso por nós considerado no capítulo 2, em que o único conteúdo Intencional que um homem associara ao nome fora simplesmente sua capacidade de reconhecer o portador do nome, ou poderão ser conteúdos Intencionais parasitários, do tipo descrito no princípio 2. Os princípios 1 e 2 são simples aplicações do princípio 3.

4. O que conta como objeto e, portanto, como um possível alvo de nomeação e referência, é sempre determinado relativamente a um sistema de representação. Dado que dispomos de um sistema rico o bastante para individuar objetos (por exemplo, rico o bastante para que se conte um cavalo, um segundo cavalo, um terceiro cavalo...), e para se identificar e reidentificar objetos (por exemplo, rico o bastante para determinar o que se dá caso seja esse o *mesmo cavalo* que vimos ontem), podemos associar nomes a objetos, de modo a preservar o vínculo dos mesmos nomes aos mesmos objetos, mesmo em situações contrafatuais em que o conteúdo Intencional associado ao nome não é mais satisfeito pelo objeto. Os princípios 1, 2 e 3 só têm aplicação em um sistema representacional que satisfaça o princípio 4.

Acredito que esses princípios explicam os fatos mencionados acima. Toda a finalidade de se possuir a instituição dos nomes próprios é capacitar-nos a nos referir a objetos, mas, uma vez que haverá algum conteúdo Intencional associado a cada nome, tal conteúdo pode figurar como parte do conteúdo proposicional de um enunciado, que faça uso de um nome, nos enunciados de identidade, enunciados existenciais e enunciados acerca de estados Intencionais, ainda que a função normal e fundamental não seja expressar um conteúdo Intencional, mas tão somente fazer referência a objetos, e ainda que o conteúdo Intencional associado não faça parte da definição do nome. E a explicação para o fato de os nomes poderem ser introduzidos por e usados com um conteúdo Intencional que não seja um designador rígido, e mesmo assim poderem ser usados como um designador rígido, é simplesmente o fato de possuirmos uma noção da identidade de um objeto que é separável daqueles conteúdos Intencionais particulares empregados para a identificação do objeto. Assim, por exemplo, temos uma noção de *o mesmo homem* que é independente de tais descrições como o autor da *Odisseia*. Podemos, portanto, empregar o nome "Homero" para nos referir ao homem que foi o virtual autor da *Odisseia*, mesmo em mundos possíveis em que Homero não tenha escrito a *Odisseia*.

Parte da impressão de que existe algo especialmente problemático nessas explicações bastante simples é que existe uma família de diferentes tipos de casos em que tais princípios operam. Primeiro, os casos centrais. O uso de nomes mais importante e extensivo para cada um de nós é o uso que se refere a pessoas, lugares etc., com os quais mantemos um contato pessoal diário ou, no mínimo, constante. Afora o caso do batismo, o indivíduo aprende originalmente esses nomes de outras pessoas, mas, uma vez aprendido, o nome é associado a uma gama tão rica de conteúdos Intencionais na Rede que o indivíduo independe de outras pessoas para determinar a que objeto determinado falante está se referindo. Consideremos, por exemplo, os nomes de nossos amigos próximos e membros da família, da cidade em que vivemos ou das ruas de nossa vizinhança. Está fora de questão, nesse caso, qualquer cadeia de comunicação. Exemplos de nomes tais, em meu caso, seriam "Berkeley, Califórnia", ou "Alan Code".

Em segundo lugar, existem nomes com usos proeminentes, casos em que o uso não se baseia em uma familiaridade com o objeto. O conteúdo Intencional associado a esses nomes deriva, em sua maioria, de outras pessoas, mas é um conteúdo rico o bastante para ser qualificado como *conhecimento acerca do* objeto. Exemplos desse tipo seriam, no meu caso, nomes como "Japão" ou "Charles de Gaulle". Em tais casos, o conteúdo Intencional é rico o bastante para estabelecer restrições muito severas quanto ao tipo de coisa que pode ser referida por meu uso desses nomes. Por exemplo, independente da cadeia de comunicação, não poderia resultar que por "De Gaulle" eu me referisse a uma tapeçaria florentina ou, por "Japão", a uma borboleta.

Terceiro, existem usos de nomes em que o indivíduo depende por completo do uso anterior por parte de outras pessoas para assegurar a referência. Foram esses casos que descrevi como parasitários, pois neles o falante não dispõe de um conteúdo Intencional suficiente que possa ser qualificado como conhecimento referente ao objeto. É possível que o objeto nem seja referido geralmente pelo nome que o falante adquiriu para designá-lo. Para mim, esse nome poderia ser "Plotino". Mesmo nesses casos, o conteúdo Intencional limitado estabelece algumas restrições quanto ao tipo de objeto nomeado. Em meu uso, Plotino não poderia resultar ser um número primo.

CAPÍTULO 10
EPÍLOGO: A INTENCIONALIDADE E O CÉREBRO

Ao longo de todo este livro, evitei discutir as questões mais proeminentes nas discussões contemporâneas da filosofia da mente. Quase nada foi dito acerca do behaviorismo, do funcionalismo, do fisicalismo, do dualismo ou quaisquer outras tentativas de solucionar o problema mente-corpo ou mente-cérebro. Em minha opinião, há, ainda, uma visão implícita da relação entre fenômenos mentais e cérebro que pretendo definitivamente explicitar.

Minha abordagem dos estados e eventos mentais foi totalmente realista, no sentido em que de fato considero que existem fenômenos mentais intrínsecos que não podem ser reduzidos a outra coisa ou eliminados por algum tipo de redefinição. Existem, de fato, as dores, cócegas e coceiras, crenças, temores, esperanças, desejos, experiências perceptivas, experiências de agir, pensamentos, sentimentos e todo o resto. Ora, é possível imaginar que tal alegação é tão obviamente verdadeira que mal vale a pena ser formulada, mas o espantoso é que ela é rotineiramente negada, embora em geral de forma velada, por muitos dos pensadores avançados que escrevem sobre tais assuntos, talvez pela maior parte deles. Já vi alegarem que os estados mentais podem ser inteiramente definidos em termos de suas relações causais, ou que as dores não passam de estados mecânicos de certos tipos de sistemas de computador, ou que as atribuições corretas da Intencionalidade eram simplesmente uma questão do êxito prognosticado a ser obtido assumindo-se um certo tipo de "atitude intencional" para com os sistemas. Não creio que quaisquer dessas concepções estejam sequer perto da verdade e argumentei extensamente contra elas em outros escritos.[1] Este não é o lugar para repetir tais críticas, mas quero chamar a atenção para certas características peculiares dessas posições, que devem provocar nossas suspeitas filosóficas. Em primeiro lugar, ninguém jamais chegou a essas posições após um exame atento dos fenômenos em questão. Ninguém jamais considerou sua própria e terrível dor ou sua mais profunda preocupação e concluiu que não passavam de estados de uma máquina de Turing, ou que poderiam ser inteiramente definidos em termos de suas causas e efeitos, ou que atribuir tais estados a si mesmo era apenas uma questão de assumir uma certa atitude para consigo mesmo. Em segundo lugar, ninguém pensaria em tratar desse modo outros fenômenos biológicos. Se alguém estivesse fazendo um estudo das mãos, dos rins, ou do coração, simplesmente presumiria a existência das entidades em questão, para então prosseguir com o estudo de sua estrutura e função. Ninguém pensaria em dizer, por exemplo, "Ter mãos é apenas estar disposto a certos tipos de comportamento tais como pegar" (behaviorismo manual), ou "As mãos podem ser definidas inteiramente em termos de suas causas e efeitos" (funcionalismo manual), ou "Para um organismo, ter mãos é simplesmente estar em um certo estado computacional com os tipos corretos de inputs e outputs (funcionalismo manual de máquinas de Turing), ou "Dizer que um organismo tem mãos é apenas adotar uma certa postura em relação a ele" (a postura manual).

Como explicar, então, o fato de os filósofos terem dito essas coisas aparentemente estranhas acerca do mental? Uma resposta adequada a essa pergunta traçaria a história da filosofia da mente a partir de Descartes. A resposta sucinta é que cada uma dessas posições não foi concebida tanto para adequar-se aos fatos quanto para evitar o dualismo e oferecer uma solução para o aparentemente insolúvel problema mente-corpo. Meu sucinto diagnóstico da persistente tendência antimentalista na recente filosofia analítica é que esta se baseia largamente no pressuposto tácito de que, a menos que haja algum modo de eliminar os fenômenos mentais, concebidos ingenuamente, ficaremos com uma classe de entidades extrínseca ao domínio da autêntica ciência, e com o insolúvel problema de relacionar tais entidades ao mundo real dos objetos físicos. Ficaremos, em resumo, com toda a incoerência do dualismo cartesiano.

Existirá outra abordagem que não comprometa o indivíduo com a visão de que há uma classe de entidades mentais inteiramente extrínseca ao mundo físico e, mesmo assim, não negue a existência real e a eficácia causal dos aspectos especificamente mentais dos fenômenos mentais? Acredito que sim. Para percebermos que existe, temos de livrar-nos de várias imagens apriorísticas sobre como os fenômenos mentais devem estar relacionados aos fenômenos físicos a fim de que possamos descrever de que modo estão efetivamente relacionados, tanto quanto saibamos. E, como sói acontecer na filosofia, nosso problema consiste em remover um conjunto de modelos ou paradigmas inadequados do relacionamento em questão e substituí-lo por modelos e paradigmas mais adequados. Como primeiro passo nessa direção, quero tentar expor, o mais enfaticamente possível, quais seriam, supostamente, algumas das dificuldades tradicionais de uma posição como a minha.

Em minha abordagem, os estados mentais são tão reais quanto quaisquer outros fenômenos biológicos, tão reais quanto a lactação, a fotossíntese, a mitose ou a digestão. Como esses outros fenômenos, os estados mentais são causados por fenômenos biológicos e, por sua vez, causam outros fenômenos biológicos. Se quiséssemos um rótulo, poderíamos chamar essa visão "naturalismo biológico". Mas de que maneira esse naturalismo biológico lidaria com o célebre problema mente-corpo? Bem, não existe apenas um problema mente-corpo, mas vários – um se refere a outras mentes, outro ao livre-arbítrio etc. –, porém o que parece mais incômodo diz respeito à possibilidade de relações causais entre fenômenos mentais e físicos. Do ponto de vista de alguém que leve esse problema a sério, a objeção à minha abordagem poderia ser formulada do seguinte modo: "Você diz, por exemplo, que uma intenção em ação causa um movimento corporal, mas, se a primeira é mental e o segundo é físico, como poderia haver uma relação causal entre eles? Devemos imaginar, então, que o evento mental impele os axônios e dendritos, ou que de algum modo ele se insinua membrana celular adentro e ataca o núcleo da célula? O dilema de sua abordagem é simplesmente esse: se os aspectos especificamente mentais dos estados e eventos mentais funcionam causalmente como você alega, a relação causal é totalmente misteriosa e oculta; se, por outro lado, você usar a conhecida noção de causação, segundo a qual os aspectos causalmente pertinentes dos eventos são aqueles descritos por leis causais, e segundo a qual todas as leis causais são leis físicas, os aspectos mentais dos eventos mentais não podem ter nenhuma eficácia causal. No máximo, haveria uma classe de eventos físicos que satisfaz algumas descriçõs mentais, mas essas descrições não são aquelas em que os eventos são casos particulares de leis causais e, portanto, não apreendem os aspectos causais dos eventos. Você pode ou ter o dualismo e uma interpretação ininteligível da causação, ou ter uma interpretação inteligível da causação e abandonar a ideia da eficácia causal em favor de alguma versão da tese da identidade acompanhada de um epifenomenalismo dos aspectos mentais dos eventos físico-mentais".

O quadro que venho sugerindo – e que, acredito, acabará levando a uma solução do dilema – é aquele segundo o qual os estados mentais são ao mesmo tempo *causados pelas* operações do cérebro e *realizados* na estrutura cerebral (e no resto do sistema nervoso central). Uma vez entendida a possibilidade de fenômenos mentais e físicos guardarem ambas as relações, teremos removido pelo menos um dos principais obstáculos à compreensão de como os estados mentais causados pelo cérebro podem também causar outros estados cerebrais e mentais. Um dos pressupostos comuns a muitos dualistas e fisicalistas tradicionais é que, ao admitirmos a realidade e a eficácia causal do mental, temos de negar qualquer relação de identidade entre os fenômenos mentais e o cérebro; e que, ao contrário, se afirmarmos uma relação de identidade, teremos de negar toda relação causal entre os fenômenos mentais e os físicos. Na comparação de J. J. C. Smart, se o ladrão é *idêntico* a Bill Sikes, não pode estar *causalmente relacionado* a Bill Sikes[2] (mas comparemos: a tendência do ladrão para o crime pode estar causalmente relacionada à formação de Bill Sikes). Como primeiro passo para remover o dilema, temos de mostrar de que modo os fenômenos mentais podem satisfazer a ambas as condições.

A fim de desmitologizar um pouco todo o problema mente-corpo, quero começar pela consideração de alguns exemplos completamente triviais e bem conhecidos desses mesmos tipos de relação. Os exemplos foram deliberadamente escolhidos por sua banalidade. Considere-se a relação das propriedades líquidas da água com o comportamento das moléculas individuais. Ora, não se pode dizer de nenhuma molécula individual que a mesma seja molhada, mas tanto se pode dizer que as propriedades líquidas da água são *causadas pelo* comportamento molecular como se pode dizer que são *realizadas no* conjunto de moléculas. Consideremos cada relação à sua vez. *Causadas por*: a relação entre o comportamento molecular e as características físicas superficiais da água é claramente causal. Se, por exemplo, alterarmos o comportamento molecular, causamos uma alteração nas características superficiais; obtemos gelo ou vapor, dependendo se o movimento molecular for suficientemente mais lento ou mais veloz. Além disso, as próprias características superficiais da água funcionam causalmente. Em seu estado líquido, á agua é molhada; derrama-se, é possível bebê-la ou banhar-se nela etc. *Realizada em*: a liquidez de um balde d'água não consiste em algum tipo de suco adicional secretado pelas moléculas de H_2O. Quando descrevemos tal substância como líquida, estamos apenas descrevendo essas mesmas moléculas em um nível de descrição mais elevado que o das moléculas individuais. A liquidez, embora não epifenomênica, é realizada na estrutura molecular da substância em questão. Portanto, se alguém perguntasse, "Como pode haver uma

EPÍLOGO: A INTENCIONALIDADE E O CÉREBRO

relação causal entre o comportamento molecular e a liquidez se a mesma substância é ao mesmo tempo líquida e um conjunto de moléculas?", a resposta é que pode haver relações causais entre fenômenos em níveis diferentes da mesmíssima substância subjacente. Com efeito, uma tal combinação de relações é muito comum na natureza: a solidez da mesa sobre a qual estou trabalhando e a elasticidade e resistência às punções dos pneus de meu carro são dois exemplos de propriedades causais que são elas próprias causadas e realizadas em uma microestrutura subjacente. Para generalizar, neste ponto, podemos dizer que dois fenômenos podem estar relacionados tanto pela causação como pela realização, contanto que isso aconteça em níveis de descrição diferentes.

Passemos agora à aplicação das lições desses exemplos simples ao problema mente-corpo. Considere-se, para começar, a interpretação contemporânea tradicional da neurofisiologia da percepção visual. É claro que, no momento, a interpretação é ainda incompleta e é possível que se venha a provar que a teoria de que dispomos está equivocada em todos os sentidos fundamentais. Mas as dificuldades em se apresentar uma interpretação correta são as incríveis dificuldades empíricas e conceituais para se entender a operação de um sistema tão complicado como o cérebro do homem (ou de um mamífero); não existe, além disso, nenhum obstáculo metafísico a que uma tal interpretação não possa estar correta, ou pelo menos é isso que pretendo defender. A história começa com o assalto dos fótons contra as células fotorreceptoras da retina, os conhecidos bastonetes e cones. Tais sinais são processados mediante pelo menos cinco tipos de células no fotorreceptor da retina, as células horizontais, bipolares, amácrinas e ganglionares. Passam então pelo nervo óptico para o núcleo geniculado lateral, sendo daí enviados para o córtex estriado e em seguida difundidos através das células notavelmente especializadas do restante do córtex visual, as células simples, complexas e hipercomplexas de pelo menos três zonas, a 17 (estriada), a 18 (área visual II) e a 19 (área visual III).

Observe-se que essa história é um relato causal que nos conta como a experiência visual é causada pela descarga de um vasto número de neurônios em literalmente milhões de sinapses. Mas, então, onde se localiza a experiência visual nesse relato? Precisamente no cérebro, onde tiveram lugar esses processos. Isto é, a experiência visual é causada pelo funcionamento do cérebro em resposta ao estímulo óptico externo do sistema visual, mas é também realizada na estrutura do cérebro. Uma história parecida na forma, embora totalmente diversa no conteúdo, pode ser contada sobre a sede. Secreções renais de renina causam a síntese de angiotensina, e parece provável que, por sua vez, essa substância aja sobre os neurônios do hipotálamo para produzir a sede. Há mesmo uma certa quantidade de indícios de que pelo menos alguns tipos de sede estão localizados no hipotálamo. De acordo com essa explicação, a sede é causada por eventos neurais no hipotálamo e realizada no hipotálamo. É irrelevante para os nossos propósitos se essa é de fato a explicação correta da sede; a questão é que se trata de uma explicação possível.

Os problemas empíricos e conceituais para se descrever as relações entre os fenômenos mentais e o cérebro são incrivelmente complexos, e o progresso, a despeito de muitas declarações otimistas, tem sido agonizantemente lento. Mas a natureza lógica dos *tipos* de relação entre a mente e o cérebro não me parecem ser, nesse sentido, absolutamente misteriosos ou incompreensíveis. Tanto as experiências visuais como a sensação de sede, tal como a liquidez da água, são características genuínas do mundo que não podem ser descartadas, redefinidas ou rotuladas como ilusórias. E também aqui, tal como a liquidez, elas se prendem às duas pontas da cadeia causal. Ambas são causadas por microfenômenos subjacentes, e causam por sua vez outros fenômenos. Assim como a liquidez de um balde d'água é causalmente explicada pelo comportamento das micropartículas, mas, apesar disso, é capaz de funcionar causalmente, a sede e as experiências visuais são causadas por uma série de eventos no micronível e são, apesar disso, capazes de funcionar causalmente.

Leibniz considera a possibilidade de uma interpretação nesses moldes e a rejeita com base nos seguintes fundamentos:

> E, supondo que houvesse uma máquina arquitetada de modo a pensar, sentir e ter percepções, nós a conceberíamos ampliada e contudo mantendo as mesmas proporções, de maneira a que pudéssemos entrar nela como em um moinho. Admitido isso, deveríamos encontrar, ao visitá-la, apenas peças a impelir umas às outras, mas nunca coisa alguma pela qual se pudesse explicar a percepção. Esta deve, portanto, ser procurada na substância simples e não no composto ou na máquina[3].

Um argumento exatamente paralelo ao de Leibniz seria afirmar que o comportamento das moléculas de H_2O jamais poderia explicar a liquidez da água, pois, caso penetrássemos o sistema de moléculas "como em um moinho, deveríamos encontrar, ao visitá-lo, apenas peças a impelir umas às outras, mas nunca coisa alguma pela qual se pudesse explicar" a liquidez. Em ambos os casos, porém, estaríamos olhando para o sistema em um nível errôneo. A liquidez da água não pode ser encontrada no nível da molécula individual e tampouco são a percepção visual e a sede encontradas no nível dos neurônios ou das sinapses individuais. Caso conhecêssemos os princípios com base nos quais funciona o sistema de moléculas de H_2O, poderíamos inferir que se trata de um estado líquido pela observação do movimento das moléculas, mas, da mesma forma, se conhecêssemos os princípios com base nos quais funciona o cérebro, poderíamos inferir que o mesmo se encontra em um estado de sede ou tendo uma experiência visual.

Contudo, esse modelo de "causado por" e "realizado em" somente suscita mais uma pergunta: como pode a Intencionalidade funcionar causalmente? Admitindo-se que os próprios estados Intencionais podem ser causados pela estrutura do cérebro e nela realizados, como pode a própria Intencionalidade ter qualquer eficácia causal? Quando levanto o braço, minha intenção em ação o leva a erguer-se. Trata-se do caso em que um evento mental causa um evento físico. Mas, poder-se-ia perguntar, como é possível algo assim ocorrer? A elevação de meu braço é inteiramente causada por uma série de descargas neurológicas. Não sabemos em que parte do cérebro têm origem essas descargas, mas, em um ponto qualquer, eles atravessam o córtex motor e passam a controlar uma série de músculos do braço que se contraem à descarga dos neurônios apropriados. Bem, e qual a relação de qualquer evento mental com isso? Tal como agimos em relações às perguntas anteriores, quero responder a esta pergunta apelando a níveis diferentes de descrição de uma substância, em que os fenômenos, em cada um dos níveis, funcionam causalmente; e, tal como com a nossa pergunta anterior, quero deixar claras as relações envolvidas, considerando exemplos inteiramente banais e livres de problemas. Considere-se a explosão no cilindro de um motor a combustão interna de quatro tempos. A explosão é causada pela descarga de uma faísca da vela, mesmo sendo a descarga e a explosão causadas por fenômenos em um micronível e nele realizados, nível de descrição este em que termos como "descarga" e "explosão" são inteiramente inadequados. Do mesmo modo, quero dizer que a intenção em ação causa o movimento corporal, ainda que a intenção em ação e o movimento corporal sejam causados em uma microestrutura e nela se realizem, estrutura em cujo nível termos como "intenção em ação" e "movimento corporal" são inadequados. Tentemos descrever o caso com um pouco mais de atenção – e, mais uma vez, não é o caso particular nem seus detalhes que interessam, mas o tipo de relação exemplificada. O aspecto causalmente relevante do disparo da faísca da vela é o aumento da temperatura no cilindro entre os eletrodos até o ponto de ignição da mistura de ar e combustível. É essa elevação da temperatura que causa a explosão. Mas ela, por sua vez, é causada pelo – e realizada no – movimento de partículas individuais entre os eletrodos da vela. Além disso, a explosão é causada pela oxidação das moléculas individuais de hidrocarboneto, e nela se realiza. Podemos representar graficamente o processo da seguinte maneira:

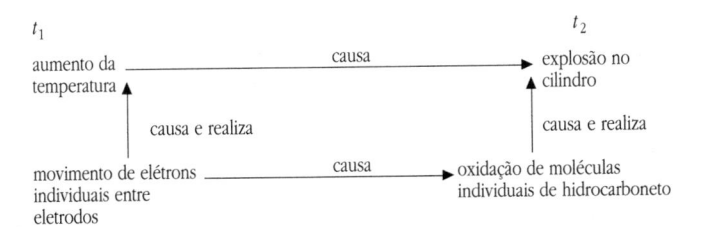

t_1 $\hspace{6cm}$ t_2

aumento da ——— causa ———→ explosão no
temperatura ↑ $\hspace{5cm}$ ↑ cilindro

$\hspace{2cm}$ causa e realiza $\hspace{3cm}$ causa e realiza

movimento de elétrons ——— causa ———→ oxidação de moléculas
individuais entre $\hspace{5cm}$ individuais de hidrocarboneto
eletrodos

Os fenômenos em t_1 e t_2, respectivamente, são os mesmos fenômenos descritos em níveis diferentes de descrição. Por esse motivo poderíamos também traçar setas diagonais mostrando que o movimento dos elétrons causa a explosão, e o aumento de temperatura causa a oxidação das moléculas de hidrocarboneto.

Embora pouco saibamos sobre o modo como a ação intencional tem origem no cérebro[4], sabemos que os mecanismos neurológicos estimulam os movimentos musculares. Especificamente, estimulam os íons de cálcio a penetrarem o citoplasma de uma fibra muscular, o que desencadeia uma série de eventos que resultam no deslocamento da tropomiosina. A tropomiosina coloca em contato os filamentos espessos de miosina e os filamentos finos de actina que se entrecruzam. Alternadamente, os filamentos ligam-se a cadeias de actina, exercem pressão, desligam-se, retrocedem, ligam-se novamente e exercem mais pressão[5]. Isso contrai o músculo. No micronível, portanto, temos uma sequência de descargas neurológicos que causam uma série de alterações fisiológicas. No micronível, a intenção em ação é causada pelos processos neurológicos e neles é realizada, e o movimento corporal é causado pelos processos fisiológicos resultantes e neles se realiza. Em termos de representação gráfica, o processo apresenta uma forma semelhante àquela da ignição de um motor de combustão interna:

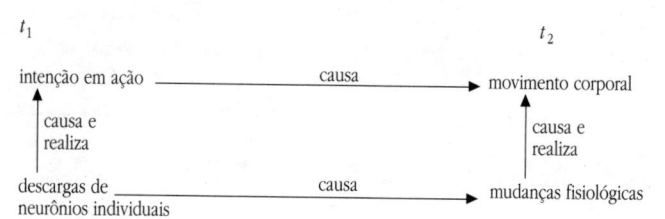

t_1 $\qquad\qquad\qquad\qquad\qquad\qquad\qquad\qquad\qquad\qquad$ t_2

intenção em ação —————causa—————▶ movimento corporal

↑ causa e realiza $\qquad\qquad\qquad\qquad\qquad\qquad\qquad\qquad$ causa e realiza

descargas de —————causa—————▶ mudanças fisiológicas
neurônios individuais

Observe-se que, na representação acima, tal como na anterior, também poderíamos traçar setas diagonais que, nesse caso, mostrariam que a intenção em ação causa mudanças fisiológicas, e que as descargas neurológicas causam movimentos corporais. Observe-se também que, em uma representação assim, os fenômenos mentais não são mais epifenômenicos que o aumento de temperatura no disparo da faísca de uma vela.

Obviamente, as analogias que adotei, como a maior parte das analogias, são imperfeitas. Especificamente, poder-se-ia objetar que as interpretações da liquidez, da solidez etc., adequam-se a uma concepção espaçotemporal bem estabelecida de como o mundo funciona, de um modo que nenhuma interpretação dos estados mentais poderia adequar-se; que, ao fazer essa analogia, ajo como se os estados mentais possuíssem uma característica de que na verdade carecem, a saber, localizações espaçotemporais bem definidas. Mas será que tal objeção é mesmo tão devastadora? Creio que ela se baseia em nossa atual ignorância de como o cérebro funciona. Suponhamos que tivéssemos uma ciência do cérebro perfeita, de tal modo que soubéssemos em detalhe o modo como as funções cerebrais produzem estados e eventos mentais. Tivéssemos um conhecimento perfeito de como o cérebro produz, por exemplo, a sede ou as experiências visuais, não hesitaríamos em atribuir regiões no cérebro para tais experiências, caso as evidências apoiassem uma tal atribuição. E supondo-se que houvesse estados e eventos mentais para os quais não houvesse indícios de localização precisa, mas, antes, indícios de serem características globais do cérebro ou de alguma extensa região cerebral como o córtex, ainda assim seriam tratados como características globais de uma entidade espacial, a saber, o *cérebro* ou alguma região específica como o *córtex*.

Voltemos agora ao nosso "dilema". O primeiro extremo sustenta que, se considerarmos causal a relação entre o mental e o físico, ficaremos com uma noção misteriosa de causação. Argumentei que isso não acontece. Só parece acontecer se pensarmos no mental e no físico como a nomear duas categorias ontológicas, duas classes de coisas mutuamente exclusivas, as coisas mentais e as coisas físicas, como se vivêssemos em dois mundos, um mental e outro físico. Mas se pensarmos em nós mesmos vivendo em um único mundo que contém coisas mentais no sentido em que contém coisas líquidas e coisas sólidas, não haverá obstáculos metafísicos para uma interpretação causal dessas coisas. Minhas crenças e meus desejos, minha sede e minhas experiências visuais, são características causais reais de meu cérebro, tanto quanto a solidez da mesa em que trabalho e a liquidez da água que bebo são características causais das mesas e da água.

O segundo extremo de nosso dilema articula a posição amplamente sustentada de que uma interpretação causal ideal do mundo deve sempre fazer referência a leis causais (estritas) e que tais leis devem sempre ser enunciadas em termos físicos. Há muitos argumentos diferentes em favor dessas posições e nem sequer comecei ainda a respondê-los, mas tentei apresentar algumas razões para se considerarem falsas as conclusões: a nossa interpretação da causação Intencional oferece tanto o princípio de uma estrutura teórica como muitos exemplos em que os estados Intencionais funcionam causalmente como estados Intencionais. E, embora não haja leis "estritas", há uma porção de regularidades causais na operação da causação Intencional: por exemplo, as intenções prévias causam ações, a sede causa o beber, as experiências visuais causam crenças. Permanece em aberto a questão empírica sobre como esses estados de nível mais elevado são realizados nas operações do cérebro e causados por elas, e também sobre quais das operações são "tipo-tipo" e quais são "ocorrência-ocorrência". Os argumentos apriorísticos que conheci contra a possibilidade de realizações mais de tipo que de ocorrência tendem a negligenciar um fator crucial: o que passa por tipo é sempre relativo a uma descrição. O fato de não podermos obter realizações tipo-tipo declaradas em, por exemplo, termos químicos não implica que não podemos ter realizações tipo-tipo em absoluto. Se insistirmos sempre em realizações em termos químicos, a redução da Lei de Boyle-Charles às leis da mecânica estatística – um dos sucessos perenes das reduções de tipo – não funcionaria, porque a redução não faz menção alguma a qualquer composição química específica dos gases. Qualquer gás velho serviria. Pelo que sabemos, o tipo de realizações que os estados Intencionais têm no cérebro pode ser descrito em um nível funcional muito mais elevado que o da bioquímica específica dos neurônios envolvidos. Minha especulação pessoal – e no estado presente de nosso conhecimento da neurofisiologia só pode ser especulação – é que, se viermos a compreender a operação do cérebro na produção de Intencionalidade, é provável que isso se dê com base em princípios totalmente diversos dos que ora empregamos, tão diversos quanto os princípios da mecânica quântica são dos da mecânica newtoniana. Porém, sejam quais forem esses princípios, para fornecer-nos uma interpretação adequada do cérebro, terão de reconhecer a realidade da Intencionalidade do cérebro e explicar suas capacidades causais.

NOTAS

Introdução

1. J. R. Searle, "Minds, brains and programs", *Behavioral and Brain Sciences*, vol. 3 (1980), pp. 417-24; "Intrinsic Intentionality", *Behavioral and Brain Sciences*, mesma edição, pp. 450-6; "Analytic philosophy and mental phenomena", *Midwest Studies in Philosophy*, vol. 5 (1980), pp. 405-23. "The Myth of the Computer", *New York Review of Books* (1982), vol. xxix, nº 7, pp. 3-6.

Capítulo 1

1. Para uma discussão mais detalhada da noção de "direção do ajuste", ver J. R. Searle, "A taxonomy of illocutionary acts", *in Expression and Meaning* (Cambridge: Cambridge University Press, 1979), pp. 1-27.

2. Como o ajuste é uma relação simétrica, pode parecer estranho que possa haver diferentes *direções* do ajuste. Se *a* se ajusta a *b*, *b* se ajusta a *a*. Talvez possamos diminuir essa preocupação considerando o seguinte caso não linguístico e pouco sujeito a controvérsias: Se Cinderela entra em uma sapataria pa-

ra comprar um novo par de sapatos, toma o tamanho de seu pé como dado e procura sapatos que se ajustem (direção do ajuste pé-sapato). Mas, quando o príncipe procura a dona do sapato, toma o sapato como dado e procura um pé que se ajuste a ele (direção do ajuste sapato-pé).

3. As exceções que podem ser concebidas para este princípio são os casos em que o indivíduo se dissocia de seu próprio ato de fala, tal como em, por exemplo, "É meu dever informar-lhe que *p*, mas não acredito que realmente *p*", ou "Ordeno-lhe que ataque aquelas fortificações, mas não quero realmente que as ataque". Nesses casos, é como se a pessoa fosse o porta-voz de um ato de fala de outrem. O falante emite a mesma sentença, mas dissocia-se dos comprometimentos da emissão.

4. Há alguns casos desconcertantes de interesse, tais como duvidar se *p* ou imaginar se *p*. O que dizer de minha dúvida, de se *p* é satisfeito se *p*? Ou se não *p*? Ou o quê?

5. Ver, por exemplo, "Intentionality and noema", *Journal of Philosophy*, vol. 78, nº 11 (novembro, 1981), p. 714.

6. L. Wittgenstein, *Philosophical Investigations* (Oxford: Basil Blackwell, 1953), Parte I, parágrafo 621.

7. Para uma discussão mais detalhada dos problemas da ficção, ver "The logical status of fictional discourse", *in* Searle, *Expression and Meaning*, pp. 58-75.

8. Com efeito, a terminologia russelliana de atitude proposicional é uma fonte de confusões, pois implica que uma crença, por exemplo, é uma atitude para com uma proposição, ou acerca dela.

9. D. Dennett, *Brainstorms* (Montgomery, Vermont: Bradford Books, 1978), pp. 122-5.

Capítulo 2

1. Tal como observamos no capítulo 1, a linguagem comum é enganadora nesse aspecto, pois falamos de uma experiência de dor e de uma experiência de vermelhidão, mas no primeiro caso a própria experiência é a dor e o "de" não é o

"de" da Intencionalidade, ao passo que no segundo caso a experiência não é em si mesma vermelha e o "de" é Intencional.

2. Observe-se mais uma vez que, quando estamos apenas especificando o conteúdo Intencional, não podemos usar expressões como "ver" ou "perceber", uma vez que estas implicam êxito, implicam que as condições de satisfação são de fato satisfeitas. Dizer que tenho uma experiência visual de que há uma caminhonete amarela ali presente é apenas especificar o conteúdo Intencional. Dizer que vejo ou percebo que há uma caminhonete ali presente implica que o conteúdo é satisfeito.

3. M. Merleau-Ponty, *The Phenomenology of Perception* (Londres: Routledge & Kegan Paul), 1962.

4. L. Weiskrantz *et al.*, "Visual capacity in the hemianopic field following a restricted occipital ablation", *Brain*, vol. 97 (1974), pp. 709-28.

5. Ver H. P. Grice, "The causal theory of perception", *Proceedings of the Aristotelian Society*, supl. vol. 35 (1961), pp. 121-52.

6. L. Wittgenstein, *Philosophical Investigations* (Oxford: Basil Blackwell, 1953), Parte II, seção 10.

7. L. Postman, J. Bruner e R. Walk, "The perception of error", *British Journal of Psychology*, vol. 42 (1951), pp. 1-10.

8. Ver, por exemplo, J. L. Austin, *Sense and Sensibilia* (Oxford: Oxford University Press, 1962), para uma discussão do argumento baseado na ilusão.

9. Austin, *op. cit.*

10. Tenho uma dívida para com Christine Skarda pela discussão desse tópico.

11. H. Putnam, "The Meaning of Meaning", *in Mind, Language and Reality, Philosophical Papers*, vol. 2 (Cambridge: Cambridge University Press, 1975), pp. 215-71.

12. G. Evans, "The causal theory of names", *Proceedings of the Aristotelian Society*, supl. vol. 47, pp. 187-208; reimpresso em S. P. Schwartz (ed.), *Naming, Necessity and Natural Kinds* (Ithaca, Nova York e Londres: Cornell University Press, 1977), pp. 192-215.

Capítulo 3

1. Em minha abordagem, coisas como espirrar, roncar, dormir e muitos movimentos reflexos não são ações. Se tenho ou não razão acerca do uso ordinário é menos importante do que o fato de se posso ou não fornecer uma interpretação da intenção e da ação que demonstra serem tais casos fundamentalmente diversos dos que reputo como ações.

2. R. M. Chisholm, "Freedom and Action", *in* K. Lehrer (ed.), *Freedom and Determinism* (Nova York: Random House, 1966), p. 37.

3. D. Davidson, "Freedom to act", *in* T. Honderich (ed.), *Essays on Freedom of Action* (Londres, Henley e Boston: Routledge & Kegan Paul, 1973), pp. 153-4.

4. Citado por D. Davidson *in* T. Honderich (ed.), *op. cit.*, pp. 152-3.

5. A autorreferência não leva ao regresso infinito. Quando lhe ordeno que faça *A*, estou na verdade criando uma razão para que faça *A* tal que a ordem será obedecida se você fizer *A* por essa razão, ou seja, porque lhe ordenei fazê-lo. Mas não estou, além disso, criando uma razão para que tal seja uma razão, nem lhe dou uma ordem de segundo nível para que obedeça à minha ordem de primeiro nível.

6. Ver capítulo 1, pp. 29-30.

7. A teoria da ação de Prichard parece-me cometer o mesmo equívoco que as teorias dos dados sensoriais da percepção. Ele reconhece a existência da experiência de agir, mas quer transformá-la em objeto Intencional, do mesmo modo que os teóricos dos dados dos sensoriais querem fazer da experiência visual o objeto da percepção visual (H. A. Prichard, "Acting, willing, desiring", *in* A. R. White (ed.), *The Philosophy of Action* (Oxford: Oxford University Press, 1968), pp. 56-69.

8. W. James, *The Principles of Psychology*, vol. 2 (Nova York: Dover Publications, 1950), pp. 489 ss.

9. W. Penfield, *The Mistery of the Mind* (Princeton: Princeton University Press, 1975), p. 76.

10. A indeterminação relativa das intenções prévias é mais potente no caso das ações complexas. No exemplo anterior, em que levo a cabo minha intenção de dirigir até o escritório, haverá um grande número de atos subsidiários não representados pela intenção prévia, mas apresentados pelas intenções em ação: intencionalmente, dou a partida, engato as marchas, ultrapasso os veículos mais lentos, paro nos semáforos, desvio de ciclistas, mudo de pista, e assim por diante, com dezenas de atos subsidiários executados intencionalmente, mas que não necessariamente foram representados por minha intenção prévia. Tal diferença tem sido também uma fonte de confusão na filosofia. Vários filósofos observaram que nem tudo o que faço intencionalmente é algo que tive a intenção de fazer. Por exemplo, os movimentos específicos de minha mão ao escovar os dentes são executados intencionalmente, mesmo que eu não tenha a menor intenção de executá-los. Trata-se, porém, de um equívoco derivado de uma falha em se perceber a diferença entre as intenções prévias e as intenções em ação. Posso não ter tido a menor intenção prévia de executar precisamente esses movimentos com a mão, mas tive uma intenção em ação de executá-los. G. H. von Wright, *Explanation and Understanding* (Ithaca, Nova York: Cornell University Press), 1971, pp. 89-90.

11. Talvez seja bom enfatizar que tal opinião não implica um determinismo. Quando se age segundo os próprios desejos ou se leva a cabo as próprias intenções prévias, o desejo e a intenção funcionam causalmente, mas não necessariamente se dá que o indivíduo não pudesse agir de outro modo, que, simplesmente, não houvesse escolha.

12. O termo "efeito sanfona" deve-se a J. Feinberg, *Doing and Deserving* (Princeton: Princeton University Press), 1970, p. 34.

13. O termo "ação básica" deve-se a A. Danto, "Basic actions", *in* White (ed.), *op. cit.*, pp. 43-58.

14. M. Dascal e O. Gruengard, "Unintentional action and non-action", *Manuscrito*, vol. 4, nº 2 (abril de 1981), pp. 103-13.

Capítulo 4

1. Em algumas versões alegou-se também que para se saber que *A* causou *B*, é preciso *saber* que existe uma lei. Assim, Davidson escreve, "Seja como for, para poder saber que um único enunciado causal é verdadeiro, não é necessário saber a verdade de uma lei; *é necessário apenas saber que existe uma lei que compreende os eventos à mão*" (itálico meu), "Actions, reasons, and causes", reimpresso *in* A. R. White (ed.), *The Philosophy of Action* (Oxford: Oxford University Press, 1968), p. 94.

2. Cf. Davidson, *op. cit.*

3. Em oposição a esse parecer, Davidson alega que o fato de os eventos estarem ou não logicamente relacionados depende apenas de como são descritos (Davidson, *op. cit.*). Buscarei demonstrar subsequentemente que as duas visões são falhas.

4. A. Michotte, *La Perception de la causalité* (Louvain: Publications Universitaires de Louvain, 1954).

5. J. Piaget, *Understanding Causality* (Nova York: W. W. Norton & Co., 1974).

6. Ver R. M. Chisholm, "Freedom and action", *in* K. Lehrer (ed.), *Freedom and Determinism* (Nova York: Random House, 1966), pp. 11-44.

7. G. H. von Wright, *Causality and Determinism* (Nova York e Londres: Columbia University Press, 1974), pp. 53 ss.

8. D. Føllesdal, "Quantification into causal contexts", *in* L. Linsky (ed.), *Reference and Modality* (Oxford: Oxford University Press, 1971), pp. 53-62.

9. Muitos filósofos estão dispostos a concordar comigo em que a causação faz parte da experiência de agir ou das percepções corporais táteis, mas não admitem que o mesmo possa valer para a visão. Não consideram a causação parte das experiências visuais. Talvez a seguinte experiência de pensamento ajude a eliminar algumas dessas dúvidas. Suponhamos que tivéssemos a capacidade de formar imagens visuais tão vívidas quanto nossas experiências visuais presentes. Imaginemos então a diferença entre formar uma tal imagem da fachada de uma casa, como uma ação voluntária, e de fato ver a fachada

da casa. Em cada caso, o conteúdo puramente visual é igualmente vívido: então, o que explicaria a diferença? Experimentaríamos as imagens formadas voluntariamente como causadas por nós e a experiência visual da casa como causada por algo independente de nós. A diferença nos dois casos é uma diferença no conteúdo causal das duas experiências.

10. Ver Piaget, *Understanding Causality*.

11. Devo esse exemplo a Steve White.

12. C. Peacocke, "Deviant causal chains", *Midwest Studies in Philosophy*, vol. 4 (1979), pp. 123-55.

Capítulo 5

1. Estou discutindo estados Intencionais humanos tais como percepções, desejos, crenças e intenções. Talvez possa haver estados Intencionais biologicamente mais primitivos que não requeiram uma Rede ou talvez nem sequer um Background.

2. Para uma discussão detalhada dos exemplos, ver "Literal meaning", *in* J. R. Searle, *Expression and Meaning* (Cambridge: Cambridge University Press, 1979).

3. M. Polanyi, *Personal Knowledge: Toward a Post-Critical Philosophy* (Chicago: University of Chicago Press, 1958).

4. Cf. L. Wittgenstein, *Philosophical Investigations* (Oxford: Basil Blackwell, 1953), parágrafos 198-202.

Capítulo 6

1. H. P. Grice, "Meaning", *The Philosophical Review*, vol. 66 (1957), n° 3, pp. 377-88.

2. Para uma discussão mais ampla dessa questão, ver J. R. Searle, "Meaning, communication and representation", *in* R. E. Grandy (ed.), *A Festschrift for H. P. Grice*.

3. Ver "A taxonomy of illocutionary acts", *in* J. R. Searle, *Expression and Meaning* (Cambridge: Cambridge University Press, 1979), pp. 1-29.

4. Searle, "Meaning, communication and representation", *in* Grandy, *op. cit.*

Capítulo 7

1. G. Frege, "On sense and reference", *in* P. Geach e M. Black (eds.), *Translations from the Philosophical Writings of Gottlob Frege* (Oxford: Basil Blackwell, 1952), pp. 56-78.
2. D. Davidson, "On saying that", *in* D. Davidson e G. Harman (eds.), *The Logic of Grammar* (Encino e Belmont, California: Dickenson, 1975), pp. 143-52.
3. Ver J. R. Searle, *Speech Acts* (Cambridge: Cambridge University Press, 1969), capítulo 4.
4. Mesmo o inglês moderno exige com frequência uma mudança de tempo verbal na fala relatada. Nixon disse "I am not a crook" ("Eu não sou um vigarista"). Mas o relato de conteúdo correto é: Nixon disse que não *era* (*was*) um vigarista.

Capítulo 8

1. Não pretendo levar adiante a discussão dessa concepção no presente livro, uma vez que já tentei refutá-la alhures; ver "Referential and attributive", *in* J. R. Searle, *Expression and Meaning* (Cambridge: Cambridge University Press, 1979), pp. 137-61.
2. H. Putnam, "The meaning of meaning", *in Philosophical Papers*, vol. 2, *Mind, Language, and Reality* (Cambridge: Cambridge University Press, 1975), pp. 215-71.
3. Estritamente falando, determina a classe unitária cujo membro exclusivo é o assassino de Brown, mas, para os propósitos da presente argumentação, podemos ignorar tal distinção.
4. Putnam, *op. cit.*, p. 234.
5. A exemplo de outros autores que escrevem sobre esse tema, usarei a crença como um exemplo de toda a classe de atitudes proposicionais.
6. W. V. Quine, "Quantifiers and propositional attitudes", *in Ways of Paradox* (Nova York: Random House, 1966), pp. 183-94.
7. Ver Quine, *op. cit.*, p. 184.
8. T. Burge, "Belief de re", *Journal of Philosophy*, vol. 74, n° 6 (junho de 1977), pp. 338-62.

9. O exemplo vem, é claro, de Quine, "Quantifiers and propositional attitudes", op. cit.

10. J. Perry, "The problem of the essential indexicals", *NOUS*, vol. 13, nº 1 (março, 1979), pp. 3-21.

11. D. Kaplan, "Demonstratives", texto mimeografado, UCLA, 1977.

12. J. Perry, "Frege on demonstratives", *The Philosophical Review*, vol. 86, nº 4 (outubro, 1977), pp. 474-97.

13. Kaplan, *op. cit.*

14. Lembremo-nos, porém, que a interpretação deixa de ser fregiana ao postular um terceiro domínio de entidades abstratas. Normalmente os conteúdos Intencionais cumprem essa tarefa. Quando digo "sentido fregiano completo", não pretendo significar que tais sentidos sejam entidades abstratas, mas, sim, que bastam para fornecer "modos de apresentação" adequados.

15. Para uma crítica dessa concepção, ver P. van Inwagen, "Indexicality and actuality", *The Philosophical Review*, vol. 89, nº 3 (julho, de 1980), pp. 403-26.

16. G. Frege, "The thought: a logical inquiry", reimpresso *in* P. F. Strawson (ed.), *Philosophical Logic* (Oxford: Oxford University Press, 1967), pp. 17-38.

Capítulo 9

1. Ver J. R. Searle, "Referential and attributive", *in Expression and Meaning* (Cambridge: Cambridge University Press, 1979), pp. 137-61.

2. No restante deste capítulo usarei a expressão "conteúdo Intencional" no sentido amplo, de maneira a incluir elementos pertinentes da Rede e do Background.

3. K. Donnellan reconhece a inadequação desse rótulo para suas concepções. Cf. "Speaking of nothing", *The Philosophical Review*, vol. 83 (janeiro de 1974), pp. 3-32; reimpresso *in* S. P. Schwartz (ed.), *Naming, Necessity and Natural Kinds* (Ithaca, Nova York e Londres: Cornell University Press, 1977), pp. 216-44.

4. Ver, por exemplo, J. R. Searle, *Speech Acts* (Cambridge: Cambridge University Press, 1969), p. 90.

5. O termo, acredito, foi usado pela primeira vez por H. P. Grice em "Vacuous names", *in* D. Davidson e K. J. Hintikka (eds.), *Words and Objections* (Dordrecht: Reidel, 1969), pp. 118-45.

6. S. Kripke, "Naming and Necessity", *in* G. Harman e D. Davidson (eds.), *Semantics of Natural Language* (Dordrecht: Reidel, 1972), p. 300.

7. Kripke *in* Harman e Davidson (eds.), *op. cit.*, p. 302.

8. M. Devitt, *Designation* (Chicago: University of Chicago Press, 1981), esp. o capítulo 2, pp. 25-64.

9. Kripke *in* Harman e Davidson (eds.), *op. cit.*, p. 300.

10. Donnellan in Schwartz (ed.), *op. cit.*, p. 229.

11. G. Evans, "The causal theory of names", *Proceedings of the Aristotelian Society*, supl. vol. 47, pp. 187-208; reimpresso *in* Schwartz (ed.), *op. cit.*, pp. 192-215.

12. D. Kaplan, "Bob and Carol and Ted and Alice", *in* K. J. Hintikka *et al.* (eds.), *Approaches to Natural Language* (Dordrecht e Boston: Reidel, 1973), pp. 490-518.

13. Por motivos que não tardaremos a investigar, essa descrição é parasitária de outros falantes, mas é suficiente, todavia, para se identificar acerca de quem estamos falando.

14. Estou em dívida para com Jim Stone pela discussão desse ponto.

15. Donnellan *in* Schwartz (ed.), *op. cit.*, p. 232.

16. Evans, *op. cit.*, dá diversos exemplos desse tipo.

17. É claro que isso não estabelece uma definição, pelas razões que apresentei em "Proper names", *Mind*, vol. 67 (1958), pp. 166-73.

18. Searle, "Proper names", *op. cit.*

19. Searle, "Proper names", *op. cit.*, pp. 170-1.

20. Kripke in Harman e Davidson (eds.), *op. cit.*, pp. 283-4.

21. Donnellan in Schwartz (ed.), *op. cit.*, pp. 229-30.

22. Searle, "Referential and attributive", *in Expression and Meaning*, op. cit., p. 148.

23. K. Donnellan, "Proper names and identifying descriptions", *Synthese*, vol. 21 (1970), pp. 335-58.

24. Donnellan, "Proper names and identifying descriptions", *op. cit.*, pp. 347 ss.

25. H. Putnam, "The meaning of meaning", *in Philosophical Papers*, vol. 2, *Mind, Language and Reality* (Cambridge: Cambridge University Press, 1975), pp. 215-71.

26. S. Kripke, "A puzzle about belief", *in* A. Margalit (ed.), *Meaning and Use* (Dordrecht: Reidel, 1976), pp. 239-83.

27. Kripke considera a abordagem que sugiro, mas rejeita-a com base em fundamentos que considero inadequados. Julga que o mesmo enigma poderia surgir se o falante associasse as mesmas "propriedades identificadoras" a cada nome sem saber que eram as mesmas. Por exemplo, o falante pensa, em inglês, "London is in England" e, em francês, "Londres est en Angleterre", sem saber que England é Angleterre. Mais uma vez, porém, se observarmos o conteúdo Intencional total que supomos estar na cabeça do indivíduo para podermos imaginá-lo dizendo, "Londres est jolie" e, ao mesmo tempo, "London is not pretty", deveremos supor que ele tenha diferentes conteúdos Intencionais associados a "London" e "Londres". No mínimo, deveremos supor que ele imagina tratar-se de duas cidades diferentes e que isso, por si só, tenha todo tipo de ramificações na Rede do falante: por exemplo, ele considera que "é idêntica a Londres" é falso em relação à cidade a que se refere como "London" e verdadeiro em relação à cidade a que se refere como "Londres"; considera que London e Londres têm localizações diferentes na superfície da terra, habitantes diferentes etc. Como sempre, a moral é: para resolveres o enigma, olha não apenas para a sentença que emite o falante, mas para o conteúdo Intencional total na cabeça do mesmo.

28. *In Mind* (1958), Searle, "Proper names", *op. cit.*

29. Uma posição semelhante é defendida por D. Kaplan com sua noção de "Dthat" ("Dthat", *in* P. Cole (ed.), *Syntax and Semantics*, vol. 9 (Nova York, 1978)) e por A. Plantinga com sua noção de uma "transformação alfa" (*in* "The Boethian compromise", *American Philosophical Quarterly*, vol. 15, n° 2 (abril de 1978), pp. 129-38).

Capítulo 10

1. J. R. Searle, "Minds, brains and programs", *Behavioral and Brain Sciences*, vol. 3 (1980), pp. 417-24; "Intrinsic Intentionality", *Behavioral and Brain Science*, mesma edição, pp. 450-6; "Analytic philosophy and mental phenomena", *Midwest Studies in Philosophy*, vol. 5 (1980), pp. 405-23.

2. "Não é possível correlacionar algo consigo mesmo. Pode-se correlacionar pegadas com ladrões, mas não Bill Sikes o ladrão com Bill Sikes o ladrão." J. J. C. Smart, "Sensations and brain processes", *in* Chappell (ed.), *The Philosophy of Mind* (Englewood Cliffs, Nova Jersey: Prentice-Hall, 1962), p. 161.

3. G. W. Leibniz, *Monadology*, parágrafo 17.

4. Mas veja-se L. Deecke, P. Scheid e H. H. Kornhuber, "Distribution of readiness potential, pre-motion positivity, and motor potential of the human cerebral cortex preceding voluntary finger movements", *Experimental Brain Research*, vol. 7 (1969), pp. 158-68.

5. Neil R. Carlson, *Physiology of Behavior* (Boston: Allen and Bacon, Inc., 1977), pp. 256 ss.